吴怀东 主编

中华好字词

时代出版传媒股份有限公司
安徽文艺出版社

图书在版编目(CIP)数据

中华好字词/吴怀东主编. —合肥:安徽文艺出版社,2015.8(2022.9重印)
ISBN 978-7-5396-5485-0

Ⅰ.①中… Ⅱ.①吴… Ⅲ.①汉语-词语-通俗读物
Ⅳ.①H13-49

中国版本图书馆 CIP 数据核字(2015)第 189264 号

出 版 人:朱寒冬
封面题字:黄德宽 策　　划:朱寒冬
责任编辑:秦　雯 装帧设计:张诚鑫

出版发行:时代出版传媒股份有限公司 www.press-mart.com
安徽文艺出版社 www.awpub.com
地　　址:合肥市翡翠路 1118 号 邮政编码:230071
营 销 部:(0551) 63533889
印　　制:合肥瑞丰印务有限公司

开本:700×1000 1/16 印张:13 字数:250 千字
版次:2015 年 8 月第 1 版 2022 年 9 月第 2 次印刷
定价:39.90 元

主编:吴怀东

副主编:田立宝　杨小红

撰稿人(以姓氏笔画为序):

王卫兵　王泽庆　王　莉　王　曦　毛丽蓉　田立宝

刘宗保　纪　念　杨小红　吴早生　吴怀东　张洪海

李　睿　郝　敬　夏大兆　聂桂菊

前　言

最近四十年来，人们对外语，特别是对英语的热情，远远超过了对母语汉语的兴趣，虽然20世纪90年代初，曾兴起过一阵传统文化热；新世纪初开始，国学热持续至今，然而很遗憾，作为传统文化载体、国学载体的汉语，却没有引起人们太多的关注，最有力的证据就是，火爆的央视《百家讲坛》节目中，至今仍没有专家讲述过汉语问题。倒是央视2013年开始播出的《汉字听写大会》节目，意外地引发了社会各界对汉语和写字重要性的关注和兴趣，人们突然发现，电脑的普及方便了我们的工作，却使得我们常常“提笔忘字”——不会写字了！文化界、教育界也开始反思我们中小学语文教育被轻视的问题，北京市高考方案已将2016年语文课程考试的分值由150分增加到180分，英语则由150分减少到100分，这一增一降、一加一减彰显了母语地位的提升。再从宏观层面看，从对文化软实力建设的重视，到习近平总书记最近强调重视传统文化教育，显示了国家对母语以及传统文化的高度重视。语言是文化的载体，如果不通过语言，文化无法传承——跨时间和跨空间的传承，而文字则是记录语言的符号，没有文字，语言的使用只能是瞬间的空气振动，无法留存。可见，没有文字，语言的传播受到很大局限；没有语言，文化的传承就失去载体。也许普通百姓并未留意到国家语言政策的变化,不过,高考语文分数的增加,《汉字听写大会》的热播,使得生活在信息技术非常发达、中西方文明交流融汇时代的人们,突然注意到一个最朴素的生活与文化常识:认字、写字很重要!作为现代中国人,能够使用电脑、智能手机固然是非常重要的技能,而熟练地使用母语——不仅是表达、交流的需要,而且关系到个人良好文化素养的养成——显然更重要!

安徽文艺出版社社长朱寒冬教授敏锐地把握当前中小学生以及社会上汉语爱好者的学习需求,精心策划,最后由我们安徽大学文学院从事汉语言文学研究的部分中青年教师集体合作撰稿,完成了这本《中华好字词》。我们希望,这本中等容量、中等难度的简明参考书,能够为中小学生、汉语爱好者学习汉字、学习汉语词语提供一点便利。

本书按照词语音序先后顺序排列,内容包括注音、释义、用例。我们所做的工作,主要有四个方面:选字,选词,释义,搜寻例句。我们首先面临的就是选字、选词的问题。汉字数量庞大,徐中舒先生主编的《汉语大字典》(第二版)就收字60370个,而由汉字组成的词语数量更是浩如烟海。本着实用的需要,我们从《现代汉语常用字表》(一级常用汉字、二级常用汉字)所收的3500个汉字中,筛选出常用且有一定难度的汉字,再依据这些汉字进行选词。而选词的标准,主要为文化含蕴较丰富且不易精准书写(当然,不是很生僻)的字,由参加撰稿的十六位老师集体讨论、筛选,最后选定了两千多个词语。释义,要求准确、简明。例句,则从古今经典的汉语作品中选取,力求能够体现词语的内涵,具有典型性。本书的撰稿者是:王卫兵、王泽庆、王莉、王曦、毛丽蓉、田立宝、刘宗保、纪念、杨小红、吴早生、吴怀东、张洪海、李睿、郝敬、夏大兆、聂桂菊。

我所承担的工作，主要是组织撰稿队伍、设计工作程序和设计全书体例、完成后期的审稿和统稿，田立宝、杨小红在这个过程中协助我做了大量工作。

撰稿人在撰写过程中参考了不少现有研究成果（主要是辞书），并使用了有关电子数据库搜集资料，举其要者列名如下，并致谢意：

1.《汉语大词典》（十二卷本），罗竹风主编，中国汉语大词典编辑委员会、汉语大词典编纂处编纂，汉语大词典出版社，1993 年 11 月第 1 版。

2.《现代汉语词典》，中国社会科学院语言研究所词典编辑室，商务印书馆，2012 年 6 月第 6 版。

3.《中国典故大辞典》，赵应铎主编，汉语大词典编纂处编纂，上海辞书出版社，2012 年 9 月第 1 版。

4.《汉语大字典》（第二版 九卷本），汉语大字典编辑委员会，四川辞书出版社，2010 年 4 月第 1 版。

本书的完成，得力于朱寒冬社长的精心策划，亦得力于安徽文艺出版社的大力支持，在此一并致谢！

当然，由于时间仓促，且涉及资料浩繁，本书肯定存在不少不足甚至错误，我们真诚期待广大读者批评指正，以便我们修订时参考。

吴怀东

2015 年 2 月 7 日于安徽大学龙河校区文西楼

目录 CONTENTS

A

埃霭 āi ǎi 灰尘多的样子。晋·成公绥《啸赋》:“散滞积而播扬,荡埃霭之溷浊。”

矮人看场 ǎi rén kàn chǎng 比喻毫无主见,随声附和,又作“矮人观场”“矮人看戏”。元·程端礼《程氏家塾读书分年日程》:“不可先看他人议论,如矮人看场,无益;然亦不可先立主意,不虚心也。”

蔼蔼 ǎi ǎi ①草木茂盛的样子。晋·束皙《补亡诗》:“瞻彼崇丘,其林蔼蔼。”②盛多的样子。《诗·大雅·卷阿》:“蔼蔼王多吉士。”③暗淡的样子。汉·司马相如《长门赋》:“望中庭之蔼蔼兮,若季秋之降霜。”④气味浓郁。汉·刘向《九叹·愍命》:“怀椒聊之蔼蔼兮,乃逢纷以罹诟也。”

蔼如 ǎi rú 和气可亲的样子。唐·韩愈《答李翊书》:“仁义之人,其言蔼如也。”

艾绶 ài shòu 绿色的印绶。《后汉书·冯魴传》:“赐驳犀具剑、佩刀、紫艾绶、玉玦各一。”

隘害 ài hài 险隘要害。汉·张衡《东京赋》:“守位以仁,不恃隘害。”

安车蒲轮 ān chē pú lún 安车:指坐上去十分安稳的车子。蒲轮:用蒲草捆裹的车轮,以减轻颠簸、震动。过去皇帝为显示自己礼贤下士,召见年老体弱者时常给予“安车蒲轮”的礼遇。《汉书·武帝纪》:“遣使者安车蒲轮,束帛加璧,征鲁申公。”

安堵乐业 ān dǔ lè yè 同“安居乐业”。安定地生活,愉快地从事职业。《南史·梁临川靖惠王宏传》:“今且安堵乐业,勿妄自辛苦。”

鞍辔 ān pèi 骑马的用具。《水浒传》:“后槽牵过一匹快马,备上鞍辔。”

案覆 àn fù 核实。《后汉书·来歙传》:“歙为人有信义,言行不违,及往来游说，皆可案覆。”

暗昧 àn mèi 昏暗、模糊不清的样子。《楚辞·九思》：“彼日月兮暗昧。”

暗翳 àn yì 阴暗的样子。《楚辞·九思》：“云霓纷兮暗翳。”

傲岸 ào àn 性格高傲。唐·李白《赠宣城宇文太守兼呈崔侍御》：“崔生何傲岸，纵酒复谈玄。”

傲睨 ào nì 倨傲旁视，目空一切。晋·郭璞《江赋》：“冰夷倚浪以傲睨。”

奥窔 ào yào 房间内的幽暗角落。《荀子·非十二子》：“奥窔之间，簟席之上，敛然圣王之文章具焉。”

奥赜 ào zé 幽深隐微。唐·许敬宗《劝封禅表》：“参三才之奥赜，验百神之感通。”

奥旨 ào zhǐ 要旨。唐·柳宗元《故银青光禄大夫右散骑常侍轻车都尉宜城县开国伯柳公行状》：“凡为学，略章句之烦乱，采摭奥旨，以知道为宗。”

B

拔丁抽楔 bá dīng chōu xiē 丁：“钉”的古字。比喻排除疑难。元·李寿卿《度柳翠》第四折：“大众恐有不能了达，心生疑惑者，请垂下问，我与他拔丁抽楔。”

跋扈 bá hù 骄横暴戾。《后汉书·梁冀传》：“帝少而聪慧，知冀骄横，尝朝群臣。目冀曰：‘此跋扈将军也。’”

跋履 bá lǚ 登山涉水。《左传·成公十三年》：“（晋）文公躬擐甲胄，跋履山川，逾越险阻，征东之诸侯。”

跋前踬后 bá qián zhì hòu 又作“跋前疐后”，比喻进退两难。唐·韩愈《进学解》：“跋前踬后，动辄得咎。”

跋尾 bá wěi 在文末署名。《新唐书·褚无量传》:“贞观御书皆丞相署尾,臣位卑不足以辱,请与丞相联名跋尾。”

罢黜 bà chù 废除,免退。《汉书·武帝纪赞》:“孝武初立,卓然罢黜百家,表章六经。”

霸图 bà tú 雄图伟业。唐·陈子昂《蓟丘览古赠卢居士藏用》:“霸图怅已矣,驱马复归来。”

白蜡明经 bái là míng jīng 白蜡:比喻光秃空白。明经:科举制度中科目之一。比喻屡试不中。唐·张鷟《朝野佥载》:“张鷟号青钱学士,以其万选万中。时有明经董万九上不第,号白蜡明经,与鷟为对。”

白衣卿相 bái yī qīng xiàng 白衣:平民的服装,也指平民。卿相:指高官。指尚未高中的读书人。宋·柳永《鹤冲天》:“才子词人,自是白衣卿相。”

颁首 bān shǒu 对清明而不扰民的官吏的美称。唐·李白《虞城县令李公去思颂碑》:“波而动之则忧,赪尾之刺作焉;徐而清之则安,颁首之颂兴焉。”

颁朔 bān shuò 周代的礼制,天子在每年的冬末把次年的历书颁布给各诸侯,称颁朔。《周礼·春官·大史》:“天子颁朔于诸侯,诸侯藏之祖庙。至朔,朝于庙,告而受行之。”

斑驳陆离 bān bó lù lí 斑驳:色彩杂乱。陆离:参差不一。形容色彩纷杂。清·蒲松龄《聊斋志异·古瓶》:“铜器一,器大可合抱,重数十斤,侧有双环,不知何用,斑驳陆离,瓶亦古。”

绊骥 bàn jì 比喻受拘束而不能自由发挥所长。北朝·北周·庾信《谨赠司寇淮南公》诗:“绊骥还千里,垂鹏更九飞。”

邦畿 bāng jī 古代天子直接管理的地方。《诗·商颂·玄鸟》:“邦畿千里,维民所止。”

邦彦 bāng yàn 国中的英俊之人。《诗·郑风·羔裘》:“彼其之子,邦之彦兮。”

帮闲钻懒 bāng xián zuān lǎn 指说话做事迎合别人的心意和兴趣。元·王实甫《西厢记》:“直待我拄着拐帮闲钻懒,缝合唇送暖偷寒。”

傍花随柳 bàng huā suí liǔ 形容春游的快乐。宋·程颢《春日偶成》:“云淡风轻近午天,傍花随柳过前川。”

傍人门户 bàng rén mén hù 依赖他人,不能自主。宋·苏轼《东坡志林》之十二:“吾辈不肖,方傍人门户,何暇争闲气耶?”

傍讯 bàng xùn 多方探求。晋·陆机《文赋》:“其始也,皆收视反听,耽思傍讯,精骛八极,心游万仞。”

谤铄 bàng shuò 强烈的毁谤。《旧唐书·魏元忠传》:“卿累负谤铄,何也?”

苞苴 bāo jū 本指裹鱼肉的草包,后用来指馈赠的礼物,引申为以财物行贿或行贿的财物。《庄子·列御寇》:“小夫之知,不离苞苴、竿牍。”

苞茅 bāo máo 又作“包茅”。古代祭祀的时候,用来过滤酒槽的青茅。《左传·僖公四年》:“尔贡苞茅不入,王祭不共,无以缩酒,寡人是征。”

苞桑 bāo sāng 根深蒂固的桑树。《易·否》:“其亡其亡,系于苞桑。”

褒衣博带 bāo yī bó dài 古代儒生的装束,宽衣大带。《汉书·隽不疑传》:“不疑冠进贤冠,带櫑具剑,佩環玦,褒衣博带,盛服至门上谒。”

褒甄 bāo zhēn 嘉奖,选拔。《宋书·孝武帝纪》:“褒甄之科,精为其格。四方秀孝,非才勿举,献答充值,即就铨擢。”

抱蔓摘瓜 bào wàn zhāi guā 比喻斩尽杀绝。清·钱谦益《临城驿壁见方侍御孩未题诗》:“抱蔓摘瓜余我在,破巢完卵似君稀。”

豹略 bào lüè 古代兵书《六韬》中有《豹略》篇,又有《三略》,所以称用兵之术为“豹略”。北朝·北周·庾信《从驾观讲武》:“豹略推全胜,龙图揖所长。”

豹隐 bào yǐn 比喻隐居伏处，爱惜其身，有所不为。唐·骆宾王《秋日别侯四》："我留安豹隐，君去学鹏抟。"

暴虎冯河 bào hǔ píng hé 徒手打虎，徒步渡河。形容有勇无谋，冒险行事。《论语·述而》："暴虎冯河，死而无悔者，吾不与也。"

暴戾恣睢 bào lì zì suī 粗暴强横，任意横行。《史记·伯夷列传》："盗跖日杀不辜，肝人之肉，暴戾恣睢，聚党数千人横行天下，竟以寿终。"

暴殄天物 bào tiǎn tiān wù 任意残害天生万物。《红楼梦》："既有许多值钱的东西，任人作践了，也似乎暴殄天物。"

杯水车薪 bēi shuǐ chē xīn 用一杯水去扑灭一车燃烧了的柴草。比喻力量微小，无济于事。《孟子·告子上》："今之为仁者，犹以一杯水救一车薪之火也。"

卑怯 bēi qiè 卑下怯懦。鲁迅《华盖集·北京通信》："意图生存，而太卑怯，结果就得死亡。"

卑陬 bēi zōu 惭愧的样子。《庄子·天地》："子贡卑陬失色，顼顼然不自得，行三十里而后愈。"

碑牓 bēi bǎng 碑匾。《宣和书谱》："方（米）芾书时，其寸纸数字人争售之，以为珍玩。至于请求碑牓，而户外之履常满。"

碑碣 bēi jié 碑刻的总称。方的为碑，圆的为碣。南朝·梁·刘勰《文心雕龙·诔碑》："自后汉以来，碑碣云起，才锋所断，莫高蔡邕。"

碑铭 bēi míng 碑文和铭文。碑志中韵文为铭。《后汉书·郭太传》："蔡邕为其文，既而谓涿郡卢植曰：'吾为碑铭多矣，皆有惭德，唯郭有道无愧色耳。'"

倍蓰 bèi xǐ 倍：一倍。蓰：五倍。指数倍。《孟子·滕文公上》："夫物之不齐，物之情也。或相倍蓰，或相什百，或相千万。"

惫赖 bèi lài 调皮，不顺从。又作"惫懒"。元·关汉卿《窦娥冤》："美妇人我见过万千向外，不似这小妮子生得十分夤懒。”《红楼梦》：“这个宝玉，不知是怎生个夤懒人物！”

笨伯 bèn bó 体胖不灵活的人，或粗笨的人。《晋书·羊聃传》：“豫章太守史畴以大肥为笨伯。”

崩剥 bēng bāo 纷乱、解体；倾倒、剥落。唐·韦应物《答河南李士巽题香山寺》：“墙宇或崩剥，不见旧题名。”

崩殂 bēng cú 帝王之死。三国·蜀·诸葛亮《出师表》：“先帝创业未半，而中道崩殂。”

逼仄 bī zè 一作“逼侧”。狭窄，相迫近。唐·杜甫《逼仄行赠毕曜》：“逼仄何逼仄，我居巷南子巷北。”

鼻祖 bí zǔ 始祖。汉·扬雄《反离骚》：“有周氏之婵嫣兮，或鼻祖于汾隅。”

匕鬯 bǐ chàng 匕，指羹匙；鬯，秬黍酿的酒，都是宗庙祭祀之物。《易·震》：“震惊百里，不丧匕鬯。”

秕糠 bǐ kāng 秕谷和米皮，比喻琐碎无用之物。《庄子·逍遥游》：“是其尘垢秕糠，将犹陶铸尧舜者也。”

秕政 bǐ zhèng 不良的政治措施。《晋书·庾峻传》：“吏历试无绩，依古终身不仕，则官无秕政矣。”

笔耕砚田 bǐ gēng yàn tián 比喻从事脑力劳动，以读写为业。段玉裁《说文解字注》：“每诵先王父诗句云：‘不种砚田无乐事，不撑铁骨莫支贫。’”南朝·齐·任昉《为萧扬州荐士表》：“既笔耕为养，亦佣书成学。”

笔削 bǐ xuē 古时在竹简、木简上写字，删改时需要用刀刮去，因此称修改文字为笔削。《隋书·虞绰传》：“绰所笔削，帝未尝不称善。”

鄙吝 bǐ lìn 庸俗、贪吝，计较得失。《晋书·周札传》：“其鄙吝如此，故士卒莫为之用。”

庇荫 bì yīn 覆盖，保护，比喻尊长的照顾或祖宗的保佑。《左传·文公七年》:“公族,公室之枝叶也。若去之,则本根无所庇荫矣。”

敝帚自珍 bì zhǒu zì zhēn 别人不看好,自己却很珍惜。鲁迅《并非闲话(三)》:“但写出以后,却不很爱惜羽毛,有所谓‘敝帚自珍’的意思。”

筚路蓝缕 bì lù lán lǚ 形容创业艰辛。梁启超《过渡时代论》:“故必有大刀阔斧之力,乃能收筚路蓝缕之功。”

碧鬟红袖 bì huán hóng xiù 借指年轻貌美的女子。蠡城剑侠《虞美人·影·〈轩亭冤〉题词》:“金光飞处寒光逗,断送碧鬟红袖。”

碧落 bì luò 天空。唐·白居易《长恨歌》:“上穷碧落下黄泉,两处茫茫皆不见。”

碧霄 bì xiāo 天空。唐·刘禹锡《秋词》:“晴空一鹤排云上,便引诗情到碧霄。”

蔽芾 bì fèi 形容树干枝叶小,后以其颂扬有政绩的官吏。《诗·召南·甘棠》:“蔽芾甘棠。”

蔽翳 bì yì 掩蔽或草木茂盛遮蔽的地方。唐·元稹《苦雨》:“已复云蔽翳,不使及泥途。”

弊绝风清 bì jué fēng qīng 也作“风清弊绝”。营私舞弊的事情绝迹,风气良好,多用于称颂吏治清明。清·林则徐《关防告示》:“随时随事,杜渐防微,庶几弊绝风清,令行政肃。”宋·周敦颐《拙赋》:“天下拙,刑政彻,上安下顺,风清弊绝。”

薜荔 bì lì 植物名,又称木莲。常绿藤本,茎蔓生,叶呈椭圆形,花极小,隐于花托内。果实富胶汁,可制凉粉,有解暑作用。《楚辞·山鬼》:“若有人兮之阿,被薜荔兮带女萝。”

避面尹邢 bì miàn yǐn xíng 因嫉妒而避不见面。据《史记·外戚世家》记载,汉武帝同时宠幸尹夫人与邢夫人,诏二人不得相见。尹夫人向武帝请求见邢夫人。相见后,尹夫人“乃低头俯而泣,自痛其不如也”。清·文康《儿女英雄传》:“这等一个人,便在宦途世路上遇着了还不免弄成个避面尹邢,怎的肯引他作同心管鲍?"

避席 bì xí 古人席地而坐,离座而起,表示敬意。《吕氏春秋·直谏》:"桓公避席再拜。"

璧还 bì huán 又作"璧赵",敬辞。用于归还原物或辞谢赠品。《左传·僖公二十三年》:晋公子重耳受飧返璧事。又指赵蔺相如完璧归赵事。

璧谢 bì xiè 敬辞。退还原物并表示感谢。出处同上条。清·蒋士铨《桂林霜·胁降》:"我说这礼物送得不妥,一定要璧谢呢。"

鞭笞 biān chī 用鞭子打,也比喻征伐。《汉书·陆贾传》:"然汉王起巴蜀,鞭笞天下,劫诸侯。"

鞭辟入里 biān pì rù lǐ 鞭辟:警策,鞭策。原指学习要踏实,做学问要切实可靠。现常用来形容言论或文章说理清晰透彻、分析深刻、切中要害。朱自清《杂文遗集》:"那些理学话,又都是作者阅历有得之言,说得鞭辟入里,不枝不蔓。"

鞭挞 biān tà 鞭打,引申为驾驭、欺压。《三国志·魏武帝纪评》:"太祖运筹演谋,鞭挞宇内。"

贬黜 biǎn chù 贬斥,黜退。《汉书·韦玄成传》:"有司劾奏,等辈数人皆削爵为关内侯。玄成自伤贬黜父爵,叹曰:'吾何面目以奉祭祀!'"

贬谪 biǎn zhé 封建时代官吏降职,被派到远离京城的地方。唐·封演《封氏闻见记·赞成》:"(郑虔)由是贬谪十余年,方从调选,授广文馆博士。"

匾额 biǎn é 又作"扁额"。悬挂于门头之上,用以表明屋主之喜好、兴趣的文字。宋·岳珂《桯史》:"有富民捐资为扁额,金碧甚侈。"

褊率 biǎn shuài 性情急躁直率。元·房皞《寄呈岳阳诸友》:"禀性太褊率,不受尘事触。"

弁冕 biàn miǎn 指礼帽。弁、冕皆古代男子冠名,吉礼之服用冕,通常礼服用弁。《谷梁传·僖公八年》:"弁冕虽旧,必加于首。"

辨章 biàn zhāng 分辨明白。清·章学诚《校雠通义》:"辨章学术,考镜源流。”

辩慧 biàn huì 巧言狡黠。《韩非子·扬权》:“辩慧好生,下因其材。”

辩赡 biàn shàn 说话条理清楚,理由充足。《晋书·王羲之传》:“及长,辩赡,以骨鲠称。”

彪炳 biāo bǐng 文采焕发。南朝·齐·钟嵘《诗品》:“晋弘农太守郭璞诗,宪章潘岳,文体相辉,彪炳可玩。”

彪蔚 biāo wèi 文采华盛的样子。南朝·梁·刘勰《文心雕龙·书记》:“清美以惠其才,彪蔚以文其响,盖笺记之分也。”

骠姚 biāo yáo 指汉代骠骑将军霍去病。唐·杜甫《后出塞》:“悲笳数声动,壮士惨不骄。借问大将谁,恐是霍骠姚。”

摽梅 biào méi 比喻女子已到结婚的年龄。唐·孟浩然《送桓子之郢成礼》:“摽梅诗有赠,羔雁礼将行。”

宾服 bīn fú 指诸侯按时入宫朝见天子,表示服从。《史记·秦始皇本纪》:“二十有六年,初并天下,罔不宾服。”

宾天 bīn tiān 指帝王之死,后亦泛指尊者之死。明·文秉《先拨志始》卷上:“李可灼敢以无方无制之药,驾言金丹,夕进御而朝宾天。”

彬蔚 bīn wèi 文采华盛。晋·陆机《文赋》:“颂优游以彬蔚,论精微而朗畅。”

秉钧 bǐng jūn 比喻执掌国政,代指丞相的职位。晋·干宝《晋纪总论》:“秉钧当轴之士,身兼官以十数。”

秉彝 bǐng yí 遵循常理。《诗·大雅·烝民》:“民之秉彝,好是懿德。”

秉钺 bǐng yuè 掌握兵权。《诗·商颂·长发》:“武王载旆,有虔秉钺。”

炳炳烺烺 bǐng bǐng lǎng lǎng 光亮鲜明。比喻文章辞采声韵之美。唐·柳宗元《答韦中立论师道书》:“乃知文者以明道,是固不苟为炳炳烺烺,务采色、夸声音而以为能也。”

禀赋 bǐng fù 指人的身体、才智等素质。《红楼梦》：“谁知凤姐禀赋气血不足，兼年幼不知保养，平时争强斗智，心力日亏。”

禀帖 bǐng tiē 明清时期州县地方官对上司报告请示的文书称之为详文，有时不便或不必见于详文的用禀帖。清・吴敬梓《儒林外史》：“汤知县把这情由细细写个禀帖，禀知按察司。”

般若 bō rě 智慧（梵语）。南朝・宋・刘义庆《世说新语・文学》：“殷中军被废东阳，始看佛经，初视《维摩诘》，疑般若波罗蜜太多，后见《小品》，恨此语少。”

剥庐 bō lú 夺人庇护之地。《易・剥》：“君子得舆，小人剥庐。”

剥蚀 bō shí 物体因受到侵蚀而逐渐损坏脱落。宋・陆游《老学庵笔记》：“汉隶岁久，风雨剥蚀，故其字无复锋芒。”

剥啄 bō zhuó 象声词，如敲门声、下棋声等。唐・韩愈《剥啄行》：“剥剥啄啄，有客至门。”

播荡 bō dàng 流亡，流离失所。《左传・襄公二十五年》：“夏氏之乱，成公播荡。”

播糠眯目 bō kāng mí mù 撒播糠秕使眼睛迷离，看不清。比喻外物虽小，但造成的危害却很大。《庄子・天运》：“夫播糠眯目，则天地四方易位矣。”

播扬 bō yáng 发动，传扬。《左传・昭公三十年》：“将焉用自播扬焉！”

伯仲 bó zhòng 伯：老大。仲：老二。本指兄弟，后比喻不相上下。宋・陆游《书愤》：“《出师》一表真名世，千载谁堪伯仲间。”

舶来 bó lái 由海路转运而来，后指从外国引进来的东西。唐・元稹《送岭南崔侍御》：“蛟老多为妖妇女，舶来多卖假珠玑。”

博贯 bó guàn 博览贯通。《后汉书・班固传》：“年九岁，能属文诵诗赋，及长，遂博贯载籍。”

博闻强识 bó wén qiáng zhì 见闻广博，记忆力强。又作“博闻强志”“博闻强记”。《礼记·曲礼上》：“博闻强识而让，敦善行而不怠。”

博学鸿儒 bó xué hóng rú 博学：知识渊博。鸿儒：大儒，有学问的人。即博学宏词，科举名目的一种。清·阮葵生《茶余客话》：“康熙十七年，举博学鸿儒科。”

博雅 bó yǎ 学识渊博雅正。《楚辞·招隐士序》：“昔淮南王安，博雅好古，招怀天下俊伟之士。”

博弈 bó yì 博：局戏，使用六箸十二棋。弈：围棋。《论语·阳货》：“不有博弈者乎？”

渤溢 bó yì 水流涌动的样子。唐·元稹《有酒》：“鲸归穴兮渤溢，鳌载山兮低昂。”

搏髀 bó bì 拍击大腿，表示激动。亦指按照乐曲节奏打拍子。《史记·李斯列传》：“夫击瓮叩缻、弹筝搏髀，而歌呼呜呜快耳者，真秦之声也。”

薄行 bó xíng 品行不好。南朝·宋·刘义庆《世说新语·文学》：“郭象者，为人薄行，有才名。”

薄暮 bó mù 傍晚，太阳快落山的时候。唐·杜甫《对雪》：“乱云低薄暮，急雪舞回风。”

薄物细故 bó wù xì gù 微小的事情。《史记·匈奴传》：“朕追念前事，薄物细故，谋臣计失，皆不足以离兄弟之欢。”

薄幸 bó xìng 薄情，负心。唐·杜牧《遣怀》：“十年一觉扬州梦，赢得青楼薄幸名。”

跛鳖千里 bǒ biē qiān lǐ 跛脚的鳖只要不停地走，也能走上千里。比喻只要努力不懈，即使条件很差也能获得成功。《荀子·修身》：“故跬步而不休，跛鳖千里。”

簸荡 bǒ dàng 颠簸动荡。南朝·宋·鲍照《拟行路难》：“阳春妖冶二三月，从风簸荡落三家。”

簸箕 bò ji 扬去谷物中秕糠的工具。唐·郑嵎《津阳门》：“大开内府恣供给，玉缶金筐银簸箕。”

补缀乾坤 bǔ zhuì qián kūn 缝补天地。比喻治理国家。《三国演义》：“将军欲使孔明斡旋天地，补缀乾坤，恐不易为，徒费心力耳。”

不遑枚举 bù huáng méi jǔ 形容数量极多，不胜枚举。鲁迅《名字》：“如是等等，不遑枚举，而临时发生，现在想不起的还很多。”

不皦不昧 bù jiǎo bù mèi 形容恍惚，不可捉摸。《老子》：“其上不皦，其下不昧，绳绳不可名，复归于无物。是谓无状之物，无物之象。”

不落窠臼 bù luò kē jiù 不落俗套，风格独特。《红楼梦》：“这‘凸’‘凹’二字，历来用的人最少，如今直用作轩馆之名，更觉新鲜，不落窠臼。”

不容置喙 bù róng zhì huì 置喙：插嘴，参与议论。意为不许随意评说。[英]斯蒂芬·威廉·霍金《时间简史·续编》：“而如果你是世界上唯一拥有这些工具的大师，那就表示某类问题只能由你解决，而任何人不容置喙。”

不恤人言 bù xù rén yán 不管别人怎么说，还是按照自己的意思去做。《旧唐书·裴度传》：“大则以讦谟排祸难，小则以谠正匡过失，内不虑身计，外不恤人言，古人所难也。”

布衣黔首 bù yī qián shǒu 布衣：封建时代平民的别称。黔首：战国及秦代对百姓的称谓。古代指一般百姓。《史记·李斯列传》：“夫斯乃上蔡布衣，闾巷之黔首。”

簿牒 bù dié 簿籍文书。《新唐书·裴遵庆传》：“遵庆性强敏，视簿牒详而不苛，世称吏事第一。”

C

裁鉴 cái jiàn 品评，鉴赏。唐·郑谷《读前集》：“殷璠裁鉴《英灵集》，颇觉同才得旨深。"

餐霞 cān xiá 服食日霞，道家的一种修炼术。南朝·宋·颜延之《五君咏·嵇中散》："中散不偶世，本是餐霞人。"

餐英 cān yīng 指以花为食，常用于形容雅人高致。元·王翰《题菊》："归来去南山，餐英坐空谷。"

惭沮 cán jǔ 因惭愧而沮丧。晋·谢灵运《应玚》："调笑辄酬答，嘲谑无惭沮。"

惨悴 cǎn cuì 忧伤、憔悴之意。《南史·袁湛传》："子良世子昭胄，时年八岁，见武帝而形容惨悴。"

惨慄 cǎn lì 悲痛至极；极度寒冷。汉·王褒《九怀·思忠》："感余志兮惨慄，心怆怆兮自怜。"

沧海遗珠 cāng hǎi yí zhū 海中之珠被搜集者遗落，比喻被埋没的人才。《新唐书·狄仁杰传》："仲尼称观过知仁，君可谓沧海遗珠矣。"

沧溟 cāng míng 幽远的高空；大海。《汉武帝内传》："诸仙玉女聚居沧溟，其名难测，其实分明。"

藏器待时 cáng qì dài shí 比喻怀藏才学，等待施展的时机。明·李贽《续焚书·与焦弱侯》："知兄已到家，藏器待时，最喜最喜。"

藏掖 cáng yè 隐藏，藏匿的东西。老舍《老张的哲学》："包袱里，包袱面，无有夹带藏掖，说变就变，变！"

操觚 cāo gū 执持木简，指作文。晋·陆机《文赋》："或操觚以率尔。"

操奇逐赢 cāo qí zhú yíng 指商人囤积居奇，牟取暴利。郑观应《盛世危言·商务三》："使豁然于操奇逐赢之故，而后分者可合，散者可聚。"

槽枥 cáo lì 养马的地方。也作"槽历"。《后汉书·马援传》："今者归老，更欲低头与小儿曹共槽枥而食，并肩厕身于怨家之朝乎？"

草薙禽狝 cǎo tì qín xiǎn 语出唐·韩愈《送郑尚书序》："至纷不可

治，乃草薙而禽狝之，尽根株痛断乃止。”薙：除草。狝：杀。比喻肆意杀戮，没有丝毫的爱惜之情。

策励 cè lì 督促勉励。清·赵翼《廿二史札记》：“使乘此势，策励诸将进兵，河以北虽不可知，而陕西、河南地未必不可得。”

策论 cè lùn 议论当前政治问题，向朝廷献策的文章。宋·苏轼《拟进士对御试策》：“昔祖宗之朝，崇尚辞律，则诗赋之工，曲尽其巧。自嘉祐以来，以古文为贵，则策论盛行于世，而诗赋几至于熄。”

岑楼 cén lóu 高楼。《孟子·告子下》：“不揣其本而齐其末，方寸之木，可使高于岑楼。”

蹭蹬 cèng dèng 遭遇挫折，失意。唐·杜甫《上水遣怀》：“蹭蹬多拙为，安得不皓首。”

差强人意 chā qiáng rén yì 差：尚、略。强：振奋。原指尚能振奋人的意志。现多用于表示大体上还能使人满意。李大钊《新纪元》：“欧洲几个先觉，在那里大声疾呼，要求人民的平和……要欧洲联邦，做世界联邦的基础。这都是差强人意的消息。”

插科打诨 chā kē dǎ hùn 指戏曲演员在演出中用滑稽的语言和动作来引人发笑。清·李渔《闲情偶寄·科诨第五》：“如老莱子之舞斑衣，简雍之说淫具，东方朔之笑彭祖面长，此皆古人中之善于插科打诨者也。”

察见渊鱼 chá jiàn yuān yú 能看见深潭中的鱼，比喻为人过于精明。《列子·说符》：“文子曰：‘周谚有言：察见渊鱼者不祥，智料隐匿者有殃。且君若欲无盗，若莫举贤而任之；使教明于上，化行于下，民有耻心，则何盗之为？’”

衩袒 chà tǎn 不拘礼节只穿便服，或敞开衣服露出身体。宋·周密《武林旧事·四孟驾出》：“先期禁卫所阁门牒临安府约束居民，不许登高及衩袒观看。”

刹尘 chà chén 佛教语，重重无尽。宋·释重显《三宝赞·佛宝》：“甘蔗流苗应刹尘，觉场高发利生因。”

搀夺 chān duó 争夺，抢占。《宋史·食货志》：“州县被其搀夺，发泄不行，上供常赋，无从趁办，不免敷及民户，其害有不可胜言者。”

搀越 chān yuè 越出本分。《三国演义》：“黄忠曰：‘我已领下将令，你如何敢搀越？’”

渐渐之石 chán chán zhī shí 高峻的山石。《诗·小雅·渐渐之石》：“渐渐之石，维其高矣。山川悠远，维其劳矣。”

馋涎欲滴 chán xián yù dī 馋得口水要流下来，形容十分贪吃，有时也比喻欲望十分强烈。叶圣陶《三种船》：“拆穿了说，船菜所以好就在于只准备一席，小镬小锅，做一样是一样，汤水不混合，材料不马虎，自然每样有它的真味，叫人吃完了还觉得馋涎欲滴。”

孱蒙 chán méng 蒙昧无知。《陈书·高祖纪上》：“公神兵奄至，不日清澄。惟是孱蒙，再膺天录。”

孱弱 chán ruò 懦弱，怯懦。唐·元结《春陵行》：“顾惟孱弱者，正直当不亏。”

缠绵悱恻 chán mián fěi cè 形容内心悲苦无法排解，也形容文艺作品哀婉动人。朱光潜《说“曲终人不见，江上数峰青”——答夏丏尊先生》：“这一曲缠绵悱恻的音乐没有惊动山灵？它没有传出江山青峰的妩媚和严肃？”

缠绵缱绻 chán mián qiǎn quǎn 形容感情深厚，难分难舍。《红楼梦》：“果然蒋玉函扮了秦小官服侍花魁醉后神情，把那一种怜香惜玉的意思做得极情尽致。以后对饮对唱，缠绵缱绻。”

缠萦 chán yíng 缠绕。唐·白居易《江州赴忠州至江陵舟中》：“烛蛾谁救护，蚕茧自缠萦。”

蝉鬓 chán bìn 古代妇女的一种发式，将鬓角处的头发向外梳，形成薄薄一层，如同蝉翼，用来借指妇女。唐·白居易《长相思》：“深画眉，浅画眉。

蝉鬓鬅鬙云满衣,阳台行雨回。”

蝉腹龟肠 chán fù guī cháng 古人认为蝉只需饮露,乌龟只要喝水。比喻十分饥饿或处境困顿。《南齐书·王僧虔传》:“蝉腹龟肠,为日已久,饥虎能吓,人遽与肉;饿麟不噬,谁为落毛?”

蝉联蚕绪 chán lián cán xù 比喻连续相承。宋·沈辽《〈苏州承天寺永安长老语录〉序》:“昔如来以正法眼藏授大迦叶,蝉联蚕绪,以传于今。”

蝉衫麟带 chán shān lín dài 像蝉翼一样薄的纱衫,有文采的衣带,形容华丽飘逸的衣服。唐·温庭筠《舞衣曲》:“蝉衫麟带压愁香,偷得莺簧锁金缕。”

蝉蜕 chán tuì 蝉的幼虫变为成虫时蜕下的壳,可入药。比喻解脱。《史记·屈原贾生列传》:“自疏濯淖污泥之中,蝉蜕于浊秽,以浮游尘埃之外。”

阐缓 chǎn huǎn 宽舒和缓。《南齐书·陆厥传》:“譬犹子野操曲,安得忽有阐缓失调之声?以《洛神》比陈思他赋,有似异手之作。”

阐扬 chǎn yáng 说明并宣扬。《宋书·文帝纪》:“今方隅乂宁,戎夏慕向,广训胄子,实维时务。便可式遵成规,阐扬景业。”

阐幽抉微 chǎn yōu jué wēi 使幽深隐藏的显露出来,发掘事物的精妙细微之处。秦牧《艺海拾贝·象和蚁的童话》:“一些谈艺术理论的著作为了要‘阐幽抉微’,也往往容易把艺术的道理谈得很深奥。”

颤悸 chàn jì 因害怕而颤抖。何其芳《迟暮的花》:“一个黄昏,她凭倚在窗前,第一次听见了使她颤悸的脚步声,使她激动地发出了歌唱。”

猖炽 chāng chì 气焰嚣张。宋·范仲淹《让观察使第一表》:“臣方经制补葺以救边防之阙,而西贼猖炽,枝叶愈大。”

猖獗 chāng jué 狂妄放肆。《三国演义》:“刘琮孺子,听信佞言,暗自投降,致使曹操得以猖獗。”

长袖善舞 cháng xiù shàn wǔ 袖子长,跳舞就好看。此喻有所凭借,事情容易成功。后多用来形容有权势有手腕的人善于钻营。《韩非子·五蠹》:"鄙谚曰:'长袖善舞,多钱善贾。'此言多资之易为工也。"郑观应《盛世危言·银行上》:"泰西各国多设银行,以维持商务,长袖善舞,为百业之总枢。"

常闾 cháng lǘ 旧居;故里。汉·张衡《思玄赋》:"缤联翩兮纷暗暧,倏眩眃兮反常闾。"

裳裾 cháng jū 衣襟。元·王冕《悲苦行》:"自来住此十世余,古老未尝罹此苦。我感此情重叹吁,不觉泪下沾裳裾。安得壮士挽天河?一洗烦郁清九区,坐令尔辈皆安居!"

敞豁 chǎng huō 宽敞开阔。唐·杜甫《寄题江外草堂》:"台亭随高下,敞豁当清川。"

敞坪 chǎng píng 广阔空旷的场地。沈从文《从文自传》:"我们间或还可在敞坪中看苗人决斗,用扁担或双刀互相拼命。"

倡首 chàng shǒu 带头做某事或首先提出某种主张。明·冯梦龙《新列国志》:"陈乞因与鲍牧倡首,率诸大夫家众,共攻高、国,杀高张,国夏出奔莒国。"

倡优 chāng yōu 古代称擅长乐舞、谐戏的艺人。汉·司马迁《报任安书》:"仆之先,非有剖符丹书之功,文史星历,近乎卜祝之间,固主上所戏弄,倡优所蓄,流俗之所轻也。"

唱酬 chàng chóu 一个人作诗或词后,别人相应作答。金·元好问《论诗三十首》之二十一:"窘步相仍死不前,唱酬无复见前贤。"

唱筹量沙 chàng chóu liáng shā 以沙当米,一边量一边高呼数字。比喻安定军心,迷惑敌人。《南史·檀道济传》:"道济时与魏军三十余战多捷,军至历城,以资运竭乃还。时人降魏者具说粮食已罄,于是士卒忧惧,莫有固志。道济夜唱筹量沙,以所余少米散其上。及旦魏军谓资粮有余,故不复追。"宋·华岳《翠微先生北征录》:"唱筹量沙,因粮于敌,兵家之奇计也。"

唱诨 chàng hùn 宋代说唱文学之一。宋代说话艺人有小说、说经、讲史书、合生四家。合生中有以说诨话为名的，叫唱诨。诨话即趣话、笑话，它兼有滑稽、诙谐、讽刺、调笑的含义。元·陶宗仪《南村辍耕录》："唐有传奇；宋有戏曲、唱诨、词说；金有院本、杂剧、诸宫调。"

唱影 chàng yǐng 附和别人的话。周立波《暴风骤雨》："在唠嗑会上，杨老疙疸随帮唱影，也说了一些韩老六的罪恶，那时也真有点怀恨他，现在都忘了。"

超擢 chāo zhuó 越级提升。《明史·徐宗实传》："建文二年，超擢兵部右侍郎。"

巢毁卵破 cháo huǐ luǎn pò 也作"巢倾卵覆"。指全部毁灭，无一得免。《后汉书·孔融传》："安有巢毁而卵不破乎！"清·黄遵宪《五禽言》："一身网罗不敢惜，巢倾卵覆将奈何！"

巢窠 cháo kē 鸟兽的巢穴，也比喻盘踞、藏身之地。唐·孟浩然《夏日辨玉法师茅斋》："燕觅巢窠处，蜂来造蜜房。"

朝觐 cháo jìn 君主时代官员朝见君主。《礼记·乐记》："朝觐，然后诸侯知所以臣；耕藉，然后诸侯知所以敬。"

朝聘 cháo pìn 古代诸侯按照规定的日期前去朝见天子。此为古时候的一种表示尊敬的礼仪。《礼记·王制》："诸侯之于天子也，比年一小聘，三年一大聘，五年一朝。"《礼记·昏义》："夫礼始于冠，本于昏，重于丧祭，尊于朝聘。"

朝谒 cháo yè 入朝拜见君主。唐·王维《韦侍郎山居》："清晨去朝谒，车马何从容。"

剿说 chāo shuō 抄袭他人的言论。《礼记·曲礼上》："毋剿说，毋雷同。"

嘲谑 cháo xuè 嘲笑戏谑；或用以形容声音细碎。《汪曾祺作品自选集·自序》："一部分作品则由于对命运的无可奈何转化出一种常有苦味的嘲谑，比如《云致秋行状》、《异秉》。”

嘲啁 cháo zhāo 嘲笑戏谑。《三国志·蜀书·费祎传》：“孙权性既滑稽，嘲啁无方，诸葛恪、羊衜等才博果辩，论难锋至，祎辞顺义笃，据理以答，终不能屈。”唐·韩愈《赴江陵途中寄赠翰林三学士》：“生狞多忿很，辞舌纷嘲啁。”

掣肘 chè zhǒu 故意牵制。《三国演义》：“操即聚众谋士议曰：‘吾欲攻吕布，不忧袁绍掣肘，只恐刘表、张绣议其后耳。’”

撤棘 chè jí 科举时代称考试工作结束。放榜日关闭贡院，并在门口设置荆棘，以防落第者闯入喧闹，放榜后撤去。清·赵翼《陔余丛考》：“凝如贡举，撤棘开门，而士皆肃然无哗，所取称为得人。”

沉潜刚克 chén qián gāng kè 沉潜：沉稳含蓄。刚克：以刚强见胜。形容不露形色而内蕴刚强。《尚书·洪范》：“沉潜刚克，高明柔克。”

沉鱼落雁 chén yú luò yàn 鱼见之羞而沉入水底，雁见之羞而高飞入云。用以形容女子姿容艳美无比。《西游记》：“真个有沉鱼落雁之容，闭月羞花之貌。”

忱辞 chén cí 真诚的言辞。宋·王安石《辞免参知政事表》：“才薄望轻，恩隆责重，敢缘聪听，冒进忱辞。”

忱悃 chén kǔn 真诚。《清史稿》：“兹于嘉庆二年，复遣使臣奉表入贡，鉴其忱悃，允荷褒扬。”

宸眷 chén juàn 帝王的恩宠、关怀。唐·李白《为赵宣城与杨右相书》：“银章朱绂，坐荣宦达，身荷宸眷，目识龙颜。”

晨兴夜寐 chén xīng yè mèi 早起晚睡，形容勤劳辛苦。《三国志·吴书·韦曜传》：“故勉精历操，晨兴夜寐不遑宁息，经之以岁月，累之以日力。”

谶纬 chèn wěi 谶书和纬书的总称。秦汉时巫师、方士和儒生编造的神学迷信书，多位预示吉凶的隐语。沈从文《黑魔》：“只因为活得寂寞无聊，所以用儒家的名分，附会谶纬星象征兆，预备做一个遥远跋涉，去找寻矿产熔铸九鼎。”

称觞 chēng shāng 举杯。唐·杜甫《元日示宗武》:“赋诗犹落笔,献寿更称觞。”

称羡 chēng xiàn 称赞羡慕。《三国演义》:“操叹曰:‘真义士也!’然口虽称羡,心实不悦。”

称薪而爨 chēng xīn ér cuàn 称了柴薪才去生火煮饭。比喻只注意小事,不从大处着眼。后也形容生活贫困或极其吝啬。《淮南子·泰族训》:“称薪而爨,数米而炊,可以治小而未可以治大也。”

撑肠拄腹 chēng cháng zhǔ fù 也作“撑肠拄肚”。形容吃得很饱,也比喻忍受很多。宋·苏轼《试院煎茶》:“不用撑肠拄腹文字五千卷,但愿一瓯常及睡足日高时。”

乘坚策肥 chéng jiān cè féi 乘坐坚固的车,鞭打肥壮的马。形容生活奢华。也作“乘坚驱良”。《汉书·食货志上》:“千里游敖,冠盖相望,乘坚策肥,履丝曳缟。”《史记·越王勾践世家》:“乘坚驱良逐狡兔,岂知财所从来。”

乘凌 chéng líng 升上;登临。宋·文天祥《北行第九十四》:“乾坤几反覆,乘凌惜俄顷。”

乘轩鹤 chéng xuān hè《左传·闵公二年》记载,春秋时卫懿公喜欢养鹤,外出时连鹤也乘轩。比喻无功受禄的人。宋·王禹偁《阁下咏怀》:“官清自比乘轩鹤,心小还同畏网鱼。”

程仪 chéng yí 送给出门远行者的钱财。清·吴趼人《二十年目睹之怪现状》:“那候补道便送了他五十两银子程仪。他得了这笔银子,便当真到广东去了。”

惩羹吹齑 chéng gēng chuī jī 羹:用肉、菜等煮成的汤。齑:细切的冷食肉菜。被热汤烫过嘴,吃冷食时也要吹一吹。比喻受到过教训,遇事过分小心。屈原《九章·惜诵》:“惩于羹者而吹齑兮,何不变此志也。”《晋书·卷五十九》:“然而矫枉过直,惩羹吹齑,土地封疆,逾越往古。”

惩前毖后 chéng qián bì hòu 吸取过去失败的教训,以后小心谨慎,不重犯错误。出自《诗·周颂·小毖》:"予其惩而毖后患。"明·张居正《答河道吴自湖计河漕》:"顷丹阳浅阻,当事诸公毕智竭力,仅克有济,惩前毖后,预为先事之图可也。"

惩一儆百 chéng yī jǐng bǎi 惩罚少数人以警戒多数人。也作"惩一警百""惩一戒百"。《清史稿·许彭寿传》:"纠弹诸事,朕早有闻,特惩一儆百,力挽颓靡。此后不咨既往,诸臣亦毋以党援陈奏,致启讦陷。"

澄澈 chéng chè 清澈透明。唐·宋之问《龙门应制》:"山壁崭岩断复连,清流澄澈俯伊川。"

澄霁 chéng jì 天色清朗。南朝·宋·谢灵运《游南亭》:"时竟夕澄霁,云归日西驰。"

澄滤 chéng lǜ 沉淀,过滤。明·方孝孺《贮清轩记》:"故善学者积澄滤之功,以变其浑浊而反乎至清。"

澄思渺虑 chéng sī miǎo lǜ 深思远虑。清·宗稷辰《姚适庵怡柯草堂诗赋抄序》:"然而澄思渺虑,顺事婉陈,虽处危急烦扰之地,而所宣不失其和平。"

橙黄橘绿 chéng huáng jú lǜ 橙子金黄,橘子青绿,指秋天的景色。宋·苏轼《赠刘景文》:"一年好景君须记,正是橙黄橘绿时。"

逞欲 chěng yù 放纵欲望。《左传·桓公六年》:"今民馁而君逞欲,祝史矫举以祭,臣不知其可也。"

秤纽 chèng niǔ 杆秤上手提的部分,多用绳子或皮条制成。也称"秤毫"。唐·拾得《拾得诗》:"银星钉秤衡,绿丝作秤纽。"

嗤诋 chī dǐ 讥笑辱骂。《新唐书·路嗣恭传》:"嗣恭节度河阳也,恕为怀州刺史,年才三十,杨炎用捍魏博,为时嗤诋。"

嗤之以鼻 chī zhī yǐ bí 用鼻子哼气,表示看不起。有时也省略为"嗤鼻"。老舍《四世同堂》:"假若他甘心做犬儒,他不但可以对战争与国家大事都嗤之以鼻，他还可以把祖父、妈妈的屋中有火没有也假装看不见。”

弛懈 chí xiè 松弛，松懈。老舍《火葬》：“她本想教脸上的肌肉都弛懈开，表示出若无其事的样子。”

驰骤 chí zhòu 马匹快速奔跑。《韩非子》：“造父御四马，驰骤周旋而恣欲于马。”

侈靡 chǐ mí 奢侈浪费。《吕氏春秋·节丧》：“侈靡者以为荣，俭节者以为陋。”

侈谈 chǐ tán 夸大、不切实际地谈论，也指不切实际谈论的内容。鲁迅《朝花夕拾·后记》：“慨自欧化东渐，海内承学之士，嚣嚣然侈谈自由平等之说，致道德日就沦胥，人心日益浇漓，寡廉鲜耻，无所不为，侥幸行险，人思幸进，求所谓砥砺廉隅，束身自爱者，世不多睹焉。”

褫落 chǐ luò 荒废，衰败。《北史·魏高阳王雍传》：“自熙平以后，朝政褫落，及清河王怿之死，元叉专政，天下大责归焉。”

崇论宏议 chóng lùn hóng yì 也作“崇论闳议”。指高明宏达的议论或见解。《史记·司马相如传》：“必将崇论闳议，创业垂统，为万世规。”鲁迅《高老夫子》：“但高老夫子却不很能发表什么崇论宏议，因为他的豫备——东晋之兴亡——本没有十分足，此刻又并不足的几分也有些忘却了。”

崇替 chóng tì 盛衰兴亡。南朝·梁·刘勰《文心雕龙·时序》：“蔚映十代，辞采九变。枢中所动，环流无倦。质文沿时，崇替在选。终古虽远，旷焉如面。”

绸缪 chóu móu ①情爱缠绵。唐·元稹《莺莺传》：“绸缪缱绻，暂若寻常，幽会未终，惊魂已断。”②比喻事先做好准备工作。清·纪昀《阅微草堂笔记·姑妄听之一》：“先事而绸缪，后事而补救，虽不能消弭，亦必有所挽回。”

畴昔 chóu xī 从前。唐·陈子昂《还至张掖古城，闻东军告捷，赠韦五虚已》：“君为幕中士，畴昔好言兵。”

酬酢 chóu zuò 宾主互相敬酒，泛指应酬。南朝·宋·刘义庆《世说新语·简傲》："二人交觞酬酢，公荣遂不得一杯，而言语谈戏，三人无异。"

稠叠 chóu dié 稠密重叠。唐·李白《自梁园至敬亭山见会公谈陵阳山水兼期同游因有此赠》："稠叠千万峰，相连入云去。"

稠沓 chóu tà 多而重复。宋·王安石《韩持国从富并州辟》："身虽未尝历，魂梦已稠沓。"

愁潘病沈 chóu pān bìng shěn 晋代潘岳因忧愁而早生白发，南朝梁时沈约因病而瘦减腰围。故以"愁潘病沉"泛指忧愁烦恼和疾患苦痛。元·汪元亨【双调·沉醉东风】《归田》："雪月风花不系心，打捱过愁潘病沈。"

厨廪 chú lǐn 庖厨与仓廪，即厨房和米仓。唐·王季友《寄韦子春》："雀鼠昼夜无，知我厨廪贫。"

厨膳 chú shàn 饭菜。晋·常璩《华阳国志·巴志》："有荔枝园，至熟，二千石常设厨膳，命士大夫共会树下食之。"

雏凤清声 chú fèng qīng shēng 比喻后代子孙更有才华。唐·李商隐《韩冬郎即席为诗相送》："桐花万里丹山路，雏凤清于老凤声。"

橱簏 chú lù 装书的橱箱。唐·陆龟蒙《奉和袭美二游诗》(一)："开怀展橱簏，唯在性所便。"

础润而雨 chǔ rùn ér yǔ 语出《淮南子·说林训》："山云蒸，柱础润。"房柱基座润湿乃为下雨的征兆，比喻见微知著。

储季 chǔ jì 太子的弟弟。南朝·梁·任昉《竟陵文宣王行状》："帝子储季，令行禁止。"

储嗣 chǔ sì 太子。《南齐书·穆后列传》："武平元年六月，生皇子恒。于时后主未有储嗣，陆阴结待，以监抚之任不可无主，时皇后斛律氏，丞相光之女也，虑其怀恨，先令母养之，立为皇太子。"

储胤 chǔ yìn 太子的别称。《南齐书·武帝纪》："阴阳舛和，纬象愆度，储胤婴患，淹历旬朞。思仰祇天戒，俯纾民瘼，可大赦天下。”

储祉 chǔ zhǐ 积福。汉·司马相如《封禅文》：“上帝垂恩储祉，将以荐成，陛下谦让而弗发也。”

楚岑 chǔ cén 楚地的山。明·马中锡《代王掌科送张省祭官》：“平芜一骑辞蒹壁，落日孤村望楚岑。”

楚洁 chǔ jié 整洁。明·卢象升《贺新居》：“几案自楚洁，轩窗垲以畅。”

楚囚相对 chǔ qiú xiāng duì 本指春秋时被俘到晋国的楚人钟仪和他的同伴相对而泣。后用以形容人们遭遇国难或其他变故因无计可施而向隅悲伤。清·王士禛《池北偶谈·李太守》：“公今日之行，荣于登仙，诸君何至作楚囚相对耶！”

楚挞 chǔ tà 用杖击打。《三国志·许慈传》：“书籍有无，不相通借，时寻楚挞，以相震攇。其矜己妒彼，乃至于此。”

楚咻 chǔ xiū 语出《孟子》。有个楚人想让孩子学齐国话，请一个齐国人教，却由于周围楚国人多，最终没学成。后以“楚咻”比喻环境不好，难以成事。陈寅恪《甲辰四月赠蒋秉南教授》(三)：“俗学阿时似楚咻，可怜无力障东流。”

楚岫秦云 chǔ xiù qín yún 楚岫：楚地山峦。泛指秦楚云山。宋·陈与义《邓州城楼》：“邓州城楼高百尺，楚岫秦云不相隔。”

楚腰蛴领 chǔ yāo qí lǐng 形容女子体态之美。后蜀·阎选《虞美人》：“楚腰蛴领团香玉，鬓迭深深绿。”

怵惕 chù tì 恐惧，警惕。《楚辞·九辩》：“心怵惕而震荡兮，何所忧之多方。”

俶落 chù luò 开始。唐·崔明允《庆唐观金箓斋颂》：“惟初授命，载告休征，权舆灵迹，俶落祠宇，昭彰于国史。”

触蛮 chù mán 蜗牛角上两个小国触氏、蛮氏，因争地盘而伏尸数万。

典出《庄子》。后世以“触蛮”指因微利而起争端。宋·刘克庄《公论》：“触蛮力劝休争战，猿鹤相安不怨惊。”

触忤 chù wǔ 违犯，冒犯。《宋史·张瑰列传》：“当官遇事辄言，触忤势要，至屡黜，终不悔。”

触豸 chù zhì 即獬豸，传说中的神兽，能辨奸邪而触之。元·傅若金《奉送达兼善御史赴河南宪佥十二韵》：“立朝防触豸，行路避乘骢。”

揣料 chuǎi liào 预想，预料。宋·朱熹《答薛士龙》：“顾以忧患之余，屏迹田里，而执事名问方昭，德业方起，隐显异趣。私窃揣料，未容遽遂鄙怀，则亦怅然太息而已。”

揣侔 chuǎi móu 描摹事物详尽，惟妙惟肖。宋·宋庠《王侍郎集序》：“春庚秋蟀之候，芳茗宿莽之变，莫不造兴端绪，揣侔声色，悲欣万态，一纳于风什。”

川壅必溃 chuān yōng bì kuì 堵塞河流，会招致决口之害。比喻办事要因势利导，否则就会导致不良后果。《国语·周语上》：“召公曰：‘防民之口，甚于防川。川壅必溃，伤人必多，民亦如之。是故为川者，决之使导，为民者，宣之使言。’”

船埠 chuán bù 停船的码头。明·凌濛初《初刻拍案惊奇·钱多处白丁横带》：“（郭七郎）要回故乡，已此无家可归，没奈何就寄住在永州一个船埠经纪人的家里，原是他父亲在时走客认得的。”

船坞 chuán wù 停泊、修理或制造船只的地方。清·刘鹗《老残游记》：“山脚下有个船坞，都是渔船停泊之处。”

喘喙 chuǎn huì 气息短而急促。明·李梦阳《苦热东屠参议》：“层檐大厦尚喘喙，矮屋茅堂泪满襟。”

窗帷 chuāng wéi 窗上的帘幕。清·毕沅《夜宿广济寺》：“侵晓揭窗帷，嫩凉一阵入。”

窗牖 chuāng yǒu 窗户。南朝·梁·江淹《郭弘农游仙》：“朱霞入窗牖，曜灵照空隙。”

垂谅 chuí liàng 见谅，赐予谅解。清・蒲松龄《聊斋志异・丁前溪》：“主人好交游，适他出，家惟娘子在，贫不能厚客给，幸能垂谅。”

捶笞 chuí chī 用杖击打。汉・袁康《越绝书・荆平王内传》：“子胥将卒六千，操鞭捶笞平王之墓而数之。”

捶楚 chuí chǔ 用杖击打。《晋书・刘隗列传》：“捶楚之下，无求不得，囚人畏痛，饰辞应之。”

捶骨沥髓 chuí gǔ lì suǐ 比喻凶残地搜刮民财。《新唐书・食货志》：“贵税钱长数，重困疲羸，捶骨沥髓，苟媚聚敛之司，有不恤人之病。”

捶挞 chuí tà 用杖击打。《北齐书・文宣李后列传》：“帝好捶挞嫔御，乃至有杀戮者，唯后独蒙礼敬。”

椎髻 chuí jì 形状像椎的发髻。清・吴敬梓《儒林外史》：“汤总镇叫把收留的苗婆内中，拣会唱歌的，都梳好了椎髻，穿好了苗锦，赤着脚，到中军帐房里歌舞作乐。”

椎心泣血 chuí xīn qì xuè 椎心：捶胸脯。自捶胸脯，眼中哭出血来。形容极度悲恸的样子。汉・李陵《答苏武书》：“何图志未立而怨已成，计未从而骨肉受刑，此陵所以仰天椎心而泣血也。”唐・陈子昂《为程处弼辞放流表》：“臣每以陛下恩深，微臣命浅，尝愿湮宗灭族，获报万分。何图诚效未申，凶孽先集，逆天反道，背德辜恩，污辱门宗，亏缺臣节，此臣所以椎心泣血，仰天号咷。”

锤锻 chuí duàn 锤击锻打。宋・庞元英《文昌杂录》：“自云路经地狱之门，亲见其上气色蓊郁，又闻呼叫、锤锻之声，其可畏惧。”

椿津 chūn jīn 父亲的教导。宋・戴复古《又送文益兼怀文信文善》：“君不见，杨家椿津义让敦，千古共称贤弟昆。”

椿龄 chūn líng 椿树长寿，用以祝人长寿。宋・曹勋《德寿春帖子》：“天极元妃资内助，常年春首祝椿龄。”

椿堂 chūn táng 同“椿庭”，指称父亲。明·汤显祖《南柯记》：“则他恨不的皮刳烛点，则这些指顶香燃，为他久亡过的老椿堂葬朔边。”

椿庭 chūn tíng《庄子》谓上古大椿树长寿，《论语》载孔鲤趋庭受父孔子教诲，后世以“椿庭”指称父亲。元·程端礼《代诸生寿王岂岩六首》(六)：“上奉椿庭几九十，读书已下见诸孙。”

椿萱 chūn xuān《庄子》谓上古大椿树长寿，后用以称父亲。《诗·卫风·伯兮》：“焉得谖草，言树之背。”谖草即萱草，后用以称母亲。椿、萱连用，指称父母。明·蔡清《寿王太夫人·序》：“人子心非木石，其谁无椿、萱同春不老之愿耶？”

淳耀 chún yào 光明，辉耀。《南齐书·海陵王本纪》：“自皇家淳耀，列圣继轨，诸侯官方，百神受职。”

醇醪 chún láo 醇浓的美酒。汉·孔融《与曹操论酒禁书》：“高祖非醉斩白蛇，无以畅其灵。景帝非醉幸唐姬，无以开中兴。袁盎非醇醪之力，无以脱其命。定国不酣饮一斛，无以决其法。”

醇冽 chún liè 醇厚浓烈。明·陆粲《洞箫记》：“侍女捧玉杯进酒，酒味醇冽异常，而肴极精腆，水陆诸品，不可名状。”

醇醯 chún xī 味道醇正的醋。宋·梅尧臣《马都官行之惠黄柑荔枝醋壶》：“二果皆世珍，乃遗及贱士。而复副醇醯，或乞自诸己。岂唯享远味，终得为直矣。”

醇郁 chún yù 醇正馥郁。清·黄石麟《祭车外大父文》：“饮其醇郁，以信相侈。”

醇酎 chún zhòu 醇浓的美酒。南朝·宋·谢惠连《雪赋》：“酌湘吴之醇酎，御狐貉之兼衣。”

绰有余裕 chuò yǒu yú yù 形容态度从容、不慌不忙的样子。后也指能力或财力富余、宽裕。《孟子·公孙丑下》：“我无官守，我无言责也，则吾进退岂不绰绰然有余裕哉？”钱钟书《围城》：“辛楣满嘴说‘很好’，心里想鸿渐教这种学生总绰有余裕的。"

绰约 chuò yuē 形容女子姿态柔美的样子。《庄子·逍遥游》:"肌肤若冰雪,绰约若处子。"唐·白居易《长恨歌》:"楼阁玲珑五云起,其中绰约多仙子。"

瓷罂 cí yīng 装酒的瓷瓮。唐·杜甫《进艇》:"茗饮蔗浆携所有,瓷罂无谢玉为缸。"

辞翰 cí hàn 著作,文章。唐·李白《送戴十五归衡岳·序》:"其二三诸昆皆以才秀擢用,辞翰炳发,升闻天朝。"

辞隆从窳 cí lóng cóng yǔ 辞去高官厚禄,接受低贱职位。清·朱一新《杨莺谷先生六十寿叙》:"郑虔二绝而竟就广文,邓禹通才而甘居文学,辞隆从窳,洁操著焉。"

辞愆 cí qiān 推卸责任、过错。汉·班彪《北征赋》:"首身分而不寤兮,犹数功而辞愆。何夫子之妄说兮,孰云地脉而生残。"

辞青 cí qīng 旧俗重阳节结伴登山,郊游饮酒,谓之"辞青"。清·潘荣陛《帝京岁时纪胜·九月·辞青》:"都人结伴呼从,于西山一带看红叶,或于汤泉坐汤,谓菊花水可以却疾。又有治肴携酌,于各门郊外痛饮终日,谓之辞青。"

慈眄 cí miǎn 慈爱地看。《晋书·石勒载记上》:"勒奉戴明公,如天地父母,明公当察勒微心,慈眄如子也。"

慈闱 cí wéi 指母亲。宋·蔡襄《十九日奉慈亲再往吉祥院看花》:"曾非重芳物,庶以奉慈闱。"

慈渥 cí wò 恩惠,恩泽。宋·韩琦《乞外任知州状》:"当日臣上荷慈渥,未敢再申前请。"

慈宥 cí yòu 慈爱,宽宥。《宋书·王景文列传》:"伏愿薄回矜愍,全臣身计,大夫之俸,足以自周,久怀欣羡,未敢干请,仰希慈宥,照臣款诚。"

雌伏 cí fú 退居下位,不与争抢。唐·褚载《陈仓驿》:"锦翼花冠安在哉，雄飞雌伏尽尘埃。”

雌黄 cí huáng 妄加评论。清·皮锡瑞《茅批唐宋八家文书后》：“遂使乡曲小子，谬下雌黄。”

刺凤描鸾 cì fèng miáo luán 刺绣。《西游记》：“窗前忽见四佳人，都在那里刺凤描鸾做针线。”

葱菁 cōng jīng 葱青茂盛。宋·郭印《治园》：“遥岑出葱菁，清波皱沧浪。”

聪睿 cōng ruì 聪明睿智。《三国志·吴书·陆逊传》：“惟君天资聪睿，明德显融，统任上将，匡国弭难。”

聪黠 cōng xiá 聪慧狡黠。宋·释赞宁《宋高僧传》：“（释一行）早岁不群，聪黠明利，有老成之风。”

凑趣 còu qù 取乐逗笑。清·李宝嘉《官场现形记》：“凑巧这位太太最爱谈天说闲话，如今有了这个本家哥哥凑趣，而且又无须避得嫌疑，因此这黄二麻子在妹子跟前很有脸，家人小子们求舅老爷说句把话亦很灵。”

粗犷 cū guǎng 粗率豪放。《陈书·方泰列传》：“方泰少粗犷，与诸恶少年群聚，游逸无度，世祖以南康王故，特宽贯之。”

粗粝 cū lì 粗劣的食物。唐·杜甫《有客》：“竟日淹留佳客坐，百年粗粝腐儒餐。”

簇捧 cù pěng 簇拥，一群人围着。《水浒传》：“且说吴用、李逵两个，摇摇摆摆，却好来到城门下，守门的有四五十军士，簇捧着一个把门的官人在那里坐定。”

簇新 cù xīn 崭新。钱钟书《围城》：“一转念这公务员和军官都是站长领到车房里先上车占好座位的，都有簇新的公事皮包，听说上省政府公干，自己斗不过他们，只好忍着气。”

攒簇 cuán cù 聚集，簇拥。艾芜《意外》：“一路再看不见种植的田野和瓦屋攒簇的村庄。”

攒锋聚镝 cuán fēng jù dí 刀箭聚集。比喻遭到舆论的围攻。明·沈德符《万历野获编》:"四明在位久,卒被恶声以去,归里至与玺丞不相见。初不难借其子以市公,终于攒锋聚镝,受前人未有之弹射。"

攒眉蹙额 cuán méi cù é 眉头紧皱。形容愁闷、痛苦的表情。明·冯梦龙《醒世恒言·独孤生归途闹梦》:"只见那女郎侧身西坐,攒眉蹙额,有不胜怨恨的意思。"

窜逐 cuàn zhú 流放,放逐。唐·杜牧《见宋拾遗题名处感而成诗》:"窜逐穷荒与死期,饿唯蒿藿病无医。"

篡据 cuàn jù 夺取占据。《晋书·安帝纪》:"逆臣桓玄乘衅肆乱,乃诬罔天人,篡据极位。"

崔巍 cuī wēi 高峻。唐·元稹《酬乐天》:"崔巍骊山顶,宫树遥参差。"

崔嵬 cuī wéi 高耸的样子。唐·储光羲《杂诗》:"秋气肃天地,太行高崔嵬。"

催趱 cuī zǎn 催促,督促。《水浒传》:"宋江当下差正将二员花荣、秦明先来哨路,随即催趱战船车过长安坝来。"

缞麻 cuī má 粗麻布丧服。《新五代史·杂传·马缟》:"缞麻丧纪,所以别亲疏,辨嫌疑。"

摧眉 cuī méi 低眉,屈服。明·李攀龙《送子相》:"丈夫义岂辱颜色,使我摧眉去即休。"

摧颓 cuī tuí 困窘失意。唐·白居易《早秋晚望兼呈韦侍郎》:"悯默向隅心,摧颓触笼翅。"

摧陷廓清 cuī xiàn kuò qīng 攻破敌阵,肃清残敌。比喻写文章打破陈规。唐·李汉《昌黎先生集·序》:"先生于文,摧陷廓清之功,比于武事,可谓雄伟不常者也。"

悴槁 cuì gǎo 枯槁。明·陶望龄《雨问答临安道中作》:"蛾眉遁烟雾,所得徒悴槁。”

粹悫 cuì què 纯正忠诚。清·张伯行《罗整庵传》:“罗先生名钦顺,字允升,江西泰和人,性恬雅粹悫。”

粹然 cuì rán 纯正。宋·曹勋《松隐歙研铭》:“分封谯国,群书润屋。宝兹粹然,黟歙之玉。”

寸晷风檐 cùn guǐ fēng yán 喻考场应试。寸晷:时间短暂。风檐,挡风的屋檐。旧时应考,各居简陋小屋,故此云之。清·李玉《眉山秀·婚试》:“难道我中了进士还脱不得做秀才的苦,偿不尽寸晷风檐苦拈题?”

搓挲 cuō suō 搓揉摩挲。清·唐仲冕《四叠回棹韵谢秩山观察惠杨梅》:“探摘繁如栗,搓挲软似绵。”

撮要 cuō yào 摘取要点。汉·荀悦《汉纪·前汉高祖皇帝纪》:“撮要举凡,存其大体。”

挫锋 cuò fēng 书法中的一种笔法,又称“回锋”。宋·陈思《书苑菁华·翰林密论二十四条用笔法》:“作报答便以中指挫锋,须收锋在内,按笔而收之。”

厝火积薪 cuò huǒ jī xīn 谓置火于柴堆之下。比喻潜伏着极大危机。《汉书·贾谊传》:“夫抱火厝之积薪之下而寝其上,火未及燃,因谓之安,方今之势,何以异此。”

措画 cuò huà 谋划,筹划。宋·程大昌《禹贡论·鲧》:“鲧之措画皆不善,而禹皆当也。”

措意 cuò yì 留心,在意。《宋书·二凶传》:“卿等但助我理文书,勿措意戎阵。若有寇难,吾当自出,唯恐贼虏不敢动尔。”

措置 cuò zhì 安排处置。《新唐书·陆贽传》:“治兵若此,斯可谓措置乖方。”

错舛 cuò chuǎn 错误,错乱。清·萧穆《跋旧本〈左忠毅公尺牍〉》:“道光己酉,左氏祠室重刊本雠校乏人,未能完善。而奏疏次序又多更易,颠倒错外，每私悼之。”

错糅 cuò róu 错杂混乱。宋·朱熹《读吕氏诗记桑中高》：“则其篇帙混乱，邪正错糅，非复孔子之旧矣。”

D

搭讪 dā shàn 顺着话头开始攀谈，也指无话可说时的敷衍和寒暄。《红楼梦》：“宝玉自知又把话说造次了，当着许多人，更比方才在林黛玉跟前不好意思，便急回身又同别人搭讪去了。”

大巧若拙 dà qiǎo ruò zhuō 真正聪明的人，不显露自己，从表面看起来笨拙。语出《老子》：“大直若屈，大巧若拙，大辩若讷。”马南邨《燕山夜话·艺术的魅力》：“真正的大画家，却是大巧若拙，独创新面貌。”

怠慢 dài màn 轻慢不敬，冷淡。茅盾《子夜》：“不过到底是吴荪甫的嫡亲舅父，在礼貌上费小胡子是不敢怠慢的。”

戴笠故交 dài lì gù jiāo 贫贱之交。清·况周颐《蕙风词话》(卷二)：“香岩、倦圃，领袖一时。唯时戴笠故交，担簦才子，并与燕游之席，各传酬和之篇。”

戴盆望天 dài pén wàng tiān 头顶盆子仰望天空，比喻方法有误，达不到目的。唐·卢照邻《五悲·悲人生》：“徒知其一，未究其术，何异夫戴盆望天，倚杖逐日。”

殚精竭虑 dān jīng jié lǜ 竭尽心力地思考、谋划。魏巍《地球的红飘带》：“尽管他的意见不被重视，一些会议不让他参加，他还是殚精竭虑，力图挽救危局。”

箪瓢陋巷 dān piáo lòu xiàng 生活清贫。《论语·雍也》：“贤哉回也，一箪食，一瓢饮，居陋巷，人不堪其忧，回也不改其乐，贤哉回也！”

箪瓢屡罄 dān piáo lǚ qìng 饮食不继，生活贫困。晋·陶渊明《自祭文》："箪瓢屡罄，絺绤冬陈。"

党祸 dǎng huò 由党争引起的祸难。宋·范成大《荆公墓二首》之二："本意治功徒木，何心党祸扬尘。"

党庠 dǎng xiáng 古代的乡学。宋·曹彦约《兵部侍郎上殿札子》："经筵之学，视家塾党庠者，相去远矣。"

党言 dǎng yán 忠直之言。《逸周书·祭公》："王拜手稽首党言。"

党羽 dǎng yǔ 党徒。明·抱瓮老人《今古奇观·灌园叟晚逢仙女》："你是何处妖人，敢在此地方上将妖术煽惑百姓？有几多党羽？从实招来。"

倒屣 dào xǐ 急于出迎而把鞋子穿倒了，形容相见的迫切。唐·白居易《喜裴涛使君携诗见访醉中戏赠》："忽闻扣户醉吟声，不觉停杯倒屣迎。"

倒踬 dǎo zhì 困窘，困顿。隋·卢思道《养生论》："沦此风波，溺于倒踬，忧劳总至，事非一绪。"

祷禳 dǎo ráng 祈祷神灵，求福消灾。明·王慎中《封户部主事南辅张公墓志铭》："平生无病，忽遘疾，家人请用祷禳，公不许。"

蹈厉 dǎo lì 意气昂扬奋发。宋·朱松《上赵漕书》："其辞抑扬反复，蹈厉顿挫，极道其忧思佚乐之致，而卒归之于正。"

蹈袭 dǎo xí 沿袭前人。宋·陈善《扪虱新话·文章有夺胎换骨法》："文章虽要不蹈袭古人一言一句，然古人自有夺胎换骨等法。"

盗魁 dào kuí 盗贼头领。《魏书·张赦提列传》："时京畿盗魁自称豹子、虎子，并善弓马，遂领逃连及诸畜牧者，各为部帅，于灵丘、雁门间聚为劫害。"

盗骊 dào lí 周穆王八骏之一，后泛指良马。明·何乔新《送蔡君文瑞赴弘农卫幕序》："今舍所宜处而宅之戎幕，殆犹羁盗骊以负薪，持湛卢以芟麦，无乃非其任耶。"

盗薮 dào sǒu 盗贼聚集处。明·陈仁锡《东南舟师》："长江邻海之处，几为盗薮，行商过客往往苦之。"

盗跖 dào zhí 古代奴隶起义的首领，名跖，"盗"是贬称。毛泽东《贺新郎·读史》："盗跖庄蹻流誉后，更陈王奋起挥黄钺。"

悼悔 dào huǐ 感伤悔恨。清·沈寿民《复万道吉》："会弟入武川旧旅，遽失谋面，悼悔不可言。"

道奥 dào ào 学识深奥处。明·杨守勤《清道观仝王刘二生少选》："尘谈倾逸少，道奥阐刘商。"

道纪 dào jì 道的规律。元·邓文原《新建南泾观记》："直北为堂曰演妙，以扬道纪。"

道殣 dào jìn 路边的饿死者。《隋书·五行志》："时发卒百余万筑长城，帝亲巡塞表，百姓失业，道殣相望。"

道衢 dào qú 大道。清·姚之骃《后汉书补逸·郑弘传》："部人王逢得路遗宝物，悬于道衢，求主还之。"

道勋 dào xūn 道德功业。《宋书·裴松之传》："大者道勋光远，世所宗推，其次节行高妙，遗烈可纪。"

稻畦 dào qí 稻田。唐·司空图《杨柳枝寿杯词十八首》(八)："稻畦分影向江村，憔悴经霜只半存。"

得鱼忘筌 dé yú wàng quán《庄子·外物》："筌者所以在鱼，得鱼而忘筌。蹄者所以在兔，得兔而忘蹄。"也作"得兔忘蹄"。比喻达到目的后忘记先前凭借的手段。筌，捕鱼的竹篓。蹄，捕兔的网。清·袁枚《随园诗话》："后之人未有不学古人而能为诗者也。然而善学者得鱼忘筌，不善学者刻舟求剑。"

德輶如毛 dé yóu rú máo 也作"德輶如羽"。施行仁德就像举起羽毛那样容易，关键在于是否行动。《诗·大雅·烝民》："人亦有言：德輶如毛，民鲜克举之。我仪图之。维仲山甫举之，爱莫助之。"

德懋 dé mào 勉力修德。宋·葛胜仲《贺明堂大礼表》："恭惟皇帝陛下德懋日跻，政修时迈。”

德馨 dé xīn 品德美好。唐·韩愈《孟生诗》：“竹实凤所食，德馨神所歆。”

德洋恩普 dé yáng ēn pǔ 德：恩德。洋：洋溢。恩：恩惠。普：普及。意指恩德广施，无处不在。汉·司马相如《难蜀父老》：“盖闻中国有至仁焉，德洋恩普，物靡不得其所。”

德誉 dé yù 美誉，好名声。宋·欧阳修《贺颍王书》：“蔚然德誉之隆，式是宗藩之列，遂膺典册，进位真王。”

登槐 dēng huái 周代朝廷植有三棵槐树，聚会时三公坐其下，后遂以“登槐”指登上三公之位。明·汤显祖《送南太宰赵公致政归余姚》：“蚤迟登槐日，曾瞻听棘年。”

登阼 dēng zuò 登上皇位。《宋书·颜延之列传》：“世祖登阼，以为金紫光禄大夫，领湘东王师。”

等侪 děng chái 同辈，同类。清·汪远孙《题仲耘辑诗图》：“西泠风雅百年乖，十子才华亦等侪。”

等俦 děng chóu 同辈，同类。清·曾国藩《兹晨》：“大哉六合内，人类难等俦。”

瞪眄 dèng miǎn 傲视貌。唐·李白《明堂赋》：“人物禽兽，奇形异模，势若飞动，瞪眄睢盱。”

堤溃蚁穴 dī kuì yǐ xué 小小的蚂蚁窝，能够使堤岸溃决。比喻小问题不预防，就会出现较为严重的后果。《韩非子·喻老》：“千丈之堤，以蝼蚁之穴溃；百尺之室，以突隙之烟焚。”

堤垸 dī yuàn 堤堰，圩垸。清·龙启瑞《纪事》：“江湖溃堤垸，横溢恣泖滂。”

滴漏 dī lòu 计时的漏壶。明·唐寅【南商调·黄莺儿】《无题》：“梦悠悠，铜壶滴漏，孤枕四更头。”

敌忾 dí kài 抵抗所愤恨的敌人。宋·杜范《经筵已见奏札(辛丑八月)》:“一旦缓急,何以望其协谋敌忾。”

涤荡 dí dàng 洗涤,清除。汉·刘歆《遂初赋》:“心涤荡以慕远兮,回高都而北征。”

涤濯 dí zhuó 洗涤,洗去。《周礼·天官·冢宰》:“及执事,眡涤濯。”

嫡传 dí chuán 嫡派相传,表示正统。清·蒲松龄《聊斋志异·宦娘》:“少喜琴筝,筝已颇能谙之,独此技未有嫡传,重泉犹以为憾。”

嫡系 dí xì 宗法制度下家族的正支,也指一脉相传的派系。郭沫若《洪波曲》:“友军自私,各不相顾。杂系和嫡系待遇不同。杂系挡头阵,嫡系督后队。”

砥砺廉隅 dǐ lì lián yú 指磨炼节操。宋·苏轼《刘有方可昭宣使依旧嘉州刺史内侍押班制》:“砥砺廉隅,有缙绅之风。”

的卢 dì lú 额部有白色斑点的马。明·凌蒙初《初刻拍案惊奇》卷二一:“老先生岂不闻马有的卢能妨主,手版能忤人君的故事么?”

递嬗 dì shàn 依次更替,逐步演变。郭沫若《中国史稿》:“春秋时代是新旧势力递嬗的时代。”

第赏 dì shǎng 评定奖赏。《新五代史·吴越世家·钱俶》:“倧(钱倧)大阅兵于碧波亭,方第赏,进思前谏以赏太厚,倧怒,掷笔水中曰:‘以物与军士,吾岂私之,何见咎!’”

缔交 dì jiāo 结盟,正式结交。唐·柳宗元《封建论》:“下令而削之,缔交合从之谋,周于同列,则相顾裂眦,勃然而起。”

掂度 diān duó 忖度,琢磨,揣摩。杨朔《三千里江山》:“这个东西,只要脑子里有数,你掂度掂度,押押韵,就编成了。”

颠踣 diān bó 跌倒,倒下。比喻挫折、困顿或败亡。宋·欧阳修《卫尉卿祁公神道碑铭》:“今有人负材与能,昂立人上,与时争高下,不肯分寸屈其心，而卒困厄颠踣，怏怏不得志。”

颠沛 diān pèi 倒下。比喻困顿、挫折。《论语·里仁》：“君子无终食之间违仁，造次必于是，颠沛必于是。”

颠沛流离 diān pèi liú lí 颠沛：原指倾覆、扑倒。后用以表示人事困顿窘迫，社会动荡无序。流离：离散，流落。用以形容人在动荡不安的社会中，四处漂泊流浪，困顿无助。杨沫《青春之歌》：“假如为了贪图物质享受，我早就做姨太太少奶奶，也就不这样颠沛流离了。”

颠踬 diān zhì 倒仆，比喻困顿、挫折、败亡。《旧唐书·狄仁杰传》：“自然贼深入必有颠踬之虑，浅入必无虏获之益。”

佃作 diàn zuò 从事耕作。《史记·苏秦列传》：“北有枣栗之利，民虽不佃作而足于枣栗矣。”

甸服 diàn fú 古代称离京城五百里的区域，也泛指京城附近的地方。《汉书·王莽传》：“公作甸服，是为维城。”

玷秽 diàn huì 玷污，污辱。晋·干宝《搜神记》：“王大怒曰：‘吾女既死，而重造讹言，以玷秽亡灵。此不过发冢取物，托以鬼神。’”

淀塞 diàn sāi 壅塞，堵塞。宋·单锷《吴中水利书》：“又有孟径，泄滆湖之水入震泽，其他沟渎淀塞，其名不可缕举。”

奠酬 diàn chóu 古代饮酒的一种礼节。主人敬酒，宾客置之而不举。《仪礼·士昏礼》：“舅姑共飨妇，以一献之礼。舅洗于南洗，姑洗于北洗，奠酬。”

奠酹 diàn lèi 即奠酒。唐·白居易《祭小弟文》：“呜呼！尔魂在几，尔骨在棺；吾亲奠酹，于尔床前。”

殿试 diàn shì 古代科举制度中最高一级的考试，在宫廷举行，由皇帝主持；也指参加殿试的贡士，后来也泛指对士人的敬称。元·王实甫《西厢记·张君瑞害相思》：“俺小姐至今胭粉未曾施，念到有一千番张殿试。”

刁斗 diāo dǒu 一种铜制用具，古代军队中白天用来烧饭，白天用来敲击巡更。唐·高适《燕歌行》:"杀气三时作阵云,寒声一夜传刁斗。"

雕镂 diāo lòu 雕刻,也比喻刻意修饰文辞。朱自清《桨声灯影里的秦淮河》:"窗格雕镂颇细,使人起柔腻之感。"

雕琢 diāo zhuó 雕刻玉石,使之成为玉器。《孟子·梁惠王下》:"今有璞玉于此,虽万镒,必使玉人雕琢之。"

吊唁 diào yàn 哀悼死者并慰问生者。清·蒲松龄《聊斋志异·金和尚》:"士大夫妇咸华妆来,搴帏吊唁,冠盖舆马塞道路。"洪深《电影戏剧表演术》第二章:"恰巧他的业师死了,他跑到业师家里去吊唁。"

掉臂 diào bì 甩动胳膊走开,表示不予理睬、不加理会。《史记·孟尝君列传》:"日暮之后,过市朝者掉臂而不顾。"

掉书袋 diào shū dài 比喻为了显示学问,在说话、写文章时过多或不恰当地引经据典。夏衍《谈做文章》:"搞文艺文化工作的人当然要尽可能地多读一些古今中外的书,但是不择对象地掉书袋子反而会显出作者的浅薄。"

跌宕昭彰 diē dàng zhāo zhāng 形容文章意旨鲜明,起伏跌宕,顿挫有致。南朝·梁·萧统《〈陶渊明集〉序》:"其文章不群,词采精拔,跌宕昭彰,独超众类,抑扬爽朗,莫之与京。"

谍候 dié hòu 侦察。南朝·梁·简文帝《与衡山侯恭手令》:"谍候惟远,箱庾惟积。"

喋盟 dié méng 歃血盟誓。汉·刘向《说苑·权谋》:"赵简子使成何涉他与卫灵公盟于鄟泽,灵公未喋盟。"

叠巘 dié yǎn 重叠的山峰。宋·柳永《望海潮》:"重湖叠巘清嘉,有三秋桂子,十里荷花。"

碟酌 dié zhuó 酒菜,酒席。清·李海观《歧路灯》:"谭孝移自丹徒回来,邻舍街坊,无不欢喜,有送盒酒接风的,有送碟酌洗尘的,也有空来望望的。"

蝶梦 dié mèng 出自《庄子·齐物论》中"庄周化蝶"的典故,后以"蝶梦”比喻迷离的梦境，也指超脱的心境。宋·张孝祥《水调歌头·泛湘江》：“蝉蜕尘埃外，蝶梦水云乡。”

蝶衣 dié yī 即蝶翅。比喻轻盈的花瓣。宋·刘克庄《卜算子·惜海棠为风雨所损》：“片片蝶衣轻，点点猩红小。道是天公不惜花，百种千般巧。”

蝶怨蛩凄 dié yuàn qióng qī 蝶：蝴蝶。怨：怨恨。蛩：蟋蟀。凄：凄哀。比喻怨哀交加的思念之情。清·孙麟趾《金缕曲·定龛将归托寄家书赋此送别》：“蝶怨蛩凄书不尽，只封将泪点教君寄。”

鼎甲 dǐng jiǎ 科举制度中状元、榜眼、探花的总称。宋·苏轼《答李方叔书》：“秋试时，不审已从吉未？若可以下文字，须望鼎甲之捷也。”

鼎鼐 dǐng nài 鼎和鼐，古代两种烹饪器具，比喻宰相等大臣。《战国策·楚策四》：“故昼游乎江湖，夕调乎鼎鼐。”

鼎峙 dǐng zhì 像鼎的三个足那样并峙。《三国志·吴书·吴主传论》：“故能自擅江表，成鼎峙之业。”

鼎祚 dǐng zuò 国祚，国运的意思。《晋书·汝南王亮等传序》：“光武雄略纬天，慷慨下国……休祉盛于两京，鼎祚隆于四百。”

东施效颦 dōng shī xiào pín 语出《庄子·天运》，美女西施因病而皱着眉头，邻居丑女见了觉得很美，就学西施也皱起眉头，结果显得更丑。后人称这个丑女为东施。用“东施效颦”比喻盲目模仿别人，结果适得其反。《红楼梦》：“若真也葬花，可谓东施效颦，不但不为新特，且更可厌了。”

东食西宿 dōng shí xī sù 比喻贪得之人，唯利是图。汉·应劭《风俗通》：“齐人有女，二人求之。东家子丑而富，西家子好而贫。父母疑不能决，问其女，定所欲适……女云：‘欲东家食，西家宿。’”清·钱谦益《康文初六十序》：“有人于此，视诸公之乘辕而反之，朝秦而暮楚，东食而西宿，曰：余何不至于公卿？”

董道 dǒng dào 董：端正。守正道。《楚辞·涉江》：“余将董道而不豫兮，固将重昏而终身。”

董狐笔 dǒng hú bǐ 指春秋时晋国史官董狐在史策上直书晋国卿大夫赵盾弑其君的事。后来称秉笔直书的写作方法为“董狐笔”。宋·文天祥《正气歌》:“在齐太史简,在晋董狐笔。”

兜鍪 dōu móu 头盔,借指戴头盔的战士。宋·辛弃疾《南乡子·登京口北固亭有怀》:“年少万兜鍪,坐断东南战未休。”

兜转 dōu zhuàn 绕回来。《红楼梦》:“宝玉道:‘如此,底下一句兜转煞住,想也使得。’”

抖搂 dǒu lou 抖动衣物,使附着物落下。杨朔《春子姑娘》:“替她抖搂出胸前的雪,她胸口冰得连丝热气都没有了。”

督护 dū hù 古代的武官名,也指监督(军事)。《资治通鉴·宋文帝元嘉七年》:“八月,魏主遣冠军将军安颉督护诸军,击到彦之。”

独夫民贼 dú fū mín zéi 祸国殃民、众叛亲离的统治者。清·谭嗣同《仁学》:“君为独夫民贼,而犹以忠事之,是辅桀也,是助纣也。”

独辟蹊径 dú pì xī jìng 辟:开辟,开拓。蹊径:小路,捷径。独自开辟出一条新的道路。比喻独创出一种与众不同的新风格、新方法、新途径或者新体例。清·叶燮《原诗·外篇》(上):“于是楚风惩其弊,起而矫之。抹倒体裁、声调、气象、格力诸说,独辟蹊径,而栩栩然自是也。”

堵噎 dǔ yē 使人郁闷不快。《红楼梦》:“你不能为我解烦恼,反来以这种奚落堵噎我。”

赌长较短 dǔ cháng jiào duǎn 一较高下的意思。清·李渔《闲情偶寄·词曲上·音律》:“若止与《南西厢》赌长较短,则犹恐屑而不屑。”

睹微知著 dǔ wēi zhī zhù 只要看到事物的细微征兆,就能够知道其实质与发展态势。《南史·荀伯玉崔祖思苏侃等传论》:“高帝作牧淮兖,将兴霸业,崔苏睹微知著,自同奔走。”

杜撰 dù zhuàn 虚构。《红楼梦》:“探春笑道:‘只恐又是你的杜撰。’宝玉笑道:‘除“四书”外,杜撰的太多,偏只我是杜撰不成?’”

妒嗔 dù chēn 妒忌，怨恨。明·陈子龙《结交绝交行》："莫言入宫多妒嗔，吾侪当愧二美人。"

妒悍 dù hàn 嫉妒而凶悍。《旧唐书·房孺复传》："崔妒悍甚，一夕杖杀孺復侍儿二人，埋之雪中。"

渡济 dù jì 渡水，过河。《易林·坎之大有》："乘船渡济，载水逢火。"

端谅 duān liàng 正直诚信。唐·白居易《独孤郁司勋郎中知制诰制》："端谅忠谨，介然自居。为臣若斯，足可嘉奖。"

端悫 duān què 正直且诚实忠厚。《淮南子·主术训》："其民朴重端悫。"

端涯 duān yá 也作"端崖"，边际的意思。宋·梅尧臣《风异赋》："出屋远望，西北之陲，亘天接地，混混赫赫，不见端涯。"

短褐 duǎn hè 粗布衣服，借指平民。唐·杜甫《自京赴奉先县咏怀五百字》："赐浴皆长缨，与宴非短褐。"

断鹤续凫 duàn hè xù fú 凫：野鸭。截断白鹤的长腿，增长野鸭的短腿，比喻做事违背自然规律。清·蒲松龄《聊斋志异·陆判》："断鹤续凫，矫作者妄；移花接木，创始者奇。"

锻淬 duàn cuì 锻造淬火。锻造使之成形，淬火使之坚硬。清·林则徐《覆奏查察虎门排练炮台折》："察看木排箍系坚固，铁炼锻淬精融，开合亦具得法。"

锻砺 duàn lì 锤炼，磨砺。《旧五代史·晋书·桑维翰传》："戈甲虽备，而锻砺未精。"

堆金积玉 duī jīn jī yù 堆满了金玉，形容财富充裕。宋·李之彦《东谷所见·贪欲》："堆金积玉，来处要明。"

敦本务实 dūn běn wù shí 崇尚根本，注重实际，脚踏实地。明·张居正《翰林院读书说》："二三子不思敦本务实，以眇眇之身，任天下之重。"

敦恪 dūn kè 敦厚谨慎。明·宋濂《故朝列大夫苏公墓志铭》:“公性敦恪,尚风义。”

敦敏 dūn mǐn 忠厚老实,反应敏捷。《大戴礼记·五帝德》:“生而神灵,弱而能言,幼而慧齐,长而敦敏,成而聪明。”

墩台 dūn tái 报警台。《明史·杨博传》:“又以暇修筑肃州榆树泉及甘州平川境外大芦泉诸处墩台,凿龙首诸渠。”

盹寐 dǔn mèi 打瞌睡。清·蒲松龄《聊斋志异·念秧》:“行半日许,前一人跨白卫,约四十许,衣帽整洁;垂首蹇分,盹寐欲堕。”

钝滞 dùn zhì 形容迟钝呆滞,不敏锐。唐·白居易《迂叟》:“应须绳墨机关外,安置疏愚钝滞身。”

垛堞 duǒ dié 城墙上呈凹凸状的矮墙,即女墙。郭希仁《从戎纪略》:“北城门月城垛堞,被开花全轰倒,直成缺口。”

躲匿 duǒ nì 隐藏。明·冯梦龙《警世通言·赵太祖千里送京娘》:“只见对桥一间小屋,里面灯烛辉煌,公子疑那汉子躲匿在内。”

堕弛 duò chí 废弛。《资治通鉴·唐代宗大历十四年》:“及安史乱后,法度堕弛,大臣将帅竞治第舍,各穷其力而后止,时人谓之木妖。”

堕泪碑 duò lèi bēi 晋代羊祜都督荆州军事,驻襄阳。羊祜死后,部属在其生前游息之地岘山建碑立庙祭祀,见碑者无不流泪,因称此碑为堕泪碑。唐·李白《襄阳曲》:“岘山临汉江,水渌沙如雪。上有堕泪碑,青苔久磨灭。”

堕懈 duò xiè 倦怠,松懈。汉·刘向《说苑·君道》:“昔先君桓公身体堕懈,辞令不给。”

惰怠 duò dài 懒惰,懈怠。《汉书·成帝纪》:“间者,民弥惰怠,乡本者少,趋末者众,将何以矫之?”

E

讹变 é biàn 讹误变易。北魏·郦道元《水经注·河水(三)》:“吐京郡治故城，即吐军县之故城也。胡汉译言，音为讹变矣。”

讹索 é suǒ 敲诈勒索。《清史稿·食货志（六）》：“严禁崇文门、卢沟桥及各省关役讹索行旅。”

讹文 é wén 讹误的文字。《新唐书·儒学传序》：“文宗定五经，镵之石，张参等是正讹文，寥寥一二可纪。”

讹诈 é zhà 敲诈勒索。清·李汝珍《镜花缘》：“也有捏造词讼在那里讹诈的。”

俄顷 é qǐng 片刻，一会儿。唐·杜甫《茅屋为秋风所破歌》：“俄顷风定云墨色，秋天漠漠向昏黑。”

鹅行鸭步 é xíng yā bù 形容步态迟缓而摇摆。《水浒传》：“众人见轿夫走得快，便说道：‘你两个闲常在镇上抬轿时，只是鹅行鸭步，如今却怎地这等走得快？’”

蛾眉 é méi 美人的秀眉，借指美女或美好的容貌。《诗·卫风·硕人》：“螓首蛾眉，巧笑倩兮。”

额黄 é huáng 旧时妇女涂于额上的黄色装饰。唐·李商隐《无题》：“寿阳公主嫁时妆，八字宫眉捧额黄。”

额手称庆 é shǒu chēng qìng 将手放在额头上，表示庆幸或庆祝。清·梁章钜《归田琐记·致刘次白抚部鸿翱书》：“继闻此事已奉中旨再三驳饬，仰见圣明覆载无私，洞鉴于万里之外，俾滨海臣庶，均各安耕凿于尧天舜日之中，为之额手称庆。”

额题 é tí 匾额上的题字。《红楼梦》：“隐隐有座庙宇，门巷倾颓，墙垣剥落，有额题曰‘智通寺’。门旁又有一副旧破的对联。”

扼隘 è ài 险要，险阻。明·蒋一葵《长安客话·古北口》：“古北口控两关中，崖壁崎峭，道路扼隘，距都城不二百里，尤为锁钥重地。”

扼腕 è wàn 用一只手握住另一只手腕，表示振奋、惋惜等情绪。清·薛福成《后乐园记》：“抚时扼腕，壎唱篪和，其音如贯。”

饿殍 è piǎo 也作“饿莩”。指饿死的人或饿得快死的人。《孟子·梁惠王上》:“涂有饿莩而不知发。”

遏抑 è yì 阻止抑制。孙中山《黄花冈七十二烈士事略·序》:“怨愤所积,如怒涛排壑,不可遏抑。”

遏云 è yún 使云停下来,一般形容歌声响亮悦耳。唐·许浑《陪王尚书泛舟莲池》:“舞疑回雪态,歌转遏云声。”

噩厉 è lì 严肃,严厉。章炳麟《读郭象论嵇绍文》:“象则晋之清言者也,噩厉守正,逴远于儒。山涛之咎,顾岂在清言耶!”

鳄浪 è làng 巨浪。柳亚子《闻蕻良述东北痛史有感》:“鳄浪鲸波堪雪涕,鬓丝禅榻坐煎茶。”

恩科 ēn kē 古代多次参加科举考试的礼部试或廷试未被录取的考生,朝廷另立名册,特许附试,一般都能考中,有时朝廷庆典也特别开科考试,都称恩科。清·姚鼐《严冬友墓志铭》:“辛卯恩科会试,刘文正为考官。”

恩荫 ēn yìn 因上辈有功而给予下辈入学做官的待遇,得到恩惠。清·蒲松龄《聊斋志异·促织》:“遂使抚臣、令尹,并受促织恩荫。”

尔曹 ěr cáo 汝辈,你们。唐·杜甫《戏为六绝句》:“尔曹身与名俱灭,不废江河万古流。”

尔汝 ěr rǔ 彼此间亲昵的称呼,表示亲密无间。唐·韩愈《听颖师弹琴》诗:“昵昵儿女语,恩怨相尔汝。”

尔诈我虞 ěr zhà wǒ yú 互不信任,互相欺骗。毛泽东《反对日本进攻的方针、办法和前途》:“团结要是真正的团结,尔诈我虞是不行的。”

贰臣 èr chén 指古代在旧朝做官的人入新朝后又担任官职。清·朱珪《恭庆皇上御极六十年万寿文》:“赐胜朝守节之谥,以显忠也;贰臣有传,以励贞也。”

F

发蒙启蔽 fā méng qǐ bì 启发蒙昧。明·李贽《答李见罗巡抚》:"发蒙启蔽,时或未省,而退实沉思。既久,稍通解耳。"

翻空出奇 fān kōng chū qí 形容作品想象奇特,不落前人窠臼。宋·刘克庄《题吴必大检察山林素封集》:"吴君此集十有七篇皆翻空出奇,幻假成真,无本之葫芦也。"

烦嚣 fán xiāo 喧扰,嘈杂。唐·宋之问《灵隐寺》:"夙龄尚遐异,搜对涤烦嚣。"

蕃滋 fán zī 繁衍,增加。《国语·越语下》:"对曰:'司封之内,百姓之事,时节三乐。不乱民功,不逆天时,五谷睦熟,民乃蕃滋,君臣上下交得其志,蠡不如种也。'"

樊篱 fán lí 篱笆。比喻对事物的限制。清·曹寅《瓶菊》:"樊篱方集霰,高枕悟黄农。"

樊笼 fán lóng 比喻受束缚而不自由的境地。晋·陶渊明《归园田居》:"久在樊笼里,复得返自然。"

樊楼 fán lóu 宋代开封的酒楼,后来也为酒楼的泛称。清·钱谦益《金陵杂题》:"而今也入烟花部,灯火樊楼似汴京。"

繁缛 fán rù 繁密茂盛,比喻文辞华丽、繁复。南朝·梁·刘勰《文心雕龙·议对》:"文以辨洁为能,不以繁缛为巧。"

繁翳 fán yì 即浓荫。明·冯梦龙《醒世恒言·灌园叟晚逢仙女》:"不觉来到秋公门首,只见篱上花枝鲜媚,四围树木繁翳。"

繁英 fán yīng 繁盛的花。晋·刘琨《重赠卢谌》:"朱实陨劲风,繁英落素秋。"

犯颜极谏 fàn yán jí jiàn 犯颜:冒犯君主或尊长的颜面、威严。极谏:

以直言规劝(常用于下对上)。敢于冒犯君主或尊长的威严而极力规劝其改正错误。《韩非子·外储说左下》:“犯颜极谏,臣不如东郭牙,请立以为谏臣。”

梵铃 fàn líng 佛寺或佛塔檐角上所悬的铃铎。《红楼梦》:“镂檀镌梓一层层,岂系良工堆砌成。虽是半天风雨过,何曾闻得梵铃声。”

芳甸 fāng diàn 芳草丰茂的郊野。南朝·齐·谢朓《晚登三山还望京邑》:“喧鸟覆春洲,杂英满芳甸。”

飞熊入梦 fēi xióng rù mèng 原指周文王梦飞熊而得太公望,见《史记·齐太公世家》。后比喻圣主得贤臣的征兆。

飞扬浮躁 fēi yáng fú zào 轻浮急躁。宋·朱熹《朱子全书·论语一》:“飞扬浮躁,所学安能坚固?”

菲薄 fěi bó 微薄不足道,常用作自谦之词。《楚辞·远游》:“质菲薄而无因兮,焉托乘而上浮。”

诽讪 fěi shàn 诽谤非议。《后汉书·党锢传序》:“成弟子牢修上书诬告膺等养太学游士,交结诸郡生徒,更相驱驰,共为部党,诽讪朝廷。”

诽谐 fěi xié 诙谐幽默。鲁迅《中国小说史略》:“(侯白)好为诽谐杂说,人多爱狎之。”

斐然成章 fěi rán chéng zhāng 富有文采。《论语·公冶长》:“子在陈,曰:‘归与!归与!吾党之小子狂简,斐然成章,不知所以裁之。’”

纷纷攘攘 fēn fēn rǎng rǎng 纷纷:多而杂乱。攘攘:纷乱拥挤。形容人众多而纷乱。清·洪昇《长生殿·弹词》:“划地里出出律律纷纷攘攘奏边书,急得个上上下下都无措。”

纷红骇绿 fēn hóng hài lǜ 形容花叶繁盛,随风摆动。唐·柳宗元《袁家渴记》:“每风自四山而下,振动大木,掩苒众草,纷红骇绿,蓊葧香气。”

氛氲 fēn yīn 形容气味浓郁或气氛热烈。唐·韩偓《玉合》:“长思忆,经几春,人怅望,香氛氲。”

氛氲 fēn yūn 形容云雾朦胧或香气缭绕。唐・王维《山行遇雨》:“骤雨昼氛氲,空天望不分。”

棼楣 fén méi 楼阁的栋梁。汉・班固《西都赋》:“轶云雨于太半,虹霓回带于棼楣。”

焚膏继晷 fén gāo jì guǐ 膏:油脂,指灯烛。晷:日光。形容夜以继日、全力以赴地学习、工作。唐・韩愈《进学解》:“焚膏油以继晷,恒兀兀以穷年。”

焚琴煮鹤 fén qín zhǔ hè 焚烧琴去煮白鹤。比喻随意糟蹋美好的事物。明・冯梦龙《醒世恒言・卖油郎独占花魁》:“焚琴煮鹤从来有,惜玉怜香几个知!”

焚书坑儒 fén shū kēng rú 焚:烧。坑:把人活埋。儒:书生。烧毁典籍,活埋儒生。汉・孔安国《尚书・序》:“秦始皇灭先代典籍,焚书坑儒,天下学士逃难解散。”

粉堞 fěn dié 用白粉涂刷的女墙。唐・杜甫《秋兴八首》(二):“画省香炉违伏枕,山楼粉堞隐悲笳。”

奋鳞 fèn lín 巨龙腾飞。汉・张衡《应闲》:“夫玄龙,迎夏则陵云而奋鳞,乐时也。”

忿怼 fèn duì 怨恨。南朝・梁・刘勰《文心雕龙・辨骚》:“班固以为露才扬己,忿怼沉江。”

忿恚 fèn huì 愤怒,怨恨。《史记・陈涉世家》:“将尉醉,广故数言欲亡,忿恚尉,令辱之以激怒其众。”

愤懑 fèn mèn 气愤,抑郁不平。汉・司马迁《报任少卿书》:“恐卒然不可为讳,是仆终已不得舒愤懑以晓左右。”

风概 fēng gài 风度气概,也指诗文体现的雄健有力的风格。唐・元稹《唐故工部员外郎杜君墓系铭》:“晋世风概稍存;宋齐之间,教失根本,士以简慢、歙习、舒徐相尚。”

风流儒雅 fēng liú rú yǎ 风流：有文采且不拘礼法。儒雅：学识深湛，气度不凡。学识渊博，风度潇洒。唐·杜甫《咏怀古迹》："摇落深知宋玉悲，风流儒雅亦吾师。"

风情月债 fēng qíng yuè zhài 男女恋爱的事情。《红楼梦》："司人间之风情月债，掌尘世之女怨男痴。"

锋镝 fēng dí 刀刃和箭镞等兵器，也借指战争。汉·贾谊《过秦论》："销锋镝，铸以为金人十二，以弱天下之民。"

蜂屯蚁杂 fēng tún yǐ zá 同"蜂屯蚁聚"。像蜜蜂或蚂蚁那样聚集在一起，比喻成群的人聚集在一处。唐·韩愈《送郑尚书序》："撞搪呼号以相和应；蜂屯蚁杂，不可爬梳。"

冯唐易老 féng táng yì lǎo《史记·张释之冯唐列传》载：汉代冯唐身历三朝，至武帝时，举为贤良，但他已九十多岁，不能再做官了。后以"冯唐易老"表示年岁已老或生不逢时。唐·王勃《秋日登洪府滕王阁饯别序》："冯唐易老，李广难封。"

冯谖市义 féng xuān shì yì 战国时孟尝君让冯谖到薛地收债，冯谖焚毁债契而回，为孟尝君赢得了民心。清·东鲁古狂生《醉醒石》："冯谖市义归，鼓箧何寂寂。"

逢人说项 féng rén shuō xiàng 唐代祭酒杨敬之喜爱、看重项斯的才华，并写诗《赠项斯》相赠："处处见诗诗总好，及观标格过于诗。平生不解藏人善，到处逢人说项斯。"后以"逢人说项"表示奖掖后进，乐道人善。清·徐枋《与王生书》："若足下贸贸然逢人说项，是爱我者害我，誉我者毁我也。"

缝纫 féng rèn 泛指裁缝补缀等工作。宋·欧阳修《南阳县君谢氏墓志铭》："其衣无故新，而浣濯缝纫，必洁以完。"

缝罅 fèng xià 空隙。《朱子语类》："又有说得极密处，无缝罅，盛水不漏。"

凤翥龙翔 fèng zhù lóng xiáng 龙飞凤舞。形容势态非凡。《红楼梦》:“爱彼之貌容兮,香培玉琢;美彼之态度兮,凤翥龙翔。”

麸子 fū zi 小麦磨成面筛过后剩下的麦皮和碎屑,也叫麸皮。清·文康《儿女英雄传》:“赶到磨出麦来,喂牲口的麸子也有了。”

凫雏 fú chú 幼凫,小野鸭。唐·杜甫《绝句漫兴》:“笋根雉子无人见,沙上凫雏傍母眠。”

凫趋雀跃 fú qū què yuè 凫:野鸭。像野鸭那样快跑,像鸟雀那样跳跃。形容非常高兴而精神振奋。唐·梁涉《长竿赋》:“闻之者凫趋雀跃,见之者足蹈手舞。”

凫雁 fú yàn 野鸭与大雁,有时也单指大雁或野鸭。唐·温庭筠《商山早行》:“因思杜陵梦,凫雁满回塘。”

凫舟 fú zhōu 鸭形的船。唐·卢照邻《七夕泛舟》:“风杼秋期至,凫舟野望开。”

芙蕖 fú qú 荷花的别名。三国·魏·曹植《洛神赋》:“远而望之,皎若太阳升朝霞;迫而察之,灼若芙蕖出渌波。”

拂拭 fú shì 吹拂,掠过。巴金《〈春〉序》:“我写完《春》,最后一次放下我的自来水笔,稍微感到疲倦地掉头四顾,春风从窗外进来,轻轻拂拭我的脸颊。”

浮槎 fú chá 槎:木筏。古代传说有人能乘着木筏来往于海上和天河之间。宋·李清照《行香子》:“纵浮槎来,浮槎去,不相逢。”

浮光掠影 fú guāng lüè yǐng 比喻见识肤浅或印象不深。叶圣陶《游了三个湖》:“可是这回只是浮光掠影地看看,写不成名副其实的游记。”

浮家泛宅 fú jiā fàn zhái 指以船为家,浪迹江湖。宋·胡舜陟《渔家傲》:“今我绿蓑青箬笠,浮家泛宅烟波逸。”

浮龄 fú líng 年华,岁月。南朝·宋·谢灵运《山居赋》:“伤美物之遂化,怨浮龄之如借。眇遁逸于人群,长寄心于云霓。”

浮沤 fú ōu 水面上的泡沫。比喻生命渺小短暂,世事变化无常。宋·

范成大《石湖中秋二十韵感今怀旧而作》："水天双对镜，身世一浮沤。"

浮屠 fú tú 也作"浮图"。佛教语，指僧人或佛塔。宋·苏轼《荐城禅院五百罗汉记》："且造铁浮屠十有三级，高百二十尺。"

浮漾 fú yàng 呈现。刘绍棠《狼烟》："蔡芳洲那苍白的脸上，浮漾起一个亲切的微笑。"

符契 fú qì 符券、契约一类文书的统称。南朝·梁·刘勰《文心雕龙·书记》："市朝徵信，则有符契券疏。"

辐辏 fú còu 也作"辐凑"。形容人或物聚集，像车辐集中于车毂一样。汉·班固《东都赋》："平夷洞达，万方辐凑。"宋·陈亮《祭妹文》："三载之间，祸患辐辏。"

辐聚 fú jù 聚集。《明史·楚王桢传》："人民蕃庶，商贾辐聚。"

福慧双修 fú huì shuāng xiū 原指福德和才智都达到至善的境地，现指有福气又聪颖。唐·慧立《大慈恩寺三藏法师传》："菩萨为行，福慧双修，智人得果，不忘其本。"

福祉 fú zhǐ 福气，幸福。《韩诗外传》："是以德泽洋乎海内，福祉归乎王公。"

福祚 fú zuò 福分，福利。《左传·昭公十五年》："福祚之不登，叔父焉在？"

俯瞰 fǔ kàn 从高处往下看。唐·元稹《松鹤》："俯瞰九江水，旁瞻万里壑。"

俯仰随人 fǔ yǎng suí rén 随人摆布，随波逐流。宋·苏轼《送李公恕赴阙》："安能终老尘土下，俯仰随人如桔槔。"

俯仰无愧 fǔ yǎng wú kuì 指立身端正，问心无愧。宋·陈亮《与周立义参政书》："持身端方，俯仰无愧。"

辅弼 fǔ bì 辅佐，也指辅佐君主的人，后多指宰相。《国语·吴语》："昔吾先王，世有辅弼之臣，以能遂疑计恶，以不陷于大难。”

辅祚 fǔ zuò 辅佐。元·关汉卿《裴度还带》：“据中立文武全才，辅祚皇朝。”

脯糒 fǔ bèi 脯：风干的肉。糒：干粮。《后汉书·明帝纪》：“万年之后，扫地而祭，杅水脯糒而已。”

脯醢 fǔ hǎi 古代一种残忍的刑法，杀戮后将人的尸体剁成肉酱。《战国策·赵策三》：“曷为与人俱称帝王，卒就脯醢之地也。”

腐草 fǔ cǎo 腐败的草，比喻卑微的人或事。唐·李商隐《隋宫》：“于今腐草无萤火，终古垂杨有暮鸦。”

附庸风雅 fù yōng fēng yǎ 指某些人为装点门面，追随结交名士，从事有关文化方面的活动（多含贬义）。风雅，本指《诗经》中的《国风》、《大雅》、《小雅》等。这里泛指文化。柳亚子《〈胡寄尘诗〉序》：“既不得逞，则涂饰章句，附庸风雅，造为艰深以文浅陋。”

副本 fù běn 著作、书籍正本以外的复制本，或著作原稿以外的誊录本。《水浒传》：“这个经摺儿是我抄的副本。”

赋闲 fù xián 晋代潘岳辞官居家，作《闲居赋》，后称罢官闲居、失业无事为“赋闲”。朱自清《背影》：“这些日子，家中光景很是惨淡，一半为了丧事，一半为了父亲赋闲。”

傅彩 fù cǎi 着色。《宣和画谱·曹仲元》：“初学吴道元，不成，弃其法，别作细密，以自名家；尤工傅彩，遂有一种风格。”

傅粉何郎 fù fěn hé láng 南朝·宋·刘义庆《世说新语·容止》：“何平叔美姿仪，面至白。魏明帝疑其傅粉，正夏月，与热汤饼。既啖，大汗出，以朱衣自拭，色转皎然。”后以“傅粉何郎”称美男子。清·吴趼人《二十年目睹之怪现状》：“所以我还记得那词上两句是：两个是傅粉何郎，两个是画眉张敞。”

富赡 fù shàn 资财丰富充足，也形容诗文辞藻丰富。五代·王定保《唐摭言·海叙不遇》:“罗虬词藻富赡,与宗人隐、邺齐名。”

富庶 fù shù 物产丰富,人口众多。唐·韩愈《酬裴十六功曹巡府西驿途中见寄》:“四海日富庶,道途隘蹄轮。”

腹诽 fù fěi 亦作“腹非”。嘴里不说,可心里认为不对。《明史·万镗传》:“又以不得一品,面谩腹诽,无大臣礼。”清·蒲松龄《聊斋志异·续黄粱》:“又逾年,朝士窃窃,似有腹非之者。”

腹笥 fù sì 笥:竹箱。指学问。清·纳兰性德《与韩元少书》:“钱牧斋腹笥既富,文笔又长,援古证今,每发一端,便如瓶水泻地,迸注分流。”

缚虎 fù hǔ 捆住猛虎,比喻征服极难征服之人,办到极其难办的事。唐·李商隐《太仓箴》:“长如获禽,莫忘缚虎。”

覆杯 fù bēi 倒置酒杯,一饮而尽,也比喻事情极易办成。南朝·宋·鲍照《三日》:“解衿欣景预,临流竞覆杯。”

覆瓿 fù bù 意思与覆酒瓮相近,指著作没有价值。宋·陆游《秋晚寓叹》:“著书终覆瓿,得句漫投囊。”

G

溉汲 gài jí 汲水浇田。《吕氏春秋·察传》:“宋之丁氏,家无井而出溉汲,常一人居外。”

甘之如荠 gān zhī rú jì 荠:荠菜,其味先苦后甜。意指如果是自己乐意去做的事情,虽苦犹甜。《晋书·刘沈传》:“投袂之日,期之必死。菹醢之戮,甘之如荠。”

感怆 gǎn chuàng 感慨悲伤。鲁迅《致李秉中》:“东望扶桑,感怆交集。”

感戴 gǎn dài 感激爱戴。《三国志·吴书·朱桓传》:“往遇疫疠,谷食荒贵,桓分部良吏,隐亲医药,飧粥相继,士民感戴之。”

感喟 gǎn kuì 感慨叹息。沈从文《灯》:“还有我的弟弟……侥幸中的安全,引起了对生存深深的感喟。”

皋夔稷契 gāo kuí jì qì 传说中舜时贤臣皋陶、夔、后稷和契的并称。也借指贤臣。明·无名氏《鸣凤记·灯前修本》:“妾闻皋、夔、稷、契,优游无事,谓之良臣。”

高蹈 gāo dǎo 指远行、隐居,或崛起、杰出。唐·韩愈《荐士》:“国朝盛文章,子昂始高蹈。”

高朋满座 gāo péng mǎn zuò 形容来宾很多,交际广泛。《三国演义》:“(王粲)幼时往见中郎蔡邕,时邕高朋满座,闻粲至,倒履迎之。宾客皆惊曰:‘蔡中郎何独敬此小子耶?’邕曰:‘此子有异才,吾不如也。’”

羔犊 gāo dú 小羊和小牛,常比喻弱的一方。《汉书·邹阳传》:“夫以区区之济北而与诸侯争强,是以羔犊之弱而扞虎狼之敌也。”

羔裘 gāo qiú 用紫羔制的皮衣,古时为诸侯、卿大夫的朝服。《诗·郑风·羔裘》:“羔裘如濡,洵直且侯。”

羔雁 gāo yàn 小羊和雁,古代用作征召、婚聘、晋谒的礼物。唐·杨炯《杜袁州墓志》:“太丘之门,执其羔雁。”

膏肓 gāo huāng 古代医学以心尖脂肪为膏,心脏与膈膜之间为肓。指难治的病,或比喻严重的失误、事物的要害或关键。唐·柳宗元《寄许京兆孟容书》:“忽捧教命,乃知幸为大君子所宥,欲使膏肓沉没,复起为人。”

膏粱 gāo liáng 肥肉和细粮。泛指肥美的食物,借指富贵人家子弟。《红楼梦》:“寄言纨绔与膏粱,莫效此儿形状!”

膏粱文绣 gāo liáng wén xiù 指富贵人家的奢华生活,亦泛指精细贵重的东西。《红楼梦》:“在小侄年幼,虽不知文章为何物,然将读过的细味起来,那膏粱文绣比着令闻广誉,真是不啻百倍的了。”

膏壤 gāo rǎng 肥沃的土地。《史记·货殖列传》:“关中自汧雍以东至河华,膏壤沃野千里。”

膏腴 gāo yú 土地肥沃,食物肥美,也比喻富贵人家。《战国策·赵策(四)》:“今媪尊长安君之位,而封之以膏腴之地。”

篙橹 gāo lǔ 撑船、摇船的工具。元·王恽《挽漕篇》:“先须括流沙,推挽代篙橹。”

戈鋋 gē chán 兵器,借指战争。宋·文天祥《高沙道中》:“一伻与一校,幸不逢戈鋋。”

戈戟 gē jǐ 戈和戟的并称,泛指兵器。《西游记》:“那壁厢旌旗飞彩,这壁厢戈戟生辉。滚滚盔明,层层甲亮。”

寡俦 guǎ chóu 缺少同伴。《三国志·魏书·董昭传》:“曹公愍其守志清恪,离群寡俦,故特遣使江东。”

寡鹄 guǎ hú 丧偶的天鹅,比喻寡妇或不能婚嫁的女子。唐·李商隐《圣女祠》:“寡鹄迷苍壑,羁凰怨翠梧。”

H

寒蹇 hán jiǎn 贫穷困苦。宋·苏轼《谢赐对衣金带马状》:“臣受材迂疏,赋命寒蹇,幼师季路,止服缊袍。”

寒荆 hán jīng 旧时对人谦称自己的妻子。清·钱彩、金丰《说岳全传》:“岳和开言道:‘师父,非是弟子推托,只因寒荆产了一子,恐不洁净触污了师父。’”

寒畯 hán jùn 出身寒微而才能杰出的人。清·阮元《小沧浪笔谈》(卷二):“(吴念湖)尤喜奖誉后辈,一时寒畯多倚赖之。”

寒濑 hán lài 冰凉、湍急的水。宋·欧阳修《水谷夜行寄子美圣俞》:“梅翁事清切,石齿漱寒濑。”

寒燠 hán yù 问候冷暖的应酬客套话。唐·白行简《李娃传》:“与之拜毕,叙寒燠,触类妍媚,目所未睹。”

寒砧 hán zhēn 深秋捣衣声，常用来形容秋景冷落萧条。《水浒传》："谯楼禁鼓，一更未尽一更催；别院寒砧，千捣将残千捣起。"

罕俦 hǎn chóu 很少可以相比的。唐·杜甫《晦日寻崔戢李封》："晚定崔李交，会心真罕俦。"

罕觏 hǎn gòu 很难相见。清·汪寄《海国春秋》："禽兽罕觏不在书，只识青鸾与丹鹿。盘桓阅历四十年，足力目力穷幽巅。"

罕譬而喻 hǎn pì ér yù 指讲话不需要过多地打比方，就可以完全地清楚明白。形容话说得非常通俗易懂。《礼记·学记》："其言也约而达，微而臧，罕譬而喻。"

悍鸷 hàn zhì 凶猛暴戾。元·姚燧《中书左丞李忠宣公行状》："吾为吏治狱，不任悍鸷刻削。"

翰蕃 hàn fān 捍卫。唐·韩愈《守戒》："诸侯之于天子，不惟守土地、奉职贡而已，固将有以翰蕃之也。"

翰翮 hàn hé 翅膀。《旧唐书·马周传》："臣谓宜赋以茅土，畴其户邑，必有材行，随器方授，则虽其翰翮非强，亦可获免尤累。"

翰薮 hàn sǒu 辞林。唐·王勃《七夕赋》："耸词峰于月殿，披翰薮于云扃。"

憾恚 hàn huì 怨恨。南朝·陈·徐陵《与顾记室书》："忽有陈庆元儿陈暄者，帽簪钉额，系布裹头，虏袍通踝，胡靴至膝，直来郎座，偏相排抱，或坐或立，且歌且咏。吾即呼舍吏责列，不答而走，反为憾恚，妄相陷辱。"

瀚漫 hàn màn 广大的样子。刘白羽《从富拉尔基到齐齐哈尔》："我在这瀚漫的草原上整整走了一天。"

吭嗌 háng ài 咽喉。比喻形势险要的地方。清·王闿运《上征赋》："今雄冲唯德州兮，尤上京之吭嗌。"

航苇 háng wěi 小船。清·陆心源《唐文拾遗·西川罗成图记》："远方猾夏之徒，难谋航苇；均发戊申之卒，免咏流薪。”

蒿目时艰 hāo mù shí jiān 形容对时局忧虑不安。清·曾朴《孽海花》：“（顾肇廷）是雯青的至交，先本是台湾的臬台，因蒿目时艰，急流勇退，威毅伯笃念故旧，派了这个清闲的差使。”

蒿薤 hāo xiè《蒿里》和《薤露》的合称，古代挽歌名，借指墓地。明·徐渭《问军中之系于国用》：“甚者乏继承，馁鬼满蒿薤。”

毫楮 háo chǔ 指毛笔和纸。宋·苏轼《书鄢陵王主簿所画折枝》之二：“若人富天巧，春色入毫楮。”

毫忒 háo tuī 丝毫的误差。《宋书·律历志下》：“元和所用，即与古历相符也。逮至景初，而终无毫忒。”

豪徼 háo jiǎo 大道。晋·左思《魏都赋》：“长涂牟首，豪徼互经。”

濠梁之上 háo liáng zhī shàng 指别有会心，自得其乐。《庄子·秋水》：“庄子与惠子游于濠梁之上。庄子曰：‘鲦鱼出游从容，是鱼之乐也。’惠子曰：‘子非鱼，安知鱼之乐？’庄子曰：‘子非我，安知我不知鱼之乐？’”

浩赜 hào zé 广博深奥。清·顾炎武《吕氏〈千字文〉序》：“吾读史游《急就篇》，博之于名物制度，浩赜而不可穷。”

镐宴 hào yàn 也作“镐饮”。出自《诗·小雅·鱼藻》：“王在在镐，岂乐饮酒。”形容天下太平，君王与臣子同乐。宋·柳永《破阵乐》：“凤辇宸游，鸾觞禊饮，临翠水，开镐宴。”

浩溔 hào yǎo 水无边无际的样子。唐·杜甫《聂耒阳以仆阻水》：“知我碍湍涛，半旬获浩溔。”

呵诹 hē zōu 笑语相问。元·顾德润《骂玉郎过感皇恩采茶歌·述怀》：“安乐行窝，风流花磨。闲呵诹，歪嗑牙，发乔科。”

合浦珠还 hé pǔ zhū huán 据《后汉书·循吏传·孟尝》记载，东汉时合浦这地方珠贝甚多，珍珠业为当地主要经济来源。但是，有段时间贪官污吏无节制地驱使老百姓寻找珠贝，采集珍珠，结果珠贝纷纷逃离。孟尝到任后，革除敝政，还利于民。不到一年原先逃往异地的珠贝相继回到合浦。随着珍珠业的复兴，当地老百姓又过上了富庶的生活。后被用于比喻人去复还或物归原主。清·蒲松龄《聊斋志异·霍女》："错囊充牣，而合浦珠还，君幸足矣，穷问何为？"

和盘托出 hé pán tuō chū 指将东西全部端出来。后来比喻将事情的经过始末或意见建议毫无保留地讲出来。明·冯梦龙《警世通言·庄子休鼓盆成大道》："饭罢，田氏将庄子所著《南华真经》及老子《道德》五千言，和盘托出，献与王孙。"

河梁携手 hé liáng xié shǒu 河梁：桥。指送别。汉·李陵《与苏武》："携手上河梁，游子暮何之？徘徊蹊路侧，悢悢不得辞。"

河梁之谊 hé liáng zhī yì 汉代苏武出使匈奴，被扣押十九年，但他持节牧羊，忠贞不渝。后将归汉，已经投降匈奴的李陵自愧弗如，赋诗赠别："携手上河梁，游子暮何之。徘徊蹊路侧，悢悢不得辞。"后遂以"河梁之谊"指送别时依依不舍的情谊。清·归庄《与朱宗远书》："匆匆言别，未及接杯酒不实之欢，并不得展河梁之谊，深以为愧！"

盒奁 hé lián 盛放菜肴、水果的盒子。明·沈周《盒子会辞》："盒奁来往斗芳邻，手帕绸缪通姊妹；东家西家百络盛，装殽饤核春满檠。"

褐宽博 hè kuān bó 古代贫穷的人穿的宽大粗布衣服，借指贫贱者。《孟子·公孙丑上》："不受于褐宽博，亦不受于万乘之君。"

鹤谶 hè chèn 白色预兆物，对旧王朝主凶，对新王朝则主吉。唐·王勃《乾元殿颂·序》："我大唐鸡浑制极，树神宰而制山河；鹤谶裁仪，辟太虚而有天地。"

鹤觞 hè shāng 泛称美酒。清·陆以湉《冷庐杂识·鹿坪师联》："地本仙居，鸠杖亲携寻药饵；官真吏隐，鹤觞小酌咏梅花。"

鹤知夜半 hè zhī yè bàn 鹤半夜鸣叫，比喻各有专长或偏知一隅。《淮南子·说山训》："鸡知将旦，鹤知夜半，而不免于鼎俎。"

黑眚 hēi shěng 古代指由五行水气生的灾祸。五行中水为黑色，所以称为黑眚。《清史稿·灾异志一》：“（乾隆）三十九年二月朔，高邑黑眚迷人。”

嘿泯 hēi mǐn 安静不说话。三国·魏·刘劭《人物志·释争》：“静则闭嘿泯之玄门，动则由恭顺之通路，是以战胜而争不形，敌服而怨不构。”

横陂 héng bēi 长坡。宋·陆游《闲游》：“柴车去去度横陂，正是春残入夏时。”

横槊 héng shuò 横持长矛，指从军或习武。宋·辛弃疾《念奴娇·双陆和陈仁和韵》：“少年横槊，气凭陵、酒圣诗豪余事。”

衡璜 héng huáng 泛指佩玉。北周·庾信《周祀圜丘歌》：“揖让展礼，衡璜节步。”

蘅芜 héng wú 一种香草。《红楼梦》：“蘅芜满净苑，萝薜助芬芳。”

烘烔 hōng tóng 火盛的样子。唐·韦庄《秦妇吟》：“火迸金星上九天，十二官街烟烘烔。”

弘毅 hóng yì 宏大坚毅。指人的抱负高远，意志坚定。《三国志·魏志·荀彧传》：“前日元将来，渊才亮茂，雅度弘毅，伟世之器也。”

弘毅宽厚 hóng yì kuān hòu 志向远大而待人宽大厚道。《三国志·蜀书·先主传》：“先主之弘毅宽厚，知人待士，盖有高祖之风、英雄之器焉。”

闳廓 hóng kuò 博大。《史记·司马穰苴列传论》：“余读《司马兵法》，闳廓深远，虽三代征伐，未能竟其义。”

泓峥萧瑟 hóng zhēng xiāo sè 形容诗文意境深远。南朝·宋·刘义庆《世说新语·文学》：“郭景纯诗云：‘林无静树，川无停流。’阮孚云：‘泓峥萧瑟，实不可言。每读此文，辄觉神超形越。’”

虹销雨霁 hóng xiāo yǔ jì 销：同“消”，消失。霁：雨止。彩虹消失，雨后天晴。唐·王勃《滕王阁序》：“虹销雨霁，彩彻云衢，落霞与孤鹜齐飞，秋水共长天一色。”

鸿俦鹤侣 hóng chóu hè lǚ 比喻高尚、杰出的人。唐·黎逢《贡举人见于含元殿赋》：“今则凝神注目，无非绣户金铺；接踵比肩，尽是鸿俦鹤侣。”

鸿谟 hóng mó 远大的谋略。明·张居正《答王鉴川书》：“诚高见渊识，石画鸿谟，非公爱我之深，曷得闻此。”

鸿儒硕学 hóng rú shuò xué 鸿儒：大儒。硕学：博学的人。指学识渊博、学业高深的学者。《晋书·儒林传》：“洎当涂草创，深务兵权，而主好斯文，朝多君子，鸿儒硕学，无乏于时。”

鸿轩凤翥 hóng xuān fèng zhù 比喻举止高尚。宋·范仲淹《滕公夫人刁氏墓志铭》：“而祠部君克承善志，鸿轩凤翥，有风采于朝廷。”

鸿雁哀鸣 hóng yàn āi míng 哀：悲哀。比喻流离失所的灾民生活凄惨。《诗·小雅·鸿雁》：“鸿雁于飞，哀鸣嗸嗸。”

鸿猷 hóng yóu 深远的谋划。明·张居正《答楚抚院王见峰书》：“顷者，陵工告竣，仰仗鸿猷，费省工坚，功高赏薄，尚当有待也。”

鸿源 hóng yuán 长河的源头。比喻初创的王业。《宋史·乐志第八十八》：“于昭灵贶，诞启鸿源。功济庶汇，庆流后昆。”

候徼 hòu jiǎo 巡逻。《荀子·富国》：“观国之治乱臧否，至于疆易而端已见矣。其候徼支缭，其竟关之政尽察，是乱国已。”

胡服骑射 hú fú qí shè 胡：古代指北方和西方的少数民族。战国时，赵武灵王学习胡人的短打服饰，同时也让人民学习他们的骑马、射箭等武艺，史称“胡服骑射”。《史记·赵世家》：“今吾将胡服骑射以教百姓，而世必议寡人，奈何？”

壶里乾坤 hú lǐ qián kūn 指道家的神仙生活。唐·李白《下途归石门旧居》：“何当脱屣谢时去，壶中别有日月天。”

湖澥 hú xiè 江河湖海，泛指四方各地。清·孙枝蔚《杂咏》之一：“江云黯黯失春光，湖澥飘零泪万行。”

华章 huá zhāng 华美的辞章。宋·秦观《李端叔见寄次韵》："华章藻句饶风力，顷刻朱红迭畛域。"

滑笏 huá hù 水波动荡不定的样子。清·纪昀《阅微草堂笔记·滦阳消夏录五》："高曰：忆晚唐有'鱼鳞可怜紫，鸭毛自然碧'句。无一字言春水，而晴波滑笏之状，如在目前。"

滑软 huá ruǎn 光滑而柔软。清·蒲松龄《聊斋志异·霍女》："衾枕滑软，而床则以熟革代棕藤焉。"

怀铅提椠 huái qiān tí qiàn 铅：铅粉。椠：木板。二者均为古代书写用具。意指携带书写工具以备随时记录或著述。《西京杂记》："扬子云好事，常怀铅提椠，从诸计吏，访殊方绝域四方之语。"

槐蚁 huái yǐ 出自唐·李公佐《南柯太守传》有个叫淳于棼的人在古槐树下喝醉酒后梦见一个"大槐安国"的地方。该国国王招他为驸马，任南柯太守三十年，享尽富贵荣华。梦醒后发现槐树下有一大蚁穴，南枝又有一小穴，即梦中的"槐安国"和"南柯郡"。后形容荣华富贵无常。宋·姜夔《永遇乐·次韵辛克清先生》："长干白下，青楼朱阁，往往梦中槐蚁。"

环堵萧然 huán dǔ xiāo rán 环堵：四面土墙。萧然：萧条的样子。形容家徒四壁，贫困到了极点。晋·陶渊明《五柳先生传》："环堵萧然，不蔽风日。"

寰球 huán qiú 整个地球，全世界。毛泽东《满江红·和郭沫若同志》："小小寰球，有几个苍蝇碰壁。"

宦贶 huàn kuàng 指做官时所受的馈赠。清·西周生《醒世姻缘传》："十五日，衙内摆酒，与晁大舍送行，收拾了许多宦贶，带回家去置买产业。"

宦橐 huàn tuó 指因做官而得到的钱财。明·冯梦龙《醒世恒言·独孤生归途闹梦》："（遐叔）对白氏道：'我先人出仕三十余年，何尝有此宦橐！我一来家世清白，二来又是儒素。只前次所赠，以足度日，何必又要许多！'"

患惙 huàn chuò 因为生病而困乏。《魏书·任城王澄传》："臣诚怯弱，不惮是辈，虽复患慑，岂敢有辞！"

焕缛 huàn rù 鲜明艳丽。唐·段成式《酉阳杂俎续集·寺塔记上》："圣画堂中构大坊为壁，设色焕缛。"

慌遽 huāng jù 慌乱，惊慌。《红楼梦》："那知秋纹回去，神情慌遽。"

黄耇 huáng gǒu 年老。《诗·小雅·南山有台》："乐只君子，遐不黄耇。"

黄杨厄闰 huáng yáng è rùn 黄杨：树木名。厄：困苦。闰：闰年。旧时传说，黄杨木难长，遇到闰年，非但不长，反而会缩短。比喻境况和遭遇很困难。清·梁绍壬《两般秋雨盦随笔》："《病中述怀》云：'愁如碧草逢春长，身似黄杨厄闰频。'颇见风骨。"

黄钟大吕 huáng zhōng dà lǚ 形容音乐或文辞庄严、正大、和谐和高妙。《列子·杨朱》："黄钟大吕不可从烦奏之舞。何则？其音疏也。"

惶怛 huáng dá 惶恐不安。《晋书·荀晞传》："奉被手诏，委臣征讨，喻以桓文，纸练兼备。伏读跪叹，五情惶怛。"

煌扈 huáng hù 盛况空前的样子。清·王夫之《九昭》："捐盛年之煌扈兮，殉奄息于既耄。"

煌焜 huáng kūn 光辉闪耀。清·孙枝蔚《刘殷授七子经史图》："长盛昔多男，门庭最煌焜。"

谎彻梢虚 huǎng chè shāo xū 撒谎，说话支支吾吾。元·关汉卿《救风尘》第一折："有郑州周舍，与孩儿做伴多年，一个要娶，一个要嫁，只是老身谎彻梢虚，怎么便肯？"

灰躯糜骨 huī qū mí gǔ 灰躯：灰身。糜：烂、碎。犹言粉身碎骨。比喻为了达到某种目的或遭到危险而丧失生命。唐·陈子昂《为张著作谢父官表》："补过酬恩，灰躯糜骨，以甘心愿。"

恢廓大度 huī kuò dà dù 心胸开阔，气量宏大，不计较个人的利害得失。《后汉书·马援传》："今见陛下，恢廓大度，同符高祖，乃知帝王自有真也。”

辉镭 huī xí 泛指日月光晕。元·吴莱《忆寄方子清时子清久留吴中》：“土域标鞮象，天图辨辉镭。”

悔愆 huǐ qiān 过失。明·刘基《张子英闲止斋诗》：“鸟飞止茂林，鱼游止深渊；步止辞跆蹶，语止绝悔愆。”

毁疵 huǐ zī 毁谤，非议。《荀子·不苟》：“正义直指，举人之过，非毁疵也。”

毁瘁 huǐ cuì 对君主的过错直言劝谏。《慎子·知忠》：“比干、子胥之忠，而毁瘁主君于暗墨之中，遂染溺灭名而死。”

毁熸 huǐ jiān 熄灭。《后汉书·蔡邕传》：“惧烟炎之毁熸，何光芒之敢扬哉！”

毁谮 huǐ zèn 诬蔑诽谤。《汉书·孔光传》：“毁谮仁贤，诬愬大臣。”

毁舟为杕 huǐ zhōu wéi duò 将船改成舵，比喻随心所欲的不当行为。《淮南子·说林训》：“心所说毁舟为杕，心所欲毁钟为铎。”

讳讦 huì jié 因顾忌而不敢直接揭发。唐·李庾《两都赋》：“人靡迷邦，士无讳讦，示收才而问书，上谏行而冤达。”

诲翰 huì hàn 对对方书信的敬称。宋·欧阳修《与韩忠献王书（治平四年）》：“忽辱诲翰，感慰兼深。”

诲谟 huì mó 教授计谋。《宋书·谢灵运传》：“别命群帅，诲谟惠策，法奇于《三略》，义秘于《六韬》。”

秽溷 huì hùn 厕所。宋·陈世崇《随隐漫录》：“此张无垢所谓贪冒之士，如落秽溷污渠中，如何使人敢近。”

秽膻 huì shān 膻腥的污染。旧时指少数民族对汉民族的骚扰、影响。明·何景明《平夷所老人》：“敢愁沟壑填衰谢，只拟封疆息秽膻。”

秽慝 huì tè 污浊，邪恶。《后汉书·蔡邕传》：“埽六合之秽慝，清宇宙之埃尘。”

秽媟 huì xiè 亵渎，污辱。《旧唐书·杨收传》：“今又欲重用东晋谬礼，秽媟圣朝大典。”

惠贶 huì kuàng 称他人馈赠的敬辞。三国·魏·吴质《答东阿王书》：“信到奉所惠贶，发函伸纸，是何文采之巨丽而慰喻之绸缪乎！”

惠鲜鳏寡 huì xiàn guān guǎ 鲜：通“献”，施于。鳏寡：年老而无所依靠的人。施恩惠于年老而穷困无靠的人。《尚书·无逸》：“怀保小民，惠鲜鳏寡。”

惠音 huì yīn 敬称友人来信。宋·苏轼《贺列郡知通贺冬启》：“未遑驰问，先辱惠音。”

慧箓 huì lù 指佛门。明·陈汝元《金莲记·媒合》：“我佛印看得琴操旧隶玄门，子瞻夙登慧箓。”

婚媾 hūn gòu 男女结合成为夫妻。《国语·晋语四》：“今将婚媾以从秦。”

混羼 hùn chàn 混杂在一起。鲁迅《集外集拾遗补编·关于〈子见南子〉》：“此次署名控还吾者，并非六十户户首，多系乡居之人，对于所控各节未必知情，有无冒签假借等事，亦难确定，且有土劣混羼其中。”

混俗和光 hùn sú hé guāng 混同于凡俗之中，隐藏自己的锋芒。比喻不表现自己，以求与世无争。元·无名氏《水仙子·冬》：“随时达变变峥嵘，混俗和光有甚争，只不如胡卢蹄每日相逐趁，到能够吃肥羊饮巨觥，得便宜是好好先生。”

魂幡 hún fān 旧时办理丧事时用来招引亡魂的一种长方形旗子。艾青《我的父亲》：“在他出殡的时候，我没有为他举过魂幡。”

豁然确斯 huò rán què sī 明白透彻。章炳麟《与刘光汉书》：“今君复能实证古文，则真豁然确斯，持之有故矣。”

货殖 huò zhí 商人。《论语·先进》：“子曰：‘回也其庶乎！屡空。赐不受命，而货殖焉，亿则屡中。’”

祸福无门 huò fú wú mén 祸患和福禄没有定数，都是人们自己造成的。元·郑德辉《老君堂》第一折：“常言道：‘祸福无门人自攀。’”

祸起萧墙 huò qǐ xiāo qiáng 萧墙：古代宫室内当作门的小墙。比喻灾祸、变乱皆由内部原因所致。汉·焦延寿《豫之随》：“忧在腹内，山崩为疾，祸起萧墙，竟制其国。”

祸生肘腋 huò shēng zhǒu yè 肘腋：指胳肢窝。比喻祸患就发生在身边。《周书·孝闵帝纪》：“祸生肘腋，衅起萧墙，白兽噬骖，苍鹰集殿，幽辱神器，弑酷乘舆，冤结生民，毒流宇县。”

祸枣灾梨 huò zǎo zāi lí 旧时印书，多用枣木和梨木雕版。原指让枣木和梨木遭殃，现指滥刻无用的书。清·纪昀《阅微草堂笔记·滦阳消夏录六》：“至于交通声气，号召生徒，祸枣灾梨，递相神圣，不但有明末造标榜多诬，即月泉吟社诸人亦病未离乎客气。”

惑溺 huò nì 沉迷不悟。清·袁枚《随园诗话》卷九：“某公子惑溺狭斜，几于得疾。其父将笞之，公子献诗云：‘自怜病体轻于叶，扶上金鞍马不知。’”

藿食 huò shí 粗劣的食物。宋·陆游《两翁歌》：“人言翁穷可闵笑，藿食鹑衣天所料。翁方自谓实幸民，对人抱膝唯清啸。”

J

讥弹 jī tán 讥讽或指责。汪曾祺《鸡毛》：“联大的学生大都很狂，讥弹时事，品藻人物，语带酸咸，辞锋很锐。”

讥诮 jī qiào 讥讽。鲁迅《野草·复仇》（其二）：“路人都辱骂他，祭司长和文士也戏弄他，和他同钉的两个强盗也讥诮他。”

机心械肠 jī xīn xiè cháng 机巧诈变的心计。清·李渔《意中缘·错怪》:“非吾辈,真鄙儒,机心械肠全未除。”

积不相能 jī bù xiāng néng 长期不友善。清·蒲松龄《聊斋志异》:“邻院屠氏,与生家积不相能,因其土木大兴,阴怀疑忌。”

积毁销骨 jī huǐ xiāo gǔ 不断地诽谤,足以毁灭一个人。《史记·张仪列传》:“臣闻之,积羽沉舟,群轻折轴,众口铄金,积毁销骨。”

积墨 jī mò 中国山水画技法之一,即层层加墨。用墨由淡而浓,反复多次皴擦点染的方法。马媛《谈中国传统山水画与现代山水画之审美特征》:“近现代画家黄宾虹提出‘五笔七墨’,‘五笔’即‘平、留、圆、重、变’,‘七墨’即浓墨、淡墨、破墨、泼墨、积墨、焦墨、宿墨。”

积薪厝火 jī xīn cuò huǒ 厝:放置。在柴堆下面放置火种。比喻隐患很大。黄远庸《北京之新年》:“盖禁卫军之愤愤由来已久,冯国璋虚与委蛇屡加劝解,幸能积薪厝火,得获暂时之安逸。”

基扃 jī jiōng 基:建筑物的根脚。扃:从外面关门的闩、钩等。指城阙或基业。清·刘光第《万寿山》:“基扃盘云霄,原野衣土木。”

基宇 jī yǔ 人的气度;国家的基业。晋·袁宏《三国名臣赞》:“堂堂孔明,基宇宏邈,器同生民,独禀先觉。”

基祚 jī zuò 指国运或皇位。元·王伯成【般涉调·哨遍】《项羽自刎》:“虎视鲸吞相并,灭强秦已换炎刘姓。数年逐鹿走中原,创图基祚隆兴,各驰骋。布衣学剑,陇亩兴师,霸业特昌盛。”

赍粮借寇 jī liáng jiè kòu 赍:资助。借给敌寇兵器,送给盗贼粮食。比喻做有利于敌人、坏人的事。《荀子·大略》:“非其人而教之,赍盗粮,借贼兵也。”

畸轻畸重 jī qīng jī zhòng 时轻时重。形容事物发展不均衡,或对待事情态度的偏差。郭沫若《创造十年(续篇)》:“把这种缺乏都不放在眼里,甚至盲昧无所睹,只在治人治法的畸轻畸重上兜圈子,真可以说是等于痴人说梦。”

箕风毕雨 jī fēng bì yǔ 古时认为月亮经过箕星时风多，经过毕星时雨多。原比喻人民好恶不同，后成为对统治者的恭维语。比喻体恤民情，推行德政。南朝·梁·吴均《八公山赋》："若夫神基巨镇，而卓荦荆河，箕风毕雨，育岭生峨。高岑直兮蔽景，修坂出兮架天。以迎云而就日，若从汉而回山。"

箕踞 jī jù 一种不拘礼节的坐法，两脚张开，身形像箕一样。形容轻视傲慢的姿态。唐·白居易《香炉峰下新置草堂即事咏怀题于石上》："左手携一壶，右手挈五弦。傲然意自足，箕踞于其间。"

箕裘相继 jī qiú xiāng jì《礼记·学记》记载："良冶之子，必学为裘；良弓之子，必学为箕。"意思是：父兄冶铁铸合成器，子弟便能将兽皮缝合成袍裘；父兄弯角成弓，子弟便能将柳条编缀成簸箕。比喻继承父辈的事业。明·姚茂良《精忠记》第二出："夫妇和谐，休夸琴瑟调宜。愿百年奕叶传芳，好儿孙箕裘相继。"

箕帚 jī zhǒu 簸箕和扫帚。比喻干粗活。《战国策·楚策》："大王诚能听臣，臣请秦太子入质于楚，楚太子入质于秦，请以秦女为大王箕帚之妾，效王家之都，以为汤沐之邑，长为昆弟之国，重申无相攻击。"

稽揆 jī kuí 考查估量。《新唐书·柳宗元传》："稽揆典誓，贞哉！惟兹德实受命之符，以奠永祀。"

激薄停浇 jī bó tíng jiāo 冲击、遏制凉薄无情的社会风气。《梁书·明山宾传》："（山宾）既售受钱，乃谓买主曰：'此牛经患漏蹄，治差已久，恐后脱发，无容不相语。'买主遽追取钱。处士阮孝绪闻之，叹曰：'此言足使还淳反朴，激薄停浇矣。'"

激诡 jī guǐ 故意违反常情或提出新的见解以立异。《三国志·魏书·和洽传》："洽言曰：'今崇一概难堪之行以检殊途，勉而为之，必有疲瘁，古之大教，务在通人情而已。凡激诡之行，则容隐伪矣。"

激贪厉俗 jī tān lì sú 抑制贪婪，劝勉良善。《隋书·炀帝纪》（上）：

“或节义可称，或操履清洁，所以激贪厉俗，有益风化。”

羁留 jī liú 寄居、滞留异乡。唐·李商隐《摇落》：“摇落伤年日，羁留念远心。”

羁旅 jī lǚ 寄居异乡。宋·陆游《六言》：“壮岁京华羁旅，暮年湖海清狂。”

疾首蹙额 jí shǒu cù é 形容十分憎恨、厌恶的样子。《孟子·梁惠王下》：“今王鼓乐于此，百姓闻王钟鼓之声，管籥之音，举疾首蹙额而相告曰：‘吾王之好鼓乐，夫何使我至于此极也？父子不相见，兄弟妻子离散。’”

疾痛惨怛 jí tòng cǎn dá 因病痛而忧苦。《史记·屈原贾生列传》：“人穷则反本，故劳苦倦极，未尝不呼天地也；疾痛惨怛，未尝不呼父母也。”

棘地荆天 jí dì jīng tiān 荆棘丛生。形容困难重重的处境。梁启超《中国积弱溯源论》：“千年辽鹤，望人民城郭以怆神；何处铜驼，向棘地荆天而长涕。”

戢鳞潜翼 jí lín qián yì 戢：收敛。潜：隐居。鱼儿收敛鳞甲，鸟儿收起翅膀。比喻人退出官场，归隐山林或蓄志等待时机。《晋书·宣帝纪》：“和光同尘，与时舒卷；戢鳞潜翼，思属风云。”

集腋成裘 jí yè chéng qiú 比喻积少成多，合众力以成一事。清·曾国藩《曾国藩家书》：“昨首事社姓已死，男约同人接管其事，亦系集腋成裘，男花费亦无几。”

辑睦 jí mù 协调和睦。《国语·周语上》：“和协辑睦于是乎兴。”

蝍蛆甘带 jí jū gān dài 蝍蛆：蜈蚣。甘带：性喜食蛇。带：指蛇。比喻事物都有一般的规律和通常的道理。宋·欧阳修《笔说·物有常理说》：“凡物有常理，而推之不可知者，圣人之所不言也。磁石引针，蝍蛆甘带，松化虎魄。”

鹡鸰在原 jí líng zài yuán 鹡鸰，一种鸟，只要一只离群，其余的就都鸣叫起来寻找同类。《诗·小雅·常棣》：“脊令在原，兄弟急难。”脊令，同“鹡鸰”。后即以“鹡鸰在原”比喻兄弟间患难相顾之情。明·沈鲸《双珠记·赴婚遇兄》:“猛省著鹡鸰在原,瞥见了荆花旧妍。”

脊檩 jí lǐn 架在屋架或山墙上面最高的一根横木,俗称大梁。清·蒲松龄《聊斋志异·保住》:“住沿楼角而登,顷刻至颠;立脊檩上,疾趋而行,凡三四返。”

计不旋踵 jì bù xuán zhǒng ①旋踵:旋转脚跟。谓决不后退。汉·司马相如《喻巴蜀檄》:“触白刃,冒流矢,议不反顾,计不旋踵,人怀怒心,如报私仇。”②谓要在顷刻间做出决策。明·萧彦《夷心难测借兵宜慎疏》:“臣非不知事在燃眉,计不旋踵,而揆之愚衷,参之闻见,以为藉夷兵必无益,而用夷兵且有害。”

计伐称勋 jì fá chēng xūn 伐,功勋。谓计算、称扬自己的功勋。宋·叶适《故朝散大夫周先生墓志铭》:“不以为高,所求者仁;异彼区区,计伐称勋。”

妓媵 jì yìng 姬妾。《新唐书·段秀实传》:“室无妓媵,无赢财。”

继晷 jì guǐ 夜以继日;掌灯之时。元·王实甫《西厢记》:“读书继晷怕黄昏,不觉西沉强掩门;欲赴海棠花下约,太阳何苦又生根?”

继武 jì wǔ 两人走路时足迹相连,比喻继承前人的事业。唐·骆宾王《伤祝阿王明府》:“含章光后烈,继武嗣前雄。”

祭酹 jì lèi 以酒洒地以示祭奠,是对逝者的一种悼念仪式。《旧唐书·乌重胤传》:“身殁之日,军士二十余人,皆割股肉以为祭酹,虽古之名将,无以加焉。”

寄笺 jì jiān 传送书信。唐·韩愈《月蚀诗效玉川子作》:“寄笺东南风,天门西北祈风通。”

寂阒 jì qù 静寂无声。明·张岱《虎丘中秋月》:“三鼓,月孤气肃,人皆寂阒,不杂蚊虻。”

绩绍 jì shào 继承已有的业绩。唐·元稹《告赠皇祖祖妣文》:“降及兵部，为隋巨人。抑扬直声，扶卫衰俗。户部绩绍，传于魏州。蕴郁懿粹，族用繁昌。”

绩学之士 jì xué zhī shì 知识渊博的人。徐特立《国文教授之研究》：“绩学之士，读书必有札记，以记所得著所疑。”

枷楔 jiā xiē 枷：在脖子上套上刑具。楔：以扦子插入手指。指实施酷刑。《新唐书·酷吏传序》：“泥耳笼首，枷楔兼暴，拉胁签爪，悬发熏目，号曰‘狱持’。”

家严 jiā yán 谦辞，对人称自己的父亲。巴金《秋》：“大表哥的意思很对。我原本也不大赞成家严的主张。”

嘉礼 jiā lǐ 古代“五礼”之一，包括饮食、婚冠、宾射、飨燕、脤膰、庆贺等礼。清·蒲松龄《聊斋志异·狐嫁女》：“不知今夕嘉礼，惭无以为贺。”

颊上三毛 jiá shàng sān máo《世说新语·巧艺》记载：“顾长康画裴叔则，颊上益三毛。人问其故，顾曰：‘裴楷俊朗有识具，正此是其识具。看画者寻之，定觉益三毛如有神明，殊胜未安时。’”后比喻文章或图画的得神之处。宋·苏轼《赠李道士》：“腰间大羽何足道，颊上三毛自有神。”

贾虎荀龙 jiǎ hǔ xún lóng 东汉名士贾彪，字伟节，时为太学生首领，联合李膺、陈蕃等评论朝廷，褒贬人物，后因党锢之祸被禁，死在家中。他有兄弟三人，均较著名，以他最为突出，时称“贾氏三虎，伟节最怒”。又东汉荀淑，以品行高洁著称，有子八人，都有名声，号“八龙”。后以“贾虎荀龙”称文武全才的人。唐·黄滔《祭右省李常侍洵文》：“膺河清岳峻之期，擅贾虎荀龙之号。”

假寐 jiǎ mèi 和衣而睡。《左传·宣公二年》：“（赵盾）盛服将朝，尚早，坐而假寐。”

假途灭虢 jiǎ tú miè guó 春秋时晋国向虞国借路以攻打虢国，回师途中顺便把虞国也灭了。后泛指以借路为名行灭亡之实的计谋。《三国演义》：“玄德又问如何。孔明曰：‘此乃假途灭虢之计也，虚名收川，实取荆州。’”

假以辞色 jiǎ yǐ cí sè 在言辞和态度方面对人表现友好。清·蒲松龄《聊斋志异·仙人岛》：“明珰与小生有拯命之德，愿少假以辞色。”

嫁怨 jià yuàn 把怨恨转嫁给别人。《宋史·吕大防传》：“不市恩嫁怨，以邀声誉。”

稼穑 jià sè 稼：种植。穑：收割。泛指农业劳动。唐·白居易《牡丹芳》：“我愿暂求造化力，同似吾君忧稼穑。”

稼政 jià zhèng 指规划田地、教民种植等事。《周礼·地官司徒》：“正岁，简稼器，修稼政。”

监门之养 jiān mén zhī yǎng 监门：守门人。养：生活用度。守门人的生活水平。比喻节俭清苦的生活。《史记·李斯列传》：“然则夫所贵于有天下者，岂欲哭形劳神，身处逆旅之宿，口食监门之养，手持臣虏之作哉？”

兼葭秋水 jiān jiā qiū shuǐ 比喻思念和钦慕的朋友。兼：同“蒹”。梁启超《新中国未来记》：“兼葭秋水，相失交臂，我劳如何？”

兼权尚计 jiān quán shàng jì 思虑深入周全。宋·曾巩《〈陈书〉目录序》：“然而兼权尚计，明于任使，恭俭忧人，则其始之所以兴；惑于邪臣，溺于嬖妾，忘患纵欲，则其终之所以亡。”

煎豆摘瓜 jiān dòu zhāi guā 比喻亲人之间相互残害。煎豆，语出曹植《七步诗》；摘瓜，语出李贤《黄台瓜辞》：“三摘犹自可，摘绝抱蔓归。”康有为《大同书》甲部第六章：“或兄弟争国，煎豆摘瓜，而建文之仁，金川门改为僧。”

煎胶续弦 jiān jiāo xù xián 比喻情谊深厚或再续旧情。唐·杜甫《病后遇王倚饮赠歌》：“麟角凤嘴世莫识，煎胶续弦奇自见。”

煎水作冰 jiān shuǐ zuò bīng 比喻不可能实现的事。《三国志·魏书·高堂隆传》：“以若所为，求若所致，犹缘木求鱼，煎水作冰，其不可得，明矣。”

柬擢 jiǎn zhuó 选拔任用。宋·叶适《蕲州到任谢表》:“柬擢疏贱,即为守望之亲;磨砺钝顽,收其敏达之效。”

检柙 jiǎn xiá 规矩和法度。汉·荀悦《申鉴·杂言》(上):“故检柙之臣,不虚于侧。礼度之典,不旷于目。”

减灶之计 jiǎn zào zhī jì 战国时,魏将庞涓攻韩,齐将田忌、孙膑率师救韩,孙膑故意逐日减少军队的灶数,造成士卒日渐逃亡的假象,以迷惑魏军。魏军果然中其计,追至马陵道遭伏击,大败,庞涓自杀。后用以指战争中隐瞒自己军队的实力,借以麻痹敌人。元·无名氏《庞涓夜走马陵道》:“只一个添兵减灶之计,要将庞涓赚到马陵山谷,做下八面埋伏,准备擒他。”

剪拂 jiǎn fú 修剪擦拭,比喻称誉、推崇。江湖隐语,指行下拜礼。南朝·梁·刘峻《广绝交论》:“顾盼增其倍价,剪拂使其长鸣。”《水浒传》第五回:“原来强人下拜,不说此二字,为军中不利,只唤做‘剪拂’,此乃吉利的字样。”

剪径 jiǎn jìng 拦路抢劫。鲁迅《故事新编·奔月》:“俺向来就只是打猎,没有弄过你似的剪径的玩意儿。”

简牍 jiǎn dú 古代文章书写在竹木片上,指文书、书简。鲁迅《致李秉中》:“况我又不善简牍,不能作婉转动听之言哉!”

简慢 jiǎn màn 忽视怠慢。《吕氏春秋·孝行》:“今有人于此,行于亲重,而不简慢于轻疏。”

翦翎 jiǎn líng 剪除羽翎。比喻受束缚,才能不得伸展。宋·陆游《吏责》:“诗成不用频怊怅,自古笼禽例翦翎。”

翦屏柱楣 jiǎn píng zhù méi 古代丧礼。《仪礼·丧服》:“既虞,翦屏柱楣,寝有席,食疏食,水饮,朝一哭、夕一哭而已。”

蹇涩 jiǎn sè 蹇:迟钝,不顺利。涩:不流畅。言语上反应慢,不灵敏;文字上不自然,不熟练。清·蒲松龄《聊斋志异·珠儿》:“然性绝痴,五六岁尚不辨菽麦,言语蹇涩。”

健毫 jiàn háo 雄健的笔。指善于写文章。唐·罗隐《投宣武郑尚书二十韵》:“健毫惊彩凤,高步出冥鸿。”

健翮 jiàn hé 矫健的翅膀。指矫健的飞鸟,也比喻有才干的人。鲁迅《阻郁达夫移家杭州》:“平楚日和憎健翮,小山香满蔽高岑。”

渐不可长 jiàn bù kě zhǎng 对于刚刚出现的弊端,不能容许其发展滋长。《宋史·黄廉传》:“论俞充结、王中正致宰辅,并言中正任使太重。帝曰:‘人才盖无类,顾驾御之如何耳。’对曰:‘虽然,臣虑渐不可长也。’”

践形 jiàn xíng 人的道德修养兼及身体而产生的精神效果。《孟子·尽心上》:“形色,天性也,惟圣人然后可以践形。”

践祚 jiàn zuò 即位。《新唐书·于休烈传》:“值禄山构难,肃宗践祚。”

鉴奥 jiàn ào 体察微妙深奥的道理。南朝·梁·刘勰《文心雕龙·知音》:“夫唯深识鉴奥,必欢然内怿。”

鉴局 jiàn jú 指人的见识和器量。唐·司空图《容成侯传》:“上闻而器之,召见,嘉其鉴局,且谓毫发无隐,屡顾属之。”

鉴鸾 jiàn luán 唐·孟棨《本事诗·情感》载:南朝陈太子舍人徐德言与妻子乐昌公主在国家即将灭亡时,取铜镜一分为二、各执一半,以作团聚信物,后果得团圆。古代铜镜多装饰有鸾鸟图案,故以“鉴鸾”借指分离的夫妻。唐·王涣《惆怅》之四:“诀别徐郎泪如雨,鉴鸾分后属何人。”

僭赏滥刑 jiàn shǎng làn xíng 赏的不是有功的人,罚的不是有罪的人。泛指赏罚不当。《左传·襄公二十六年》:“善为国者,赏不僭而刑不滥。”

箭漏 jiàn lòu 古代的计时器。引申为时间。宋·晏殊《渔家傲》:“日夜鼓声催箭漏。昏复昼。”

江淹梦笔 jiāng yān mèng bǐ 传说南朝梁代江淹夜梦郭璞索还五色笔,尔后为诗遂无佳句。后以“江淹梦笔”喻才思减退。元·白朴【小石调·恼煞人】《无题》:“宋玉悲秋愁闷,江淹梦笔寂寞,人间岂无成与破。”

浆酒藿肉 jiāng jiǔ huò ròu 藿，豆叶。视酒肉如水浆、豆叶。形容饮食奢侈。《宋书·周朗传》："瓦金皮绣，浆酒藿肉者，故不可称纪。"

浆糗 jiāng qiǔ 饮料和干粮。唐·陆龟蒙《奉和袭美太湖诗·入林屋洞》："何人能挹嚼，饵以代浆糗？"

浆水不交 jiāng shuǐ bù jiāo 浆水不沾。指为官洁廉。晋·干宝《搜神记》卷十一："后汉谅辅，字汉儒，广汉新都人。少给佐吏，浆水不交。为从事，大小毕举，郡县敛手。"

缰辔 jiāng pèi 缰绳和辔头。清·戴名世《甲戌房书小题文序》："譬如仄径窘步未尝涉历，气浮力弱而遽试千里之骥，衔勒不施，缰辔俱绝，其势未有不颠仆者也。"

疆圻 jiāng qí 指边疆，也借指封疆大吏。明·文徵明《满江红》："岂不念，疆圻蹙；岂不念，徽钦辱，念徽钦既返，此身何属。"清·陈康祺《燕下乡脞录》："家传方略，勇敢性成，连任疆圻，多所筹画。"

奖掖 jiǎng yè 奖励，扶持。老舍《蜕》："那位名人是素来爱奖掖后进，以青年导师自任的。他常在杂志上发表文章，曾经参加过革命。"

酱瓿 jiàng bù 语出《汉书·扬雄传下》。刘歆看到扬雄教人学《太玄》，认为来学的人有利禄之心，恐怕将来会用它来盖酱缸。"酱瓿"为"覆酱瓿"之省，意指著作毫无价值，只能用来盖酱瓿。清·黄遵宪《杂感》："欲求覆酱瓿，已难拾灰烬。"

胶漆 jiāo qī 比喻关系亲密。唐·杜甫《夔府书怀四十韵》："田父嗟胶漆，行人避蒺藜。"

胶柱鼓瑟 jiāo zhù gǔ sè 弹奏琴瑟时，用胶把调音的柱粘住。比喻拘泥，不知变通。《史记·廉颇蔺相如列传》："王以名使括，若胶柱而鼓瑟耳。括徒能读其父书传，不知合变也。"

教猱升木 jiāo náo shēng mù 教猴子爬树。比喻教唆人做坏事。陈天华《论中国宜改创民主政体》："今以政府为不可少，干涉为不可无也，彼乃变易面目，阴济其私，是无异教猱升木，助纣为虐也。”

椒房 jiāo fáng 指后妃所居的宫殿，用椒和泥涂壁，取其温暖、多子之意。唐·杜甫《丽人行》：“就中云幕椒房亲，赐名大国虢与秦。”

椒丘 jiāo qiū 尖削的高丘。《楚辞·离骚》：“步余马于兰皋兮，驰椒丘且焉止息。”

焦熬投石 jiāo áo tóu shí 拿因久煮变脆的东西去碰石头。比喻不自量力或自取毁灭。《荀子·议兵》：“故齐之技击不可以遇秦之锐士，秦之锐士不可以当桓、文之节制，桓、文之节制不可以当汤、武之仁义，有遇之者，若以焦熬投石焉。”

鲛人泣珠 jiāo rén qì zhū 鲛人：鱼尾人身。传说他们生产的鲛绡入水不湿，他们哭泣的时候，眼泪会化为珍珠。后人常用来形容令人惊奇的景观。清·李汝珍《镜花缘》：“此地既无城郭，这些妇人都以桑林为居，以桑为食，又能吐丝，倒像鲛人泣珠光景。”

蕉鹿 jiāo lù 春秋时，一个郑国樵夫打死了一只已经受伤的鹿，担心猎人追来，就把死鹿藏在一条干壕沟里，用蕉叶覆盖。天黑了，他想找到死鹿扛回家，可怎么也找不到，于是他以为是一场梦幻。比喻把真事当作梦幻，糊涂自欺。廖仲恺《念奴娇》：“梦觉沧江蕉鹿幻，惟向天南凝盼。”

礁峣 jiāo yáo 高耸的山。清·周亮工《沂山瀑布》：“雷耕石骨劈嶕峣，波诡云腾万丈高。”

嚼羽 jiáo yǔ 调弄音律。借指吟诗。明·孙梅锡《琴心记·赍金买赋》：“陈后久谪长门，奉旨赍金求赋，得卿含宫嚼羽，转悟天心，则幽谷生春，寒灰重暖。”

侥觊 jiǎo jì 贪求非分的利益。宋·苏轼《乞常州居住表》：“岂敢复以迟暮为叹，更生侥觊之心？”

矫拂 jiǎo fú 违背；纠正。清·方苞《汉高帝论》：“故其所以治天下国家者，能一循乎天理之自然而无所矫拂也。”宋·苏轼《君术策》：“慷慨议论，本以矫拂世俗之弊。”

矫矫不群 jiǎo jiǎo bù qún 形容才能超群出众。唐·司空图《二十四诗品·飘逸》:“落落欲往,矫矫不群。缑山之鹤,华顶之云。”

矫尾厉角 jiǎo wěi lì jiǎo 形容争强骄傲的样子。矫尾,翘尾巴。厉角,磨头角。清·钱谦益《冯巳苍诗序》:“宾筵客座,辩论锋起,援古证今,矫尾厉角,自以为冯氏一家之学,论者无以难也。”

教勖 jiào xù 教导鼓励。《续资治通鉴卷第三十三·宋真宗大中祥符九年》:“自今士大夫各务敦修,更思教勖,姑念保家之美,勿贻败类之羞。”

揭橥 jiē zhū 标志;揭示。橥 :拴牲口的小木桩。章炳麟《文学说例》:“前世著述,其篇题多无义例。《和氏》、《盗跖》,以人名为符号;《马蹄》、《骈拇》,以章首为揭橥。”李大钊《民彝与政治》:“然代议政治之施行,又非可徒揭橥其名,而涣汗大号于国人之前,遂以收厥成功者。”

街衢 jiē qú 四通八达的大路。汉·班固《西都赋》:“内则街衢洞达,闾阎且千。”

劫掠 jiél üè 抢劫;掠夺。冰心《怀念老舍先生》:“一九〇〇年,八国联军侵入北京,大肆劫掠。”

结草衔环 jié cǎo xián huán 结草:把草结成绳子,搭救恩人。衔环:嘴里衔着玉环。比喻感恩报德,至死不忘。参见“魏颗结草”。清·刘鹗《老残游记》:“俺田家祖上一百世的祖宗,做鬼都感激二位爷的恩典,结草衔环,一定会报答你二位的。”

结撰 jié zhuàn 构思撰写。《楚辞·招魂》:“结撰至思,兰芳假些。”

桀骜难驯 jié ào nán xùn 谓凶悍倔强,难以驯服。《清史稿·土司传六·甘肃》:“故土官易制,绝不类蜀黔诸土司桀骜难驯也。”

捷猎 jié liè 参差相接的样子。唐·元稹《大云寺二十韵》:“虎行风捷猎,龙睡气氛氲。”

竭蹙 jié cù 穷困窘迫。郭沫若《文化界时局进言》:“(国民党统治区)

政治贪污成风，经济日趋竭蹙，人民无法动员，军事不能进攻，文化教育受着严重扼制。"

竭蹶 jié jué 力竭而倾跌，常用来指经济方面的枯竭。毛泽东《中国社会各阶级的分析》："此种农民，每年劳动结果，自己可得一半。不足部分，可以种杂粮、捞鱼虾、饲鸡豕，或出卖一部分劳动力勉强维持生活，于艰难竭蹶之中，存聊以卒岁之想。"

解民倒悬 jiě mín dào xuán 亦省作"解民悬""解倒悬"。比喻把受苦难的人民解救出来。解：解救。倒悬：头朝下倒挂着。语出《孟子·公孙丑上》："当今之时，万乘之国行仁政，民之悦之，犹解倒悬也。"鲁迅《花边文学·倒提》："我们从古典里，听熟了仁人义士，来解倒悬的胡说了，直到现在，还不免总在想从天上或什么高处远处掉了一点恩典来。"

解颐 jiě yí 颐：面颊。指开颜欢笑。鲁迅《集外集拾遗补编·〈剪报一斑〉拾遗·备考》："近忽于《扬州日报》封面，刊登'朱某求婚广告'一则，语多兴趣，阅者靡不解颐。"

芥蒂 jiè dì 细小的梗塞物，比喻郁积在心中的怨恨、不满或不快。鲁迅《致李秉中》："对于发表信札的事，我于兄也毫无芥蒂。"

芥子须弥 jiè zǐ xū mí 芥子：芥菜子。须弥：古代印度传说中的大山。佛家语，指微小的芥子中能容纳巨大的须弥山。喻指诸相皆非真，大小可以相容。宋·刘过《投诚斋诗》之六："达人胸次原无翳，芥子须弥我独知。"

金瓯无缺 jīn ōu wú quē 金瓯：盛酒器，比喻国土。比喻国家的领土完整。明·徐弘祖《徐霞客游记·黔游日记一》："但各州之地，俱半错卫屯，半沦苗孽，似非当时金瓯无缺矣。"

金镶玉裹 jīn xiāng yù guǒ 比喻荣华的生活。清·将士铨《空谷香·饮刃》："可又来，他自有雌雄一窠，受用着金镶玉裹，成就了富贵的姻缘，要穷人做什么。"

津筏 jīn fá 渡河的木筏，比喻做事的方法或门径。唐·韩愈《送文畅师北游》："开张箧中宝，自可得津筏。"

筋痿 jīn wěi 中医指阴力劳损，精气耗散。清·吴谦《医宗金鉴·名医方论》："筋痿阴湿，热痒阴肿，白浊溲血，乃肝经之为病也。"

襟裾马牛 jīn jū mǎ niú 像马牛穿上人的衣服。比喻无知。元·汪元亨【中吕·朝天子】《归隐》："厌襟裾马牛，笑衣冠沐猴。"

襟屏 jīn píng 襟：衣襟。屏：遮挡。如同衣襟一般遮挡在前面。比喻地势非常重要。宋·秦观《安都策》："夫长安之地，左殽函，右陇蜀，襟屏终南、太华之山，萦带泾渭洪河之水，地方数千里，皆膏腴沃野。"

锦篇绣帙 jǐn piān xiù zhì 帙：用布帛制成的书、画的封套。比喻华美的文章。清·李渔《闲情偶寄·演习·选剧》："遂使锦篇绣帙，沉埋瓿瓮之间。"

锦瑟华年 jǐn sè huá nián 锦瑟：漆有织锦纹的瑟。华年：青春年华。比喻美好的青春时代。唐·李商隐《锦瑟》："锦瑟无端五十弦，一弦一柱思华年。"

谨饬 jǐn chì 细心慎重，能约束自己。清·张潮《幽梦影》："对渊博友，如读异书；对风雅友，如读名人诗文；对谨饬友，如读圣贤经传；对滑稽友，如阅传奇小说。"

谨毛失貌 jǐn máo shī mào 绘画时画出了无关紧要的细微之处，却忽略了整体面貌。用以比喻注意了细节而忽略了整体。《淮南子·说林训》："画者谨毛而失貌，射者议小而遗大。"

谨谢不敏 jǐn xiè bù mǐn 谦辞，称自己没有才智。周作人《知堂书话》："我在过去三十年间，曾经先后对三个中国文字学的专门学者劝过驾，请他们继承了《文学蒙求》之后，写出一本新的著作来，他们都是谨谢不敏。"

浸蠹 jìn dù 蠹：蛀虫。指侵耗国家财产。《续资治通鉴卷第三十六·宋仁宗天圣二年》："盖积年浸蠹之源，一朝闭塞，商贾利于复故，欲有以动摇，而论者不察其实，助为游说。"

浸润 jìn rùn 浸湿，滋润。也指将恩泽普遍施与。《史记·司马相如列传》："怀生之物，有不浸润于泽者，贤君耻之。"

禁网疏阔 jìn wǎng shū kuò 法律过于宽容而不能起到应有的作用。《隋书·酷吏传序》："昔秦任狱吏，赭衣满道。汉革其风，矫枉过正，禁网疏阔，遂漏吞舟。"

荆钗布裙 jīng chāi bù qún 以荆枝为钗，以粗布为裙。形容女子衣着朴素简陋。《红楼梦》："孟光的荆钗布裙，鲍宣妻的提瓮出汲，陶侃母的截发留宾，还有画荻教子的，这是不厌贫的。"

惊鸿 jīng hóng 惊飞的鸿鸟。比喻美人体态轻盈，也形容速度快。宋·陆游《沈园》："城上斜阳画角哀，沈园非复旧池台；伤心桥下春波绿，曾是惊鸿照影来。"

惊肉生髀 jīng ròu shēng bì 惊叹久处安逸，不能有所作为。东汉末年，刘备住荆州数年。尝与表坐起至厕，见大腿上长出赘肉，不禁感慨流泪：时光流逝，何时才能光复汉室啊！宋·刘源《水调歌头》："人人惊肉生髀，却日欲挥戈。"

晶蟾 jīng chán 指明月。清·黄六鸿《福惠全书·升迁·禀启》："九列光生，共指晶蟾。"

兢怀 jīng huái 忧虑，挂念。唐·李世民《执契静三边》："秋驾转兢怀，春冰弥轸虑。"

兢兢乾乾 jīng jīng qián qián 恭敬谨慎，自尊自强。《新唐书·独孤及传》："兢兢乾乾，以徼福于上下，必能使天感神应，反妖灾为和气矣。"

精贯白日 jīng guàn bái rì 精诚之心，天日可鉴，形容极端忠诚。《三国志·魏书·武帝纪》："君执大节，精贯白日，奋其武怒，运其神策。"

精愞 jīng nuò 强与弱、好与坏。汉·王符《潜夫论·考绩》："设如家人有五子十孙，父母不察精愞，则勤力者懈弛，而惰慢者遂非也，耗业破家之道也。"

井底引银瓶 jǐng dǐ yǐn yín píng 亦作“井底坠银瓶”。银瓶:银质的瓶子。常常用来指代男女情事。金·董解元《西厢记诸宫调》:“也不是崔韬逢雌虎,也不是郑子遇妖狐,也不是井底引银瓶。”

阱擭 jǐng huò 陷阱和设于其中的捕猎装置。《周礼·秋官·冥氏》:“为阱擭以攻猛兽。”

景迈 jǐng mài 光阴流逝,为时已晚。晋·傅玄《九曲歌》:“岁莫景迈群光绝,安得长绳系白日?”

景升豚犬 jǐng shēng tún quǎn 景升:东汉末年荆州牧刘表字,表与其子琦、琮皆无建树,故世以“景升豚犬”谦称自己的子女。清·李渔《闲情偶寄·词曲部·结构》:“向忧伯道之忧,今且五其男,二其女,孕而未诞,诞而待孕者,尚不一其人,虽尽属景升豚犬,然得此以慰桑榆,不忧穷民之无告矣!”

警拔 jǐng bá 敏悟超群,使人惊异,多形容人的风度,也形容诗文创作警策超俗。《梁书·王暕传》:“年数岁,而风神警拔,有成人之度。”宋·陆游《老学庵笔记》卷八:“大抵宋诗虽多疵类,而语意绝有警拔者,故其自负如此。”

警跸 jǐng bì 古代帝王出行时警戒道路,禁止他人通行。清·黄遵宪《不忍池晚游诗》:“前呼后拥萧萧马,犹记将军警跸声。”

竞今疏古 jìng jīn shū gǔ 厚今薄古。南朝·梁·刘勰《文心雕龙·通变》:“惟而论之,则黄、唐淳而质……宋初讹而新:从质及讹,弥近弥淡。何则?竞今疏古,风味气衰也。”

敬姜犹绩 jìng jiāng yóu jì 指富贵而不忘根本,不辍劳作。《慎子外篇》记载,春秋时文伯歜已为鲁相,其母敬姜犹纺绩不辍。歜问之,敬姜曰:“今我,寡也,尔又在下位,朝夕处事,犹恐忘先人之业,况有怠惰,其何以避辟!”唐·李翰《蒙求》:“宋女愈谨,敬姜犹绩。鲍照篇翰,陈琳书檄。浩浩万古,不可备甄。”

敬谢不敏 jìng xiè bù mǐn 恭敬地表示因能力不足而不能接受。茅盾《锻炼》:“我的主张早已发表过许多次了,现在不想再跟你们唱对台戏。不过《团结》的主编这个头衔,受之有愧,只好敬谢不敏了。”

靖难 jìng nàn 平定变乱。明·冯梦龙《警世通言·杜十娘怒沉百宝箱》:“到永乐爷从北平起兵靖难,迁于燕都,是为北京。”

靖献 jìng xiàn 恭敬地奉献,也指臣下尽忠于君王。清·蒲松龄《聊斋志异·珊瑚》:“异史氏曰:‘不遭跋扈之恶,不知靖献之忠,家与国有同情哉。’”

镜破钗分 jìng pò chāi fēn 比喻夫妻分离。明·冯梦龙《喻世明言·蒋兴哥重会珍珠衫》:“这折簪是镜破钗分之意,这条汗巾,分明教我悬梁自尽。他念夫妻之情,不忍明言,是要全我的廉耻。”

窘罄 jiǒng qìng 穷困匮乏。《宋书·文帝纪》:“比者冰雪经旬,薪粒贵踊,贫弊之室,多有窘罄。”

鸠形鹄面 jiū xíng hú miàn 形容身体瘦削,面容憔悴。鸠形:腹部低陷,胸骨突出。鹄面:颧骨瘦削。钱钟书《围城》:“安南人鸠形鹄面,皮焦齿黑,天生的鸦片鬼相,手里的警棍,更像一支鸦片枪。”

鸠占鹊巢 jiū zhàn què cháo 斑鸠占据喜鹊的巢。比喻强行占据别人的领地。周而复《上海的早晨》:“鸠占鹊巢是暂时的,将来一定要物归原主,把鸠统统撵走。”

灸艾分痛 jiǔ ài fēn tòng《宋史·太祖纪三》记载:“太宗尝病亟,帝往视之,亲为灼艾。太宗觉痛,帝亦取艾自灸。”后以“灸艾分痛”比喻兄弟友爱。明·李贽《代常通病僧告文》:“同心一意,顿兴灸艾分痛之真情;因病生怜,遂起借花献佛之妄念。”

酒池肉林 jiǔ chí ròu lín 商纣王于沙丘以酒为池、悬肉为林,让男女裸体嬉戏于其间,通宵寻欢。形容穷奢极欲。也形容酒肉之多。宋·朱熹《朱子语类》:“如纣之酒池肉林,却是富贵之极而不知限节之意。”

酒蚁 jiǔ yǐ 漂浮在酒面上的泡沫。唐·罗邺《冬日寄献庾员外》:"争欢酒蚁浮金爵,从听歌尘扑翠蝉。"

酒有别肠 jiǔ yǒu bié cháng 指酒量大小不以身材高矮为标准。清·吴任臣《十国春秋·闽三·景宗本纪》:"帝(王曦)曰:'维岳身甚小,何饮酒之多?'左右曰:'酒有别肠,不必长大。'"

疚心疾首 jiù xīn jí shǒu 因为自己的错误而内心痛苦不安到极点。宋·王安石《答韶州张殿丞书》:"此皆不肖之孤,言行不足信于天下,不能推扬先人之功绪余烈,使人人得闻知之,所以夙夜愁痛,疚心疾首而不敢息者以此也。"

捄偏 jiù piān 捄:同"救"。偏:歪,不正,偏离中线。纠正偏向或偏差。《宋史·胡纮传》:"自御笔有捄偏建中之说,或者误以天意,急于奉承,倡为调停之议。"

救火扬沸 jiù huǒ yáng fèi 比喻治标不治本,没有彻底解决问题。《史记·酷吏列传》:"当是之时,吏治若救火扬沸,非武建严酷,恶能胜其任而愉快乎!"

居不重席 jū bù chóng xí 坐卧不用两重席垫,指生活俭朴节约。《左传·哀公元年》:"昔阖庐食不二味,居不重席,室不崇坛。"

驹光过隙 jū guāng guò xì 比喻光阴流逝迅速。清·吴趼人《痛史》:"先生,何必自苦！人生如驹光过隙,总要及时行乐,方是达人。"

鞠恧 jū nǜ 躬身自愧的样子。唐·柳宗元《吊屈原文》:"便媚鞠恧兮,美逾西施。"

鞠养 jū yǎng 抚养,供养。南朝·梁·周兴嗣《千字文》:"恭维鞠养,岂敢毁伤。"

举隅 jǔ yú 举一端为例。清·章学诚《文史通义》:"至于论及文辞工拙,则举隅反三,称情比类。"

句读 jù dòu 指文辞休止和停顿处。语意已尽处为句,未尽而须停顿处为读。唐·韩愈《师说》:“彼童子之师,授之书而习其句读者,非吾所谓传其道解其惑者也。”

炬眼 jù yǎn 如火炬般明亮的眼睛。陶曾佑《中国文学之概观》:“吾敢登昆仑山之山巅,沿扬子江之岸,倏张炬眼,大声疾呼。”

沮泽 jù zé 沮:低湿地带。水草丛生之地。《孙子·军争》:“不知山林、险阻、沮泽之形者,不能行军。”

剧骖 jù cān 七面通达的大道。宋·周邦彦《汴都赋》:“剧骖崇期,荡夷如砥。”

据旅 jù lǚ 违背。《大戴礼记·曾子制言上》:“近市无贾,在田无野,行无据旅,苟若此,则夫杖可因笃焉。”

据义履方 jù yì lǚ fāng 依据正道立身行事。晋·皇甫谧《高士传·许由》:“许由,字武仲,阳城槐里人也。为人据义履方,邪席不坐,邪膳不食。”

距跃 jù yuè 向前跳过,引申为精进之意。明·冯梦龙《东周列国志》第四十回:“于是距跃者三,曲踊者三。”

惧思 jù sī 因忧惧而反思。《左传·文公三年》:“孟明之臣也,其不解也,能惧思也。子桑之忠也,其知人也,能举善也。”

惧詟 jù zhé 詟:丧胆。恐惧。南朝·宋·刘敬叔《异苑》卷五:“(慧炽)谓贤曰:‘君且食肉美否?’曰:‘美。’炽曰:‘我生不能断肉,今落饿鬼地狱。’道贤惧詟。”

聚讼 jù sòng 众说纷纭,是非难定。李大钊《厌世心与自觉心(致〈甲寅〉杂志记者)》:“国家善恶之辨,古今学者,纷纷聚讼。”

聚蚊成雷 jù wén chéng léi 许多蚊子聚到一起,声音会像雷声那样大。比喻说坏话的人多了,会使人受到很大的伤害。《汉书·中山靖王传》:“夫众煦漂山,聚蚊成雷,朋党执虎,十夫桡椎。”

聚麀 jù yōu 雌鹿为麀。指两代的乱伦行为。《红楼梦》:“况知与贾珍、贾蓉素日有聚麀之诮，因而乘机百般撩拨，眉目传情。”

涓娄 juān lǚ 比喻细微。唐末五代·孙光宪《北梦琐言》卷六：“而朱公一儒生，以区区辩给，欲整其乱，只自取辱焉。涓娄未申，勍敌已至。”

鹃魂 juān hún 指冤魂。清·周亮工《哭陈开仲》：“当时我客皆钩党，悲飒填胸尔不任。鹤骨难支萧寺雨，鹃魂彳亍故园心。”

蠲苛 juān kē 免除苛政。《后汉书·左雄传》：“大汉受命，虽未复古，然克慎庶官，蠲苛救敝，悦以济难，抚而循之。”

卷甲衔枚 juǎn jiǎ xián méi 指行军时轻装疾进，保持肃静，以利奇袭。《北史·隋纪下》：“其外轻赍游阙，随机赴响，卷甲衔枚，出其不意。”

卷蓬 juǎn péng 蓬：一种多年生的草本植物，它扎根很浅，风卷则四处飘散。比喻居无定所，四处流徙。明·李贽《卷蓬根》：“尘世无根若卷蓬，主人莫讶我孤踪。”

卷娄 juàn lóu 衰老，背驼。《庄子·徐无鬼》：“年齿长矣，聪明衰矣，而不得休归，所谓卷娄者也。”

倦鸟知还 juàn niǎo zhī huán 疲倦的鸟知道飞回自己的巢。比喻辞官后归隐田园，也比喻从旅居之地返回故乡。晋·陶渊明《归去来兮辞》：“云无心以出岫，鸟倦飞而知还。”

倦勤 juàn qín 厌倦于所做之事。《尚书·大禹谟》：“朕宅帝位，三十有三载，耄期倦于勤。”

绢帖 juàn tiě 以绢作底的书帖。宋·米芾《书史》：“张颠绢帖一卷，七八帖乃少时书，并在李孝廉处。”

眷佑 juàn yòu 眷顾佑助。唐·元稹《论教本书》：“岂不以皇天眷佐佑祚我唐德。”

决疣溃痈 jué yóu kuì yōng 比喻腐败至极。严复《救亡决论》：“况夫益之以保举，加之以捐班，决疣溃痈，靡知所届。”

掘井及泉 jué jǐng jí quán 挖井要挖到泉眼处。比喻做事要善始善终。《孟子·尽心上》:“有为者辟若掘井,掘井九轫而及泉,犹为弃井也。”

掘室求鼠 jué shì qiú shǔ 挖坏房子捉老鼠。比喻因小失大。《淮南子·说山训》:“坏塘以取龟,发屋而求狸,掘室而求鼠,割唇而治龋,桀跖之徒,君子不与。”

脚色状 jué sè zhuàng 履历表。北宋·魏泰《临汉隐居诗话》:“源(葛源)欲为铸(张铸)发举状,移牒令铸供历任脚色状。”

谲诈 jué zhà 狡诈。孙中山《中华革命军大元帅檄》:“孰意贼性凶顽,谲诈成习,背誓乱常,妄希非分,假中央集权之名,行奸雄窃国之实。”

倔聱 juè áo 指文体古奥奇特,佶屈聱牙。清·昭梿《啸亭杂录·朱文正》:“(朱珪)年八岁,即操觚为文,文体倔聱苍古。”

倔傲 jué ào 骄傲、傲慢。《三国志·陈群传》:“鲁国孔融高才倔傲。”

钧安 jūn ān 与尊长或上级通信时问安的敬语。老舍《赵子曰》:“每月他至少给他父母写两封信,除催促汇款之外,也照例写上‘敬叩钧安!’”

钧金束矢 jūn jīn shù shǐ 铜三十斤,箭一束。古代狱讼双方致官之物。金者取其坚,矢者取其直。及断,胜者官司还其金、矢,败者没入。清·何琇《樵香小记·钧金束矢》:“钧金束矢之制,儒者所疑,此以后世律三代也。”

钧天广乐 jūn tiān guǎng yuè 钧天:古代神话传说指天之中央。广乐:指天上的音乐。形容优美雄壮的乐曲。东汉·张衡《西京赋》:“昔者大帝说秦缪公而觐之,飨以钧天广乐。”

峻厉 jùn lì 严厉。曹禺《雷雨》:“他的威严在儿孙面前格外显得峻厉。”

峻茂 jùn mào 繁茂。《楚辞·离骚》:“冀枝叶之峻茂兮,愿俟时乎吾将刈。”

峻崎 jùn qí 高耸峭拔,地势险峻。唐·元结《九嶷图记》:“彼如嵩华之峻崎,衡岱之方广。”

峻擢 jùn zhuó 高升。宋·苏轼《答王商彦书》:“来岁科诏,伫闻峻擢,以尉愿望。"

隽流 jùn liú 风雅的人或事。明·胡应麟《诗薮·闰余上五代》:"自余三二隽流,或以词见,或以学称。"

K

揩拭 kāi shì 擦除,擦干净。《红楼梦》:"黛玉便用自己的帕子替他揩拭了,口内说道:你又干这些事了。"

坎井之蛙 kǎn jǐng zhī wā 坎井:废井。废井里的青蛙,比喻见识不多的人。《荀子·正论》:"浅不足与测深,愚不足与谋知,坎井之蛙,不可与语东海之乐。"

坎廪 kǎn lǐn 困顿;不得志。《楚辞·九辩》:"坎廪兮,贫士失职而志不平。"

坎止流行 kǎn zhǐ liú xíng 遇坎而止,乘流则行。比喻依据环境的逆顺确定进退行止。汉·贾谊《鹏鸟赋》:"寥廓忽荒兮,与道翱翔。乘流则逝兮,得坻则止。"

康衢谣 kāng qú yáo 古歌谣名。传说尧帝主政五十年,天下太平。有一天,他微服私访于康衢,听到儿童唱道:"立我臣民,莫匪尔极,不识不知,顺帝之则。"歌谣唱出了百姓怡然自足的生活,尧帝非常高兴,回来就把帝位禅让给舜。后以"康衢谣"泛指歌颂盛世的歌谣。《明史·乐志》:"九夷入贡康衢谣,圣子神孙继祖武,垂拱无为迈前古。"

康衢之谣 kāng qú zhī yáo 在宽阔畅通的大道上唱着歌谣。多用来比喻太平盛世。《列子·仲尼》:"尧乃微服游于康衢,闻儿童谣曰:'立我烝民……'尧喜问曰:'谁教尔为此言?'童儿曰:'我闻之大夫。'问大夫,大夫曰:'吉诗也。'"

康乂 kāng yì 安治。《后汉书·顺帝纪》:"俭以恤民,政致康乂。"

康庄境 kāng zhuāng jìng 指宽和的心境。明・杨慎《升庵诗话・河州王司马诗》:"衰迟幸入康庄境,一任红尘蜀道难。"

慷慨解囊 kāng kǎi jiě náng 解囊:解开钱袋拿出钱来。形容极其大方地在经济上帮助别人。曹禺《日出》:"少爷小姐们,请为河南受苦的灾民慷慨解囊捐款,请你们慈悲慈悲吧。"

糠秕 kāng bǐ 在打谷或加工过程中从种子上分离出来的皮或壳,比喻琐碎的事或没有价值的东西。唐・李白《空城雀》:"食君糠秕余,尝恐乌鸢逐。"

苛慝 kē tè 暴虐邪恶。《左传・昭公十三年》:"苛慝不作,盗贼伏隐,私欲不违,民无怨心。"

磕绊 kē bàn 不顺利,一般用来形容人生或者感情的坎坷。老舍《四世同堂》:"这不过是月令中的一点小磕绊,算不了什么!"

渴骥奔泉 kě jì bēn quán 口渴的骏马奔向水泉。形容劲急貌。常指书法矫健的笔势。《新唐书・徐浩传》:"尝书四十二幅屏,八体皆备,草隶尤工。世状其法曰'怒猊抉石,渴骥奔泉'云。"

渴慕 kě mù 指非常仰慕某人或思慕某物。鲁迅《阿长与〈山海经〉》:"这渴慕是从一个远房的叔祖惹起来的。"

克明峻德 kè míng jùn dé 克:能够。人要能够彰明大德,德威天下。《尚书・尧典》:"昔在帝尧,聪明文思,光宅天下……克明峻德,以亲九族。"

刻勒 kè lè 铭刻。《史记・封禅书》:"二世元年,东巡碣石,并海南,历泰山,至会稽,皆礼祠之,而刻勒始皇所立石书旁,以章始皇之功德。"

客栈 kè zhàn 简陋的旅馆。鲁迅《伪自由书・〈杀错了人〉异议》:"北京城里,连饭店客栈中,都满布了侦探。"

恳恻 kěn cè 诚恳痛切。三国・魏・曹操《手书答朱灵》:"来书恳恻,多引咎过,未必如所云也。"

控鲤 kòng lǐ 传说战国时赵人琴高,入涿水取龙子,与诸弟子相约,于某日返。至期果乘赤鲤而出。后以“控鲤”指得道成仙。宋·苏轼《醴泉观真靖崇敬大师真赞》:“眉间三出香而清,何必控鲤浮南溟。”

控抟 kòng tuán 引持,控制,引申为把玩、珍爱之义。汉·司马迁《史记·屈原贾生列传》:“忽然为人兮,何足控抟!”

抠搂 kōu lōu 眼窝下陷。《红楼梦》:“再熬上半夜,明儿眼睛抠搂了,那可怎么好?”

口钳舌卷 kǒu qián shé juǎn 缄默,不言语。宋·苏舜钦《投匦疏》:“况其身检命敕,已得为朝中官,则口钳舌卷,鲜肯言天下事。”

口谐辞给 kǒu xié cí gěi 谓言辞诙谐、敏捷。《汉书·东方朔传》:“上以 朔口谐辞给,好作问之。”

寇攘 kòu rǎng 劫掠,侵扰。或指由兵匪劫掠侵夺所造成的祸乱。《诗·大雅·荡》:“流言以对,寇攘式内。侯作侯祝,靡届靡究。”

窟里拔蛇 kū lǐ bá shé 拖不动,形容行动迟缓。元·康进之《李逵负荆》:“宋公明似毡上拖毛,鲁智深似窟里拔蛇。”

窟薮 kū sǒu 指寄托或藏身之所。晋·葛洪《抱朴子·释滞》:“至使末世利口之奸佞,无行之弊子,得以老庄为窟薮,不亦惜乎?”

胯下匍匐 kuà xià pú fú 伏地爬行,指胯下之辱。宋·秦观《人材》:“将如韩信而有胯下匍匐之辱。”

跨蹈 kuà dǎo 占有。《三国志·董二袁刘传》:“表(刘表)跨蹈汉南,绍(袁绍)鹰扬河朔。”

跨跱 kuà zhì 盘踞。《庄子·秋水》:“且夫擅一壑之水,而跨跱埳井之乐,此亦至矣。”

宽猛相济 kuān měng xiāng jì 宽大和严厉互为补充。唐·李白《任城县厅壁记》:“宽猛相济,弦韦适中。”

宽宥 kuān yòu 原谅、饶恕。刘半农《读》:“本所有的不能宽宥的毛病,不在上半部而在下半部。"

款洽 kuǎn qià 亲近融和的样子。《红楼梦》:"(宝玉)在王夫人跟前不敢任性,已与宝钗、袭人等皆不大款洽了。"

款曲周至 kuǎn qǔ zhōu zhì 待人殷勤,照顾周到细致。《三国志·郭淮传》:"每羌、胡来降,淮辄先使人推问其亲理,男女多少,年岁长幼;及见,一一知其款曲,讯问周至。"

款学寡闻 kuǎn xué guǎ wén 形容学问浅、见识少。《庄子·达生》:"今休,款启寡闻之民也。"

旷日弥久 kuàng rì mí jiǔ 时间拖得很久。《战国策·燕策三》:"太傅之计,旷日弥久,心惛然,恐不能须臾。"

窥鼎 kuī dǐng 阴谋篡国。唐·张鷟《朝野佥载》:"梁王武三思,唐神龙初改封德靖王。谶者言:'德靖,鼎贼也。'果有窥鼎之志,被郑克等斩之。"

窥牖小儿 kuī yǒu xiǎo ér 指小偷。晋·张华《博物志》:"时东方朔窃从殿南厢朱鸟牖中窥母,母顾之,谓帝曰:'此窥牖小儿,尝三来,盗吾此桃。'"

窥觎 kuī yú 暗中察看,伺机图谋。《后汉书·河间孝王开传》:"谋图不轨,窥觎神器,怀大逆心。"

葵藿倾阳 kuí huò qīng yáng 葵花和豆类植物的叶子倾向太阳,比喻一心向往所仰慕的人或下级对上级的忠心。唐·杜甫《自京赴奉先县咏怀五百字》:"葵藿倾太阳,物性固难夺。"

馈赠 kuì zèng 赠送礼品。鲁迅《流氓的变迁》:"汉的大侠,就已和公侯权贵相馈赠,以备危急时来作护符之用了。"

愧栗 kuì lì 惭愧惶恐。唐·韩愈《燕河南府秀才得生字》:"鄙夫忝县尹,愧栗难为情。"

愧赧 kuì nǎn 因羞愧而脸红。宋·苏轼《答舒焕书》:"忽辱手示,乃知有'公沙'之语,惘然如梦中事,愧赧不已。"

髡裸 kūn luǒ 剃去头发，脱去衣帽，露顶裸身。唐·高彦休《唐阙史·崔碣》："纵归田里，可久髡裸而返。"

鲲鹏 kūn péng 相传可以变化且体型庞大的鱼和鸟，后来称人升擢高第为鲲化。《庄子·逍遥游》："北冥有鱼，其名为鲲。鲲之大，不知其几千里也；化而为鸟，其名为鹏。鹏之背，不知其几千里也；怒而飞，其翼若垂天之云。"唐·杜甫《泊岳阳城下》："图南未可料，变化有鲲鹏。"

悃款 kǔn kuǎn 诚挚，尽心竭力。宋·苏轼《祭蔡景繁文》："子之事君，悃款倾尽。"

困心衡虑 kùn xīn héng lǜ 费尽心思。郭沫若《羽书集·先乱后治的精神》："行动既经开始，他要困心衡虑，必使改革趋于至善，天下归于至安。"

阔绰 kuò chuò 排场大，生活奢侈。茅盾《追求》："他简直不知道旅沪的旧同学竟然有这个固定会址的同学会，更料不到会址的局面竟如此阔绰。"

廓荦 kuò luò 气度恢宏，卓荦不凡。明·唐顺之《条陈蓟镇练兵事宜》："其规模阔大，必有廓荦驱驾之气；其工夫精细，必有沉鸷缜密之虑。"

L

兰薰桂馥 lán xūn guì fù 喻德泽流芳，历久不衰。唐·骆宾王《上齐州张司马启》："常山王之玉润金声，博望侯之兰薰桂馥，羽仪百代。"

兰因絮果 lán yīn xù guǒ 兰因：喻美好的前因。絮果：喻离散的后果。多用以喻婚媾之善始而无善终。清·龚自珍《丑奴儿令》："兰因絮果从头问，吟也凄迷，掐也凄迷，梦向楼心灯火归。"

兰友瓜戚 lán yǒu guā qī 兰友：意气相投的挚友。瓜戚：瓜葛相连的亲戚。意指关系甚近的朋友亲戚。清·孔尚任《桃花扇》："兰友瓜戚，门外不须倒屣。"

澜翻 lán fān 比喻言辞滔滔不绝。唐·韩愈《记梦》："絮携陬维口澜翻，百二十刻须臾间。”

揽名责实 lǎn míng zé shí 指观其名而考其实绩。汉·董仲舒《春秋繁露·考功名》：“有益者谓之公，无益者谓之烦，揽名责实，不得虚言。”

揽辔澄清 lǎn pèi chéng qīng 揽辔：拉住马缰。澄清：平治天下。喻指革新政治、澄清天下的抱负，也比喻人在负责一项工作之始，即立志要革新，把它做好。语出《后汉书·范滂传》：“滂登车揽辔，慨然有澄清天下之志。”宋·柳永《一寸金》：“仗汉节，揽辔澄清，高掩武侯勋业，文翁风化。”

滥觞 làn shāng 使酒杯浮起来。原指江河的发源之处水流小，只能浮起酒杯。后用以指事物的起源。《荀子·子道》：“昔者江出于岷山，其始出也，其源可以滥觞。”

狼奔豕突 láng bēn shǐ tū 像狼那样奔跑，像猪那样冲撞。形容成群的坏人乱冲乱撞，到处骚扰。茅盾《东条的“神符”》：“在中国战场它还狼奔豕突，随心所欲。”

狼顾鸱跱 láng gù chī zhì 如狼凶视，如鸱峙立。比喻凶暴者伺机欲动。《北史·魏纪一论》：“明元承运之初，属廓定之始，于时狼顾鸱跱，犹有窥觎，加以天赐之末，内难尤甚。”

廊檐 láng yán 廊顶突出在柱子外边的部分。清·吴敬梓《儒林外史》：“把囤米的摺子搬在窗外廊檐下。”

朗拔 lǎng bá 颖悟超群。《旧唐书·高骈传》：“幼而朗拔，好为文，多与儒者游，喜言道理。”

阆苑琼楼 làng yuàn qióng lóu 阆：空旷，宽阔。琼：赤色玉。广大的园林，华美的楼阁。传说中神仙的住处。也指皇帝贵族的豪华宫苑。清·石玉昆《狭义传》：“里面阆苑琼楼，奇花异草，奥妙非常。”

涝疏旱溉 lào shū hàn gài 谓庄稼受涝应疏通，受旱应灌溉。明·刘基《官箴上》：“如农植苗，蚤夜孜孜，涝疏旱溉。”

乐善不倦 lè shàn bù juàn 乐于做好事，不觉疲倦。《孟子·告子上》:“仁义忠言,乐善不倦,此天爵也。”

累绁 léi xiè 捆绑罪犯的绳索,引申为牢狱、囚禁。《史记·孔子世家》:“(秦穆公)身举五羖,爵之大夫,起累绁之中。”

累瓦结绳 lěi wǎ jié shéng 指没有用的言辞。《庄子·骈拇》:“骈于辩者,累瓦结绳窜句,游心于坚白同异之间,而敝跬誉无用之言非乎?”

离经叛道 lí jīng pàn dào 离、叛:背离,违反,不遵循。经、道泛指正统的思想秩序。原指思想、言行违反了当权者所制定的经典和道德教条。现泛指背离了占主导地位的思想理论或者学说教义。茅盾《子夜》:“他早就说过,与其目击儿子那样的‘离经叛道’的生活,倒不如死了好!”

离娄 lí lou 雕镂交错分明。南朝·梁·徐陵《玉台新咏·古诗八首·四坐且莫喧》:“雕文各异类,离娄自相联。”

离群索居 lí qún suǒ jū 索:孤单。离开同伴,过孤独的生活。《隋书·经籍》(一):“学者离群索居,各为异说。”

离蔬释蹻 lí shū shì qiāo 离开以草、菜为食的生活,脱去木屐。比喻脱离清贫困苦的生活,入身仕途。北朝·北周·王褒《圣主得贤臣颂》:“去卑辱奥渫而升本朝,离蔬释蹻而享膏粱。”

犁生骍角 lí shēng xīng jiǎo 指杂色牛生纯赤色、角周正的小牛。比喻劣父生贤明的儿女。《论语·雍也》:“子谓仲弓,曰:‘犁牛之子骍且角,虽欲勿用,山川其舍诸?’”

嫠不恤纬 lí bù xù wěi 嫠:寡妇。纬:织物的横纱。谓寡妇不忧其纬少,而恐国亡祸及于己。后以“嫠不恤纬”喻为忧国忘家。《左传·昭公二十四年》:“嫠不恤其纬,而忧宗周之陨,为将及焉。”宋·陆游《泛舟湖山间有感》:“岁晚客貂那复叹,时艰嫠纬未忘忧。”

黎黔 lí qián 黎民。元·张养浩《赠刘仲宪》:“奈何温饱不自谋,日为黎黔欲长哭!”

篱栅 lí zhà 篱笆和栅栏。郭沫若《屈原》:“园后为篱栅,有门在正中偏右，园外一片田畴。”

立锥之地 lì zhuī zhī dì 插下一个锥子的地方。形容地方很小。晋·陈寿《三国志·蜀书·诸葛亮传》：“及魏武帝南征荆州，刘琮举州委质，而备失势众寡，无立锥之地。”

利令智昏 lì lìng zhì hūn 因贪利而丧智，是非不辨。《史记·平原君虞卿列传》：“鄙谚曰：‘利令智昏。’平原君负冯亭邪说，使赵陷长平四十余万众，邯郸几亡。”

砺齿 lì chǐ 刷牙去垢。表示清高。语出南朝·宋·刘义庆《世说新语·排调》：“所以漱石，欲砺其齿。”

砺戈秣马 lì gē mò mǎ 磨戈喂马。比喻做好战斗准备。《旧唐书·刘仁轨传》：“虽妖孽充斥，而备预甚严，宜砺戈秣马，击其不意，彼既无备，何攻不克？”

连篇累牍 lián piān lěi dú 累：重叠。牍：古代写字的木片。形容篇幅过多，文辞冗长。《隋书·李谔传》：“连篇累牍，不出月露之形；积案盈箱，唯是风云之状。”

莲座 lián zuò 佛或菩萨的莲花座位。《西游记》：“阿难、伽叶引唐僧来见如来，如来高升莲座，指令降龙、伏虎二大罗汉敲响云磬，遍请三千诸佛、三千揭谛、八金刚、四菩萨、五百尊罗汉、八百比丘僧、大众优婆塞、比丘尼、优婆夷，各天各洞，福地灵山，大小尊者圣僧，该坐的请登宝座，该立的侍立两旁。”

濂洛关闽 lián luò guān mǐn 宋代理学的四个学派。濂：指濂溪周敦颐。洛：指洛阳程颢、程颐。关：指关中张载。闽：指讲学于福建的朱熹。清·纪昀《阅微草堂笔记》：“自郭守敬以后，验以实测，证以交食，始知濂、洛、关、闽，于此事全然解。”

敛发谨饬 liǎn fà jǐn chì 敛：收集。发：散发。谨饬：认真仔细。指对粮食、物资的收集与发放认真仔细。唐·柳宗元《贞符》：“乡为义廪，敛发谨饬。”

敛衽 liǎn rèn 整理衣襟，表示恭敬。《战国策·楚策一》："一国之众，见君莫不敛衽而拜，抚委而服。"

良禽择木 liáng qín zé mù 语出《左传·哀公十一年》："鸟则择木，木岂能择鸟。"比喻贤德的人择主而事，不盲从。元·张宪《行路难》："良禽择木乃下栖，不用漂流叹迟暮。"

梁愁隋恨 liáng chóu suí hèn 泛指对亡国危机的感伤。清·孔尚任《桃花扇·闹榭》："梁愁隋恨，凭他燕恼莺嗔。"

梁孟相敬 liáng mèng xiāng jìng 原指东汉时期梁鸿与妻子孟光相互敬爱。后泛指夫妇相敬。《后汉书·梁鸿传》："每归，妻为具食，不敢于鸿前仰视，举案齐眉。伯通察而异之，曰：'彼佣能使其妻敬之如此，非凡人也。'"

粮廪 liáng lǐn 粮食。《晋书·食货志序》："帝于是始疑有司盗其粮廪，乃亲于御前自加临给，饥者皆泣曰：'今始得耳。'"

量凿正枘 liáng záo zhèng ruì 指木工度量器物孔眼的大小方圆，制作可与之相契合的榫头。比喻说话办事须从实际出发。《楚辞·离骚》："不量凿而正枘兮，固前修以菹醢。"

寥廓 liáo kuò 空旷深远。《楚辞·远游》："下峥嵘而无地兮，上寥廓而无天。"

撩蜂剔蝎 liáo fēng tī xiē 比喻招惹恶人，自讨苦吃。《水浒传》："我本待声张起来，却怕他没人做主，恶了西门庆，却不是去撩蜂剔蝎？"

燎如观火 liǎo rú guān huǒ 指事理清楚明白，如看火一样。郭沫若《文艺论集·反响之反响》："究竟谁是谁非，谁错谁不错，这是燎如观火的。"

埒略 liè lüè 比较区分。《淮南子·要略》："《本经》者，所以明大圣之德，通维初之道，埒略衰世古今之变，以褒先世之隆盛，而贬末世之曲政也。"

猎彦 liè yàn 搜求有才德的人。唐·王勃《干元殿颂》："龟文猎彦，麟旌收逸。"

裂冠毁冕 liè guān huǐ miǎn 借指毁灭华夏文化，背离民族传统。章炳麟《革命道德说》:“且反古复始,人心所同,裂冠毁冕之既久,而得此数公者追论姬汉之旧章,寻绎东夏之成事,乃适见犬羊殊族,非我亲昵。”

裂土分茅 liè tǔ fēn máo 帝王分封土地,建立诸侯。唐·杜牧《樊川文集》:“我西平王功存社稷,庆流后嗣,子孙多贤,裂土分茅。”

林栖谷隐 lín qī gǔ yǐn 意指隐居山林,也指隐居之人。五代·王定保《唐摭言·慈恩寺题名游赏赋咏杂记》:“文皇帝拨乱反正,特盛科名,志在牢笼英彦。迩来林栖谷隐,栉比鳞差。”

临渊羡鱼 lín yuān xiàn yú 多用来比喻只有愿望而没有措施,对事情毫无好处。《汉书·董仲舒传》:“临渊羡鱼,不如退而结网。”

淋灰 lín huī 比喻饮酒速度快。宋·苏轼《赵郎中见和戏复答之》:“赵子饮酒如淋灰,一年十万八千杯。”

淋浪 lín làng 形容书写流畅。宋·苏轼《和张子野见寄三绝句·见题壁》:“狂吟跌宕无风雅,醉墨淋浪不整齐。”

琳馆 lín guǎn 宫殿、道院的美称。宋·欧阳修《景灵朝谒从驾还宫》:“琳馆清晨蔼瑞氛,玉旒朝罢奏韶钧。”

凛栗 lǐn lì 寒冷得发抖。唐·杜甫《北征》:“那无囊中帛,救汝寒凛栗。”

凛秋 lǐn qiū 寒冷的秋天。《楚辞·九辩》:“皇天平分四时兮,窃独悲此凛秋。”

躏轹 lìn lì 践踏碾压;蹂躏。唐·李白《大猎赋》:“虽躏轹之已多,犹拗怒而未息。”

灵犀 líng xī 古代传说犀牛角有白纹,感应灵敏,所以称犀牛角为“灵犀”。唐·李商隐《无题》:“身无彩凤双飞翼,心有灵犀一点通。”

灵沼 líng zhǎo 池沼的美称。《诗·大雅·灵台》:“王在灵沼,于牣鱼跃。”

玲珑剔透 líng lóng tī tòu 形容做工精致、结构奇巧、内部镂空的手工艺品。《西游记》:“忽见一座玲珑剔透的牌楼,楼下拴着那个辟水金睛兽。”

凌藉 líng jiè 欺凌,欺侮。清·蒲松龄《聊斋志异·仇大娘》:“而岁屡祲,豪强者复凌藉之,遂至食息不保。”

凌轹 líng lì 欺压;压倒。唐·李白《结客少年场行》:“少年学剑术,凌轹白猿公。”

流丹 liú dān 流动着的红色。形容颜色鲜艳欲滴。唐·王勃《滕王阁序》:“层峦耸翠,上出重霄;飞阁流丹,下临无地。”

流殍 liú piǎo 灾民因流亡而饿死。宋·苏轼《答漕使启》:“承宣帝泽,民忘流殍之灾。”

流觞曲水 liú shāng qǔ shuǐ 古代习俗,每逢夏历三月初三,人们于环曲的水流旁宴集,在水的上游放置酒杯,任其顺流而下,杯停在谁的面前,谁就取饮。晋·王羲之《兰亭集序》:“又有清流激湍,映带左右,引以为流觞曲水。”

柳颦梅笑 liǔ pín méi xiào 形容柳吐芽、梅盛开的早春景色。宋·范成大《春怀》:“柳颦梅笑各相恼,诗债棋雠俱见寻。”

龙驹凤雏 lóng jū fèng chú 比喻聪颖、俊秀的少年。《晋书·陆云传》:“云字士龙,六岁能属文,性清正,有才理。少与兄机齐名,虽文章不及机,而持论过之,号曰‘二陆’。幼时吴尚书广陵闵鸿见而奇之,曰:‘此儿若非龙驹,当是凤雏。’”《红楼梦》:“北静王见他语言清朗,谈吐有致,一面又向贾政笑道:‘令郎真乃龙驹凤雏。’”

龙血玄黄 lóng xiě xuán huáng 亦作“龙战玄黄”。喻战争激烈,血流成河。语出《易·坤》:“龙战于野,其血玄黄。”高亨注:“玄黄亦可读泫潢,血流甚多之貌。”周素园《贵州民党痛史》第三篇第十七章:“当时是,龙血玄黄,战争方始,革命工作,热烈进行。”

龙阳泣鱼 lóng yáng qì yú 指担心主人喜新厌旧,为不再看重自己而叹息。元·白朴《唐明皇秋夜梧桐雨》:“妾蒙主上恩宠无比,但恐春老花残,主上恩移宠衰，使妾有龙阳泣鱼之悲，班姬题扇之怨，奈何？”

龙游曲沼 lóng yóu qū zhǎo 传说龙耀五彩，所以以游龙为喻。《红楼梦》：“其文若何，龙游曲沼。其神若何，月射寒江。”

聋聩 lóng kuì 比喻愚昧无知。唐·韩愈《朝归》：“坐食取其肥，无堪等聋聩。”

笼鸟槛猿 lóng niǎo kǎn yuán 比喻被拘禁而无自由。唐·白居易《山中与元九书因题书后》：“笼鸟槛猿俱未死，人间相见是何年！”

隆眷 lóng juàn 深厚的顾念，特别地关注。南朝·梁·江淹《知己赋》：“吐情志而深赏，忘年齿而隆眷。”

隆替 lóng tì 盛衰，兴废。李大钊《警告全国父老书》：“彼一国一族之隆替，与之连封接壤者，即属异类殊族，亦莫不同其休戚。”

隆准 lóng zhǔn 高鼻梁。郭沫若《残春》：“他的颜面细长，他的隆准占据中央三分天下有其二的疆域。”

鲁缟 lǔ gǎo 古代鲁地出产的一种薄而细的白色生绢。《淮南子·说山训》：“矢之于十步贯兕甲，于三百步不能入鲁缟。”

鹿鸣宴 lù míng yàn 亦作“鹿鸣筵”。科举时代，乡举考试后，州县长官宴请得中举子或放榜次日，宴主考、执事人员及新举人，歌《诗·小雅·鹿鸣》，作魁星舞，故名。宋·欧阳修《送楚建中颍州法曹》：“曾陪鹿鸣宴，遍识洛阳生。”

鹿驯豕暴 lù xùn shǐ bào 意谓一会儿像鹿一样柔驯，一会儿像猪一样凶暴。形容狡诈。明·宋濂《元赠开府仪同三司上柱国录军国重事江西等处行中书省丞相追封咸宁王谥忠肃星吉公神道碑铭》：“四年二月，改湖广等处行中书省平章政事省，控制五溪洞蛮，土酋鹿驯豕暴，变幻百出，每视省臣臧否以为叛服。”

鹿砦 lù zhài 用树木设置的形似鹿角的防御物。茹志鹃《百合花》：“战斗开始后的几十分钟里，一切顺利，伤员一次次带下来的消息，都是我们突破第一道鹿砦、第二道铁丝网，占领敌人前沿工事打进街了。”

鹭约鸥盟 lù yuē ōu méng 比喻隐居者的生活。宋·高观国《青玉案》：“一堤风月，六桥烟水，鹭约鸥盟在。”

峦壑 luán hè 峰峦和山谷。宋·苏辙《题卢鸿学士堂图》诗：“径归不复往，峦壑空在目。”

峦岫 luán xiù 山峰。元·祖铭《径山五峰·推珠峰》：“元气结峦岫，献此大宝珠。”

鸾铃 luán líng 系在马身上的响铃。《三国演义》：“鸾铃响处，马到中军，云长提华雄之头，掷于地上。”

沦肌浃髓 lún jī jiā suǐ 渗透到肌肉和骨髓，形容感受深刻。茅盾《幻灭》：“静觉得凉意沦肌浃髓，异常地舒适。”

裸裼 luǒ xī 赤身裸体。清·蒲松龄《聊斋志异·捉鬼射狐》：“公起叱曰：‘何物鬼魅敢尔！’裸裼下榻，欲就捉之。”

荦荦确确 luò luò què què 荦荦：分明貌，突显貌。确确：坚硬貌。形容骨节突显暴露，给人瘦硬的感觉。宋·苏轼《无锡道中赋水车》：“翻翻联联衔尾鸦，荦荦确确蜕骨蛇。”

闾阎安堵 lǘ yán ān dǔ 谓平民安居。严复《论中国教化之退》：“游衰世之国者，行于其野，闾阎安堵，击壤以嬉，如是者民类治世。”

闾阎扑地 lǘ yán pū dì 里巷遍地。形容房屋众多，市集繁华。唐·王勃《秋日登洪府滕王阁饯别序》：“闾阎扑地，钟鸣鼎食之家；舸舰弥津，青雀黄龙之舳。”郁达夫《出奔》：“两条江水会合的洲边，数千年来，就是一个闾阎扑地，商贾云屯的交通要市。”

旅翮 lǚ hé 迁徙飞行的鸟。南朝·齐·谢朓《拜中军记室辞隋王笺》：“沧溟未运，波臣自荡；渤澥方春，旅翮先谢。”

缕覼 lǚ luó 详尽，详细。明·唐顺之《与万两溪吏部》：“念执事相知，故缕覼言之。”

履絇 lǚ qú 鞋头上有装饰的鞋子。宋·杨万里《春暖郡圃散策》："萱草行间过履絇，杏花影里散文书。"

履穿踵决 lǚ chuān zhǒng jué 形容非常贫困。鲁迅《华盖集·"碰壁"之后》："所以待到磨墨吮笔，说什么'履穿踵决'时，脚上也许早经是丝袜。"

履新 lǚ xīn 就任新职。叶圣陶《城中·前途》："私念新任警察厅厅长田君，与吾兄为总角交，履新伊始，厅中职员当有更动。"

绿酎 lǜ zhòu 绿色醇酒。唐·李商隐《乐游原》："拂砚轻冰散，开樽绿酎浓。"

M

麻秸 má jiē 常用以比喻人消瘦。元·王实甫《西厢记》："憔悴形骸，瘦似麻秸。"

马齿徒增 mǎ chǐ tú zēng 谦称自己虚度年华，没有成就。柳亚子《赠少屏》："鹏飞未遂冲霄志，马齿徒增歧路悲。"

马首是瞻 mǎ shǒu shì zhān 古代作战时，士兵看主将的马头决定进退。比喻服从指挥。《左传·襄公十四年》："荀偃令曰：'鸡鸣而驾，塞井夷灶，唯余马首是瞻。'"

麦秀两岐 mài xiù liǎng qí 一株麦子竟然长出两个穗子。以夸张手法形容丰收景象，通常用于赞颂吏治成绩卓著。《东观汉记·张堪传》："张堪为渔阳太守，开田八千余顷，劝民耕种，以致殷富。百姓歌曰：桑无附枝，麦秀两岐。张君为政，乐不可支。"

卖官鬻爵 mài guān yù jué 当权者出卖官职、爵位以聚敛财富。形容政治腐败。《宋书·邓琬传》："至是父子并卖官鬻爵，使婢仆出市道贩卖，酣歌博弈，日夜不休。"

卖爵赘子 mài jué zhuì zǐ 因生活所迫，出卖爵位，抵押子女。《汉书·严助传》："数年岁比不登，民待卖爵赘子以接衣食。"

蛮夷戎狄 mán yí róng dí 古代指不开化的边远各族。《三国志·魏书·公孙度传》："夫三军所伐，蛮夷戎狄，骄逸不虔，于是致武，不闻义国反受诛讨。"

蛮陬 mán zōu 旧时泛指南方边远地区人民的聚居处。唐·陈羽《湘妃怨》："舜欲省蛮陬，南巡非逸游。"

瞒昧 mán mèi 隐瞒欺骗。《水浒传》："他是个庄客，不得你的言语，如何敢打死人！你又故纵他逃走了，却来瞒昧官府。"

芒鞋竹笠 máng xié zhú lì 芒鞋：草鞋。竹笠：用竹子编成的斗笠。古人外出多穿草鞋、戴斗笠。借指到处漫游。清·文康《儿女英雄传》："倘然寻不着他，哪管芒鞋竹笠，海角天涯，我一定要寻着这个女孩儿家才罢。"

毛里拖毡 máo lǐ tuō zhān 比喻畏缩不前。元·关汉卿《金线池》："好教我足未移心先战，一步步似毛里拖毡。"

蟊贼 máo zéi 以禾苗为食的两种害虫，食根的叫作蟊，食节的叫作贼。比喻危害人民或国家的人。《诗·大雅·召旻》："天降罪罟，蟊贼内讧。"

貌寝 mào qǐn 容貌丑陋，身材矮小。《三国志·王粲传》："表以粲貌寝而体弱通侻，不甚重也。"

煤炱 méi tái 凝聚的烟尘；煤灰。宋·王安石《寄王逢原》："儒衣纷纷欲满地，无复气焰空煤炱。"

霉黧 méi lí 形容面容脏黑。《楚辞·王褒〈九怀·蓄英〉》："菀蕴兮霉黧，思君兮无聊。"

昧揥 mèi tì 暗中抛出。西汉·刘向《说苑》："物故有昧揥而中蛟头，掩目而别白黑者。"

氓蚩 méng chī 憨厚之人。汉·崔篆《慰志赋》："懿氓蚩之悟悔兮，慕白驹之所从。”

萌蘖 méng niè 植物的萌芽。比喻事物的开端。清·曾国藩《曾国藩文集》:“将尽之膏,岂可速之以风? 萌蘖之木,岂可牧之以牛羊?”

蒙络 méng luò 蒙盖连接;笼罩。唐·柳宗元《至小丘西小石潭记》:“青树翠蔓,蒙络摇缀,参差披拂。”

猛戾 měng lì 凶暴,乖张。《荀子·修身》:“勇胆猛戾,则辅之以道顺。”

猛鸷 měng zhì 凶猛,勇猛。沈从文《篁君日记》:“情欲能使一个平素极其老实的人成猛鸷不可当的动物。”

懵懂 měng dǒng 迷糊,糊涂。鲁迅《致曹聚仁》:“此画家似亦颇懵懂。”

梦魇 mèng yǎn 噩梦,睡眠中感到压抑而呼吸困难,以致突然惊醒。常用来比喻经历过可怕的事情。巴金《巴金自传》:“我经历了多变化的生活,我有过好梦,我也有过梦魇。”

眯瞙 mī mò 眼睛看不清。元·袁袤《求志赋》:“羌肮脏而寡与兮,若眯瞙以问津。”

弥靡 mí mí 充满,布满。《淮南子·俶真训》:“定于死生之境,而通于荣辱之理,虽有炎火洪水弥靡于天下,神无亏缺于胸臆之中矣。”

弥日累夜 mí rì lěi yè 连日连夜,夜以继日。南朝·宋·刘义庆《世说新语·赏誉》:“遂留共语,弥日累夜。”

弥月 mí yuè 婴儿出生满一个月。施蛰存《黄心大师》:“许杰先生引恼娘生下来做弥月时的一个女尼的说话:‘阿弥陀佛,这位小姐是个有来历的人……只可惜了一念之差,不免到花花世界去走一遭。’”

靡不有初,鲜克有终 mǐ bù yǒu chū,xiǎn kè yǒu zhōng 做事都有好的开端,但很少有坚持到底的。《诗·大雅·荡》:“天生烝民,其命匪谌,靡不有初,鲜克有终。”

米珠薪桂 mǐ zhū xīn guì 米贵如珠，薪贵如桂。极言物价昂贵。语出《战国策·楚策三》："楚国之粮贵于玉，薪贵于桂。"郭沫若《芍药及其他·雨》："不过百多人吃着大锅饭的剧人团体，在目前米珠薪桂的时节，演不成戏，便没有收入，的确也是一个伟大的威胁。"

密翳 mì yì 被浓密树荫所遮蔽。明·徐弘祖《徐霞客游记》："时日色澄丽，俯瞰山北，崩崖乱坠，杂树密翳。"

密札 mì zhá 密信。邓友梅《烟壶》："徐焕章第二天恭恭正正上了个密札，告诉东洋人善耆从西边回来了，正躲在府里抽大烟。"

蜜醴 mì lǐ 甜酒。《荀子·大略》："兰茝、槁本，渐于蜜醴，一佩易之。"

娩娠 miǎn shēn 分娩。宋·沈括《梦溪笔谈·杂志一》："父母以嫁三班奉职鹿生之子，娩娠方三日，鹿生利月俸，逼令上道，遂死于杉溪。"

冕绂 miǎn fú 古代礼冠与印绶，借指重臣。唐·柳宗元《谢赐时服表》："俾同冕绂，重剧丘山。"

冕笏 miǎn hù 礼帽与大臣上朝拿着的手板。借指仕宦。南朝·齐·王融《策秀才文第二问》："若闲冗毕弃，则横议无已；冕笏不澄，则坐谈弥积。"

缅鉴 miǎn jiàn 遥远地观察、审察。《资治通鉴·唐高宗显庆元年》："伏愿缅鉴无辜，稍宽非罪，俯矜微款，以顺人情。"

淼寥 miǎo liáo 广阔。郭沫若《行路难》："湍鸣浩浩，天地淼寥，瞑目凝想，造化盈消。"

淼渺 miǎo miǎo 广阔无际的样子。清·曹寅《葛渔城》："万柳一烟静，淼渺湖中水。"

藐躬 miǎo gōng 瘦小虚弱的躯体。茅盾《色盲》："以他那样的藐躬，负起生活的重担，实在是毫无意义的。"

蔑伦悖理 miè lún bèi lǐ 违背道德和伦理。清·郑观应《盛世危言·

学校》："而蔑伦悖理之事，因之层出不穷，此皆学校不讲之故也。"

蔑如 miè rú 微细；寻常。鲁迅《坟》："故一剑之力，即其权利，国家之法度，社会之道德，视之蔑如。"

民不堪命 mín bù kān mìng 民众负担沉重，痛苦得活不下去。《国语·如公谏弭谤》："厉五虐，国人谤王。召公告曰：'民不堪命矣。'"

悯宥 mǐn yòu 怜悯宽宥。清·蒲松龄《聊斋志异·花姑子》："妾不能终事，实所哀惨。然为君故，业行已损其七，幸悯宥也。"

名噪一时 míng zào yī shí 名声传扬于一个时期。清·宣鼎《夜雨秋灯录三集·科场》："朱半仙，时文中之能手也，名噪一时。"

明火执仗 míng huǒ zhí zhàng 点着火把，拿着凶器。形容毫无忌惮地作恶。《西游记》："那借金银人，身贫无计，结成凶党，明火执仗，白日杀上我门，将我财帛尽情劫掳，把我父亲杀了。"

明眸善睐 míng móu shàn lài 双目左右顾盼。三国·魏·曹植《洛神赋》："丹唇外朗，皓齿内鲜。明眸善睐，靥辅承权。"

铭诔 míng lěi 记载死者经历和功德的文章。《荀子·礼论》："其铭诔系世，敬传其名也。"

铭心镂骨 míng xīn lòu gǔ 形容感念甚深，永远不会忘记。《水浒传》："宋江等屡蒙太尉厚恩，虽铭心镂骨，不能补报。"

螟蛉 míng líng 螟蛾的幼虫。养子的代称。茅盾《童年·长寿夫妇的悲剧》："我宁可抱个螟蛉，也不要你潘家装假胎。"

命辞遣意 mìng cí qiǎn yì 运用优美的语言来构思立意，表达思想。宋·朱熹《朱子语类》："变风中固多好诗，虽其间有没意思者。然亦须得其命辞遣意处方可。"

莫衷一是 mò zhōng yī shì 形容一群人意见不一致。清·吴趼人《痛史》："诸将或言固守待援，或言决一死战，或言到临安求救。议论纷纷，莫衷一是。"

默契神会 mò qì shén huì 指从意识深处默默地领悟理解和悉心探求事物所蕴含的精神气韵。清·叶燮《原诗·外篇》:"游览诗切不可作应酬山水语。如一幅画图,名手各各自有笔法,不可错杂;又名山五岳,亦各各自有性情气象,不可移换。作诗者以此二种心法,默契神会。"

N

南蛮鴃舌 nán mán jué shé 旧时讥讽人说难懂的南方方言。《孟子·滕文公上》:"今也南蛮鴃舌之人,非先王之道,子倍子之师而学之,亦异于曾子矣。"

捏诀 niē jué 是道法的基本方法之一。指在手掌、手指上掐某些部位或者手指间结成某个固定的姿势,起到感召鬼神、摧伏邪精的作用。鲁迅《且介亭杂文末编·女吊》:"所以后台上一定要扮一个王灵官,一手捏诀,一手执鞭。"

孽障 niè zhàng 骂人的话。《西游记》:"大圣骂道:'我把你不识起倒的孽障!'"

凝脂 níng zhī 凝固了的白色猪油。喻女子肤色白而光洁。唐·白居易《长恨歌》:"春寒赐浴华清池,温泉水滑洗凝脂。"

凝脂点漆 níng zhī diǎn qī 形容皮肤像凝冻的油脂洁白光滑,眼睛像涂了黑漆一样炯炯有神。唐·杨炯《李舍人山亭诗序》:"其人也,凝脂点漆,琼树瑶林,学富文史,言成准的。"

凝滞 níng zhì 停止,不流动。《史记·屈原贾生列传》:"渔父曰:'圣人不凝滞于物,而能与世推移。世人皆浊,何不淈其泥而扬其波?众人皆醉,何不哺其糟而歠其醨?何故深思高举,自令放为?'"

牛鼎烹鸡 niú dǐng pēng jī 用烹煮一头牛的大锅来烹煮一只鸡,实属浪费。比喻大材小用,浪费资源。《后汉书·边让传》:"函牛之鼎以烹鸡,多汁则淡而不可食，少汁则熬而不可熟。此言大器之于小用，固有所不宜也。”

牛衣对泣 niú yī duì qì《汉书·王章传》：“王章字仲卿，为渚生学长安，独与妻居。章疾病，无被，卧牛衣中，与妻决，涕泣。其妻呵怒之曰：‘仲卿！京师尊贵在朝廷人谁逾仲卿者？今疾病困厄，不自激昂，乃反涕泣，何鄙也！’”形容贫困之士的困厄、凄凉。清·宣鼎《夜雨秋灯录·义猫》：“翁家乏食，借贷无门，典质已尽，搔首踟蹰，牛衣对泣而已。”

奴颜婢膝 nú yán bì xī 形容谄媚讨好、卑躬屈膝的奴才相。唐·陆龟蒙《江湖散人歌》：“奴颜婢膝真乞丐，反以正直为狂痴。”杨沫《青春之歌》第一部第十五章：“可是反过来看看我们的统治者吧——他们荒淫无耻，他们对外奴颜婢膝，甘心卖国求荣。”

驽马铅刀 nú mǎ qiān dāo 蹩脚的马，不锋利的刀。比喻才疏力薄。《后汉书·隗嚣传》：“昔文王三分，犹服事殷。但驽马铅刀，不可强扶。”

弩箭离弦 nǔ jiàn lí xián 搭在弩弓上的箭射离了弓弦。形容极其迅速。《西游记》：“前走的如流星过度，后走的如弩箭离弦。”

P

俳谐文 pái xié wén 内容诙谐，用以讽喻嘲谑的文字。《隋书·经籍志》著录有《俳谐文》多种。宋·叶梦得《避暑录话》卷下：“韩退之作《毛颖传》，此本南朝俳谐文《驴九锡》、《鸡九锡》之类而小变之耳。俳谐文虽出于戏，实以讥切当世封爵之滥。”

牌匾 pái biǎn 匾额，是作标志用的板。《说岳全传》第二十八回：“(牛皋)认得牌匾上四个旧金字，是‘寒山古寺’。”

潘江陆海 pān jiāng lù hǎi 陆：晋代诗人陆机。潘：晋代诗人潘岳。形容人在诗歌、文章创作方面才华纵横、天赋异禀。清·钱谦益《〈钱集之遗稿〉序》：“密纬肆力于辞赋，潘江陆海，沾丐一时。”

潘文乐旨 pān wén yuè zhǐ《晋书·乐广传》:“广善清言而不长于笔,将让尹,请潘岳为表。岳曰:‘当得君意。’广乃作二百句语,述己之志。岳因取次比,便成名笔。时人咸云:‘若广不假岳之笔,岳不取广之旨,无以成斯美也。’”后以“潘文乐旨”指优美文章的词句表达与主旨大意。清·吴伟业《偶成》之八:“雅擅潘文乐旨,妙参羊体嵇心。”

攀蟾折桂 pān chán zhé guì 蟾:指月宫,攀登蟾宫,折取月桂树的枝条。用来比喻书生文人在科举中高中、登第。元·马致远《荐福碑》:“当日个废寝忘食,铸铁砚长分磨剑的水;到今日攀蟾折桂,步金价才觅着上天梯。”

攀桂 pān guì 攀折桂枝。指读书人科举高中、登第。出自淮南小山《招隐士》。唐·贾岛《青门里作》:“若无攀桂分,只是卧云休。”

攀援 pān yuán 跟随,趋附。《楚辞·远游》:“轩辕不可攀援兮,吾将从王乔而娱戏。”

盘亘 pán gèn 指山与山之间互相连接,绵延千里,山岭交错相生。后来泛指绵延之貌。唐·李翱《岭南节度使徐公行状》:“黄氏之族最强,盘亘十数州。”

盘桓 pán huán 走来走去,徘徊不前的样子;逗留不进。唐·刘希夷《捣衣篇》:“揽红袖兮愁徙倚,盼青砧兮怅盘桓。”

盘踞 pán jù 盘结占据,据守领地。后来多比喻把持权势地位。唐·陆龟蒙《甫里集·算山》:“水绕苍山固护来,当时盘踞实雄才。周郎计策清宵定,曹氏楼船白昼灰。”

盘铭 pán míng 古时刻在盥洗盘器等物品上的文字,此文辞多数带有劝诫、规劝意味。《旧唐书·杜希全传》:“殷有盘铭,周有欹器,或诫以辞,或警以事。”

盘飧 pán sūn 用盘盛熟食。唐·杜甫《客至》:“盘飧市远无兼味,樽酒家贫只旧醅。”

庞眉皓发 páng méi hào fà 庞:纷乱,颜色杂乱。皓:洁白。眉毛和头发花白。年老之貌,亦可借指老人。唐·杜甫《戏为韦偃双松图歌》:“松根胡僧憩寂寞,庞眉皓发首无住著。”

旁通 páng tōng 博通众艺,善于应变。三国·魏·嵇康《与山巨源绝交书》:“足下旁通,多可而少怪。”

旁指曲谕 páng zhǐ qǔ yù 形容不直接言明,而是从侧面旁敲侧击,委婉启发让其晓谕理解。宋·王禹偁《故商州团练使翟公墓志铭》:“知属吏过失,未尝面言,必因公宴引数十年前事,曰某人尝为某过得某罪,旁指曲谕,微警诫之。”

刨树搜根 páo shù sōu gēn 比喻追究事物、事件的底细内涵,力图寻求根源性或始发性的因素,了解整个事物、事件的来龙去脉及其始终。清·文康《儿女英雄传》:“至于列公,听这部书也不过逢场作戏,看这部书也不过走马观花,真个的还把有用精神置之无用之地,费这闲心去刨树搜根不成?”

咆哮 páo xiào 形容水流因翻腾而产生的巨大声响,也指人的叫闹声以及动物的嘶吼声。唐·李白《公无渡河》:“黄河西来决昆仑,咆哮万里触龙门。”

咆咻 páo xiū 大声叫喊。形容人桀骜不驯、豪放英勇。宋·欧阳修《答谢景山遗古瓦砚歌》:“(袁)绍(袁)术(孙)权(刘)备争咆咻,力强者胜怯者败。”

袍笏登场 páo hù dēng chǎng 袍:古代官员的官服。笏:古代官员上朝面圣时手中所持的狭长的板子,材质为玉、象牙或竹片。原指演员身着官服,上场演戏,以戏场来喻官场。现比喻新官上任或出任做官,多含有讽刺、嘲讽之意。清·赵翼《瓯北诗钞·数月内频送南雷述庵淑斋诸人赴京补官戏作》:“袍笏登场也等闲,惹他动色到柴关。”

袍泽 páo zé 袍:有夹层并中蓄有棉絮的长款外衣。泽:贴身所穿的内衣。语出《诗·秦风·无衣》:“岂曰无衣,与子同袍。……岂曰无衣,与子同泽。”用指军队中的战友。后也用来指情谊深厚的朋友。赵朴初《读朱德委员长泸州诗敬作》:“旧时袍泽同盟侣,化为蛮触争蜗涎。”

陪寮 péi liáo 地位、官阶较低的官员。《晋书·乐志上》:“胥子陪寮,宪兹度楷。”

培塿 péi lǒu 本作“部娄”。原指小土丘,后来被用以比喻卑下、微小。南朝·宋·刘义庆《世说新语·方正》:“培塿无松柏,薰莸不同器。”

培壅 péi yōng 指对花木的培植养护。后引申为巩固加强,是对于国力而言的。《宋史·仁宗本纪》:“君臣上下,恻怛之心,忠厚之政,有以培壅宋三百余年之基。”

赔释 péi shì 赔罪解释。《红楼梦》:“你明儿见了他,好歹赔释赔释,就说我年轻,原没见过世面,谁叫大爷错委了他呢?”

沛徂 pèi cú 颠沛奔走。《楚辞·九章·抽思》:“烦冤瞀容,实沛徂兮。”汉·王逸《楚辞章句》:“忧愁思念烦冤,容貌愦乱,诚欲随水沛然而流去也。”

沛滂 pèi pāng 水量充沛,水势浩大,借以形容恩泽恩惠广大而深厚。宋·朱淑真《喜雨》:“四海咸蒙沛滂恩,九州尽解焦熬苦。”

沛雨甘霖 pèi yǔ gān lín 充沛丰厚而甜美可口的雨水。比喻恩泽深沉厚重。明·无名氏《四贤记》第二十八出:“情浓意长,情浓意长,沛雨甘霖,憔悴生香。”

沛泽 pèi zé 水草茂密的泥泞低洼地带,如同沼泽。《孟子·滕文公下》:“园囿汙池,沛泽多,而禽兽至。”

喷薄欲出 pēn bó yù chū 形容水浪激荡涌起的样子或用以指清晨太阳初升时跃出地平线的样子。毛泽东《星星之火,可以燎原》:“它是立于高山之巅远看东方已见光芒四射喷薄欲出的一轮朝日。”

喷嚏 pēn tì 由于鼻黏膜受到刺激,急剧吸气,从鼻孔迅速喷出气体并伴随着发声作响。清·吴敬梓《儒林外史》:“(老虎)一茎胡子戳在郭孝子鼻孔里去,戳出一个大喷嚏来,那老虎倒吓了一跳。”

砰砰訇訇 pēng pēng hōng hōng 象声词,形容敲打、撞击东西时所发出的巨大声响。清·吴趼人《二十年目睹之怪现状》:“两三四个木匠,还在那里砰砰訇訇地做工。”

烹醢 pēng hǎi 中国古代的两种严酷的刑法。烹:即煮。醢:将人剁成肉酱。《战国策·赵策三》:“鲁仲连曰:‘然,吾将使秦王烹醢梁王。’”

烹饪 pēng rèn 将食物烧煮,制作出供人享用的饭菜。清·蒲松龄《聊斋志异·湘裙》:“俄而肴蔌罗列,烹饪得宜。”

彭殇 péng shāng 长寿与夭亡。彭,彭祖,古代传说中长寿之人,这里指高寿。殇,夭折,未成年而死。晋·王羲之《兰亭序》:“固知一死生为虚诞,齐彭殇为妄作。”

棚车鼓笛 péng chē gǔ dí 棚车:有侧墙、端墙、地板以及车顶,在侧墙上开有滑门和通风窗的火车,用以装贵重或怕风吹日晒的货物。鼓笛:泛指乐器或者乐器声。宋·邵伯温《闻见前录》卷三载,宋真宗咸平、景德间,天下升平。洛中风气,富家以车载酒食声乐,游于通衢,称作“棚车鼓笛”。

蓬荜生辉 péng bì shēng huī 使寒酸、简陋的居室增添光辉。多用于有身份尊贵的客人到访之时,或得人馈赠书画陈设之时,是谦谢之辞。明·无名氏《鸣凤记·邹林游学》:“得兄光顾,蓬荜生辉。”

蓬莱 péng lái 山名,蓬莱山是古代传说中仙人居住之所,亦常用来泛指仙境。《史记·封禅书》:“自威、宣、燕昭使人入海求蓬莱、方丈、瀛洲。此三神山者,其传在渤海中。”

蓬生麻中 péng shēng má zhōng 蓬生麻中,自然而直。用来表现周边环境对人类的潜移默化,身处淳朴美好的环境中,便可被教化成有道德的好人。《荀子·劝学》:“蓬生麻中,不扶而直;白沙在涅,与之俱黑。”

蓬头垢面 péng tóu gòu miàn 头发披散蓬乱,脸上有灰尘污垢。谓人不事修饰,外表邋遢。鲁迅《热风·随感录》(二十五):“穷人的孩子蓬头垢面地在街上转,富人的孩子妖形妖势、娇声娇气地在家里转。”

捧毂推轮 pěng gǔ tuī lún 毂:车轮中心的圆木,四周与车辐的一端相连，中间有圆孔，可插轴。指人扶着车子用力推车轮，使其前进。古代君主授予将帅时的盛大礼遇。《七国春秋平话》："燕王并大臣捧毂推轮，邀乐毅上黄金台，受天子百官之礼，与乐毅挂印为帅。"

捧袂 pěng mèi 见面、碰面。唐·王勃《滕王阁序》："今晨捧袂，喜托龙门。"

纰漏 pī lòu 过错，事故。魏巍《东方》："如果不是小杨作风严厉，很可能还会出一点小小的纰漏。"

被发文身 pī fà wén shēn 古代吴越一带的风俗，散发不束，身上刺纹。《礼记·王制》："东方曰夷，被发文身。"

被褐怀玉 pī hè huái yù 怀抱美才，深藏若虚，比喻出身贫寒而有真才实学的人。《老子》："知我者希，则我者贵，是以圣人被褐怀玉。"

被坚执锐 pī jiān zhí ruì 披坚甲，执利刃，投身战斗。《汉书·高帝纪》："朕亲被坚执锐，自帅士卒，犯危难，平暴乱。"

疲顿 pí dùn 泛指疲劳、困乏。《三国志·魏志·任城威王彰传》："长史诸将皆以为新涉远，士马疲顿，又受节度不得过代，不可深进违令轻敌。"

疲羸 pí léi 困乏，衰弱，无力气。《后汉书·段颎传》："人畜疲羸。"

辟阖 pì hé 开合，多指纵横变化。鲁迅《汉文学史纲要》："而其文则汪洋辟阖，仪态万方，晚周诸子之作，莫能先也。"

辟雍 pì yōng 本是西周天子为贵族子弟所设的大学，取四周有水，形如璧环为名。校址呈圆形，环以水池，前门外有便桥，大学有五，南为成均，北为上庠，东为东序，西为瞽宗，中为辟雍。东汉以后，历代皆有辟雍，除北宋末年为太学之预备学校（亦称"外学"）外，均为行乡饮、大射或祭祀之礼的地方。汉·班固《白虎通·辟雍》："天子立辟雍何？所以行礼乐宣德化也。辟者，璧也，象璧圆，又以法天于雍水侧，象教化流行也。"

僻幽 pì yōu 指荒凉、僻静、幽远之处。唐·王昌龄《送任五之桂林》："羁谴同缯纶，僻幽闻虎豹。"

僻字涩句 pì zì sè jù 生僻陌生的字、词和晦涩难懂的句子。清·昭梿《啸亭杂录·诗文涩体》:"其《新唐书》好用僻字涩句,以矜其博,使人读之,胸臆间格格不纳,殊不爽朗。"

譬喻 pì yù 比喻,打比方。《荀子·非十二子》:"辩说譬喻,齐给便利,而不顺礼义,谓之奸说。"

篇籍 piān jí 书籍;文献,典籍。《三国志·魏书·袁涣传》:"今天下大难已除,文武并用,长久之道也,以为可大收篇籍,明先圣之教,以易民视听。"

翩若惊鸿 piān ruò jīng hóng 比喻美丽女子的身姿轻盈柔美。三国·魏·曹植《洛神赋》:"(洛神)其形也,翩若惊鸿,婉若游龙。"

翩跹 piān xiān 形容轻盈飘逸地旋转,舞动的样子。《红楼梦》:"刚要寻别的姊妹去,忽见面前一双玉色蝴蝶,大如团扇,一上一下,迎风翩跹,十分有趣。"

翩翾 piān xuān 轻快地飞翔。唐·白居易《感鹤诗》:"贞姿自耿介,众鸟何翩翾。"

漂杵 piāo chǔ 漂:漂浮。杵:捣物的棒槌。这里的"杵"是指古代战争中战车上所用的一种长杆兵器。漂浮起来的舂杵。形容残酷的战争频繁,致使死伤无数,流血伤亡之多。《尚书·武成》:"会于牧野,罔有敌于我师,前徒倒戈,攻于后以北,血流漂杵。"

漂撇 piāo piē 余音缭绕而相击之貌,余响清越的样子。北朝·周·王褒《洞箫赋》:"联绵漂撇,生微风兮。"

骠骑 piào qí 骠:骁勇。骑:跨坐在牲畜或其他东西上,亦指骑马的人。指擅长马上作战的勇士。《史记·卫将军骠骑列传》:"元狩二年春,以冠军侯去病为骠骑将军。"

撇曳 piě yè 纷沓。汉·扬雄《蜀都赋》:"撇曳绨索,恍惚罗畏。"

频蹙 pín cù 亦作"频顣"。皱紧眉头,表现出不愉悦。宋·叶适《财计上》:"(君子)徒从其后频蹙而议之,厉色而争之耳。"

品秩 pǐn zhì 官员的品级。清·蒲松龄《聊斋志异·席方平》:"而乃繁缨棨戟,徒夸品秩之尊;羊狠狼贪,竟玷人臣之节。"

平沙落雁 píng shā luò yàn 古琴曲名,是我国流传很广的古典标题乐曲。最早见于《古琴正宗》。内容描写沙滩上群雁起落飞鸣、回翔呼应的情景。琵琶大曲中亦有同名乐曲,以不同曲调表现相似的内容和意境。

瓶罄罍耻 píng qìng léi chǐ 罄:尽、空、无。罍:较大的盛酒容器,类似坛子的物品。小瓶里没有了酒,大坛子应引以为耻。原比喻不能均富贵是在位者的耻辱,后喻指关系密切、相互依存。或者比喻贤良的人被排挤、疏远,忠直的人受谗言所害。语出《诗·小雅·蓼莪》:"瓶之罄矣,维罍之耻。"《魏书·高句丽传》:"高丽世荷上将,专制海外,九夷黠虏,实得征之。瓶罄罍耻,谁之咎也?"

萍飘蓬转 píng piāo péng zhuǎn 萍:浮萍。蓬:蓬草。萍、蓬皆是属于不定之物。喻人行踪不定,漂泊无依的生活。清·纪昀《阅微草堂笔记·滦阳消夏录五》:"甚或金尽裘敝,耻还乡里,萍飘蓬转,不通音问者,亦往往有之。"

萍踪浪迹 píng zōng làng jì 比喻行踪不定。明·凌濛初《二刻拍案惊奇·小道人一着饶天下》:"妙观道:'天台张主,岂敢不从?只是此人不是本国之人,萍踪浪迹,嫁了他,须随着他走。小妇人是个官身,有许多不便处。'"

颇讥 pō jī 稍有讥讽。《后汉书·郑玄传》:"玄质于辞训,通人颇讥其繁。"

颇僻 pō pì 颇:倾也,邪佞。偏邪不正。汉·张衡《思玄赋》:"行颇僻而获志兮,循法度而离殃。"

婆娑 pó suō 形容优美旋转、轻盈舞动的样子。《诗·陈风·东门之枌》:"子仲之子,婆娑其下。"

笸箩 pǒ luo 以竹篾或柳条类枝干编成的一种盛器。老舍《龙须沟》:

"王大妈正坐在自己门前一个小板凳上,给二春缝着花布短褂,地上摆着一个针线笸箩。"

破绽 pò zhàn 漏洞。鲁迅《怎么写》:"做作的写信和日记,恐怕也还不免有破绽,而一有破绽,便破灭到不可收拾了。"

剖腹藏珠 pōu fù cáng zhū 西域贾胡得美珠,剖身以藏之。后来用以指人以身殉物。《红楼梦》:"黛玉道:'跌了灯值钱呢,是跌了人值钱?……怎么忽然又变出这剖腹藏珠的脾气来!'"

剖肝沥胆 pōu gān lì dǎn 意同剖心析肝。形容肝胆相照,彼此真诚相处。《三国演义》:"公乃汉朝皇叔,故剖肝沥胆以相告,公何诈也?"

剖玄析微 pōu xuán xī wēi 剖析分辨其中的玄妙深奥之理,解析极其细致认真。北齐·颜之推《颜氏家训·勉学》:"直取其清谈雅论,剖玄析微,宾主往复,娱心悦耳,非济世成俗之要也。"

铺采摛文 pū cǎi chī wén 铺排文辞辞藻,尽显华丽。南朝·梁·刘勰《文心雕龙·诠赋》:"《诗》有六义,其二曰赋。赋者,铺也。铺采摛文,体物写志也。"

铺张扬厉 pū zhāng yáng lì 极力铺陈渲染其事,且力求宣扬出去,将其发扬光大。后多指过于讲究气势排场。宋·王明清《挥尘录·前录四自跋》:"先人于是辑《国朝史述》焉,直欲追仿迁固,铺张扬厉为无穷之观。"

菩提 pú tí 佛教用词。梵文"Bodhi"的音译。意译"正觉""智""道"等。即明辨善恶是非,豁然彻悟,以明真理之意;又指人们达到觉悟境界的途径。《百喻经·驼瓮俱失喻》:"凡夫愚人,亦复如是,希心菩提,志求三乘。"唐·玄奘《大唐西域记·婆罗痆斯国》:"太子六年苦行,未证菩提。"

蒲柳之姿 pú liǔ zhī zī 蒲柳:亦叫水杨,属于质性柔弱且树叶早落的植物。常用来比喻体质虚弱或未老先衰。南朝·宋·刘义庆《世说新语·言语》:"蒲柳之姿,望秋而落;松柏之质,隆冬转茂。"

谱牒 pǔ dié 家谱。《史记·三代世表》:"余读牒记,黄帝以来皆有年数。稽其历谱牒终始五德之传，古文咸不同，乖异。”

Q

栖憩 qī qì 停留休息。南朝·梁·陶弘景《授陆敬游十赉文》：“堂坛宏敞，楼路通严，官私行止，并有栖憩。”

期期艾艾 qī qī ài ài 形容口吃的人说话结巴、不流利。明·王世贞《艺苑卮言》：“祝希哲如吃人气迫，期期艾艾；又如拙工制锦，丝理多恨。”

期颐之寿 qī yí zhī shòu 期颐：百年。意指高寿。《南齐书·褚炫传》：“使渊作中书郎而死，不当是一名士邪！名德不昌，遂令有期颐之寿。”

攲偏 qī piān 偏心一方，不站在客观公正的角度；偏袒之意。清·徐大椿《洄溪道情·劝孝歌》：“你道他作事糊涂，说话攲偏。要晓得老年人的性情，倒像了个婴年，定然是颠颠倒倒，倒倒颠颠。”

攲嵚历落 qī qīn lì luò 形容品格高洁独特，心地光明磊落。金·元好问《李进之迂轩》：“攲嵚历落从人笑，潦倒粗疏我自真。”

歧路亡羊 qí lù wáng yáng 因岔路太多无法追寻而丢失了羊。比喻因缺少明确目标和方向，难免误入歧途。明·王夫之《读四书大全说·中庸》：“诸儒之言，故为纷纠，徒俾歧路亡羊。”

祈禳 qí ráng 祈：祈祷，向神求福。禳：求助神灵以消除灾殃。《水浒传》：“张天师祈禳瘟疫，洪太尉误走妖魔。”

耆艾 qí ài 老人的代称，年五十为艾，六十为耆。《荀子·致士》：“耆艾而信，可以为师。”

畦陌 qí mò 畦：田五十亩曰“畦”。陌：田间东西方向的道路，泛指田间小路。意指田间的道路。《韩非子·外储说上》：“庸客致力而疾耘耕，尽巧而正畦陌者，非爱主人也。”

琦赂 qí lù 珍贵的财物。《后汉书·仲长统传》：“琦赂宝货，巨室不能容;马牛羊豕,山谷不能受。”

绮襦纨绔 qǐ rú wán kù 用绸缎做衣裤。代指富家子弟。《汉书·叙传》:“班伯出与王、许子弟为群,在于绮襦纨绔之间,非其好也。”

稽首 qǐ shǒu 跪下并拱手叩头至地,是古代九拜中最恭敬的一种跪拜礼。《水浒传》第十回:“那先生看了道:‘保正休怪,贫道稽首。’”

讫功 qì gōng 竣工,完工。宋·岳珂《桯史·汴京故城》:“及政和间蔡京擅国,亟奏广其规,以便宫室苑囿之奉。命宦侍董其役……一时讫功第赏,侈其事,至以表记。”

契阔 qì kuò 契:合。阔:离。合离聚散的意思,引申为辛苦之意。《后汉书·范冉传》:“奂曰:‘行路仓卒,非陈契阔之所,可共到前亭宿息,以叙分隔。’”

契密 qì mì 密切,亲密。明·凌蒙初《初刻拍案惊奇》卷三六:“平日中表兄妹,柬帖往来契密,则有之,何曾有私逃之约?”

契若金兰 qì ruò jīn lán 契:契约,指两个或两个以上没有血缘关系的人结为一种类似亲属的关系,即所谓契亲。金:指金石之坚。兰:兰花,因兰花有味而被喻指气味相投。指意气相投,关系密切、坚不可摧。南朝·宋·刘义庆《世说新语·贤媛》:“山公与嵇、阮一面,契若金兰。”

碛砾 qì lì 浅水中的沙石;沙石浅滩。《史记·司马相如列传》:“陵三嵕之危,下碛砾之坻。”

迁客骚人 qiān kè sāo rén 迁客:遭贬迁的官员。骚人:诗人。指因过失或犯罪而被降职流放的官吏和多愁善感的诗人。泛指忧愁失意的文人墨客。宋·范仲淹《范文正公文集·岳阳楼记》:“迁客骚人,多会于此,览物之情,得无异乎?”

铅刀一割 qiān dāo yī gē 铅刀:铅质的、不快的刀。铅刀虽不锋利,如果用得得当,也能将东西割断。比喻才能一般的人也能有点用处。多为谦辞。唐·吴兢《贞观政要·公平》:“铅刀一割,良工之所不重,小善不足以掩众恶也。”

铅椠 qiān qiàn 指写作，校勘。宋·陆游《即事》：“所惭贪坐睡，铅椠少新功。”

悭吝 qiān lìn 吝啬。清·吴敬梓《儒林外史》：“胡三爷是出名的悭吝。”

谦尊而光 qiān zūn ér guāng 尊者能够保持谦虚态度，因而更加显示其美德。《魏书·李彪传》：“先皇有大功二十，加以谦尊而光，为而弗有，可谓四三皇而六五帝矣。”

钳口结舌 qián kǒu jié shé 形容不敢说话或说不出话来。唐·颜真卿《论百官论事疏》：“天下之士方钳口结舌。”

黔突暖席 qián tū nuǎn xí 语见《淮南子·修务训》：“孔子无黔突，墨子无暖席。”意指孔子、墨子四处周游，每到一处，座位没有坐暖，烟囱没有熏黑，又匆匆地到别处去了。形容世事繁忙，到处奔走。汉·班固《答宾戏》：“是以圣哲之治，栖栖遑遑，孔席不暖，墨突不黔。”

遣兴陶情 qiǎn xìng táo qíng 遣兴：遣释意兴。陶情：原指男女欢会调情，又指怡悦性情。通常表示尽情尽兴。明·凌蒙初《初刻拍案惊奇·赵司户千里遗音》：“然不过是侍酒陪歌，追欢买笑，遣兴陶情，解闷破寂，实是少不得的。”

歉仄 qiàn zè 仄：心里不安。指内心深感歉意和遗憾。《红楼梦》：“只因调任海疆，未敢造次奉求，衷怀歉仄，自叹无缘。”

羌笛 qiāng dí 古代的管乐器，长二尺四寸，三孔或四孔，流行于羌人居住之地。唐·王之涣《凉州词》：“羌笛何须怨杨柳，春风不度玉门关。”

戕贼 qiāng zéi 摧残，破坏。鲁迅《未有天才之前》：“因为倘不遭了戕贼，他就会生长、成熟、老成。”

悄怆 qiāo chuàng 忧伤，凄凉。唐·柳宗元《至小丘西小石潭记》：“坐潭上，四面竹树环合，寂寥无人，凄神寒骨，悄怆幽邃。”

跷蹄蹑脚 qiāo tí niè jiǎo 也作“跷蹄辇脚”。高举脚，轻落足，意指小心翼翼。明·西周生《醒世姻缘传》：“晁大舍看见唐氏进来，倒背着手，跷蹄辇脚地走到厨屋门口。”

跷足而待 qiāo zú ér dài 语出《汉书·高帝纪》：“大臣内叛，诸将外反，亡可跷足待也。”跷足：踮起脚跟。意同翘首以盼。三国·蜀·诸葛亮《劝将士勤攻己阙教》：“自今已后，诸有忠虑于国，但勤攻吾之阙，则事可定，贼可死，功可跷足而待矣。”

敲冰戛玉 qiāo bīng jiá yù 戛玉：敲击玉片。形容声音清脆悦耳，宛如敲击玉石和冰块发出的声响。比喻乐声清润动听。宋·杨无咎《垂丝钓·邓端友席上赠吕倩倩》：“听敲冰戛玉，恨云怨雨，声声总在愁处。”

憔悴 qiáo cuì 消瘦，瘦弱。沈从文《一个传奇的故事》：“他见到时，憔悴焦黄脸上露出少有的欢喜和惊讶。”

俏倬 qiào zhuō 风流，俊俏。金·董解元《西厢记诸宫调》：“教惺惺浪儿每都伏咱。不曾胡来，俏倬是生涯。”

峭论鲠议 qiào lùn gěng yì 指措辞严厉，刚强正直。宋·李纲《论节义》：“（颜真卿）其后归朝，峭论鲠议，为奸臣所挤，殒于贼手。”

翘首跂踵 qiáo shǒu qǐ zhǒng 翘首：抬头而望。跂踵：踮起脚跟。形容盼望深切。宋·王明清《挥麈三录》：“爰自入朝以来，天下之士翘首跂踵，冀合下日以忠言摩上，不谓若今之为起居舍人者，止司记录而已也。”

钦嘉 qīn jiā 敬重而赞许。《晋书·殷浩传》：“再临神州，万里肃清，勋绩茂著，圣朝钦嘉，遂授分陕推毂之任。”

钦羡 qīn xiàn 敬慕。南朝·宋·刘义庆《世说新语·赏誉》：“张天锡世雄凉州，以力弱诣京师，虽远方殊类，亦边人之桀也。闻皇京多材，钦羡弥至。”

衾褥 qīn rù 被子和褥子。泛指卧具。《红楼梦》：“及进了房屋，云洞一般，一色的玩器全无……床上只吊着青纱帐幔，衾褥也十分朴素。”

嵚崎磊落 qīn qí lěi luò 嵚崎:亦作嵚奇,山高峻的样子,形容品格特异,与众不同。磊落:心地光明坦白。意指品格卓异,为人坦荡。清·吴敬梓《儒林外史》:"元朝末年,也曾出了一个嵚崎磊落的人,这人姓王名冕,在诸暨县乡村里住。"

秦晋之盟 qín jìn zhī méng 春秋时秦、晋两国世为婚姻,后指两姓联姻。清·蒲松龄《聊斋志异·小梅》:"年伯黄先生,位尊德重,求使主秦晋之盟,则唯命是听。"

秦庭之哭 qín tíng zhī kū《左传·定公四年》:"申包胥如秦乞师,立依于庭墙而哭,日夜不绝声,勺饮不入口,七日。秦哀公为之赋《无衣》,九顿首而坐。秦师乃出。"原指向别国请求救兵。后也指哀求别人救助。姚雪垠《李自成》:"我只能用下策,派人向绵竹作秦庭之哭。"

琴剑飘零 qín jiàn piāo líng 文人潦倒失意,落泊四方。明·钱晔《赠澄江周岐凤》:"琴剑飘零西复东,旧游清兴几时同?"

琴心剑胆 qín xīn jiàn dǎn 琴心:指内心丰富、善良敏感。剑胆:指态度凌厉果决。通常用于形容一个人内外修养到达相当高的境界。元·吴莱《寄董与几》:"小榻琴心展,长缨剑胆舒。"

擒戮 qín lù 活捉处死。唐·白居易《贺平淄青表》:"李师道包藏祸心,暴露逆节,罪盈恶稔,众叛亲离,未劳师徒,自取擒戮。"

寝不安席 qǐn bù ān xí 寝:睡、卧。席:用草或苇子编成的成片的东西,古人用以坐、卧。躺卧在枕席上却久久不能安息。形容心事重重,睡不着觉。《战国策·齐策五》:"秦王恐之,寝不安席,食不甘味。"

寝苫枕块 qǐn shān zhěn kuài 苫:草席。铺草苫,枕土块。古时宗法所规定的居父母丧的礼节。认为孝子寝卧之时,睡在草苫上的人,哀亲之在草;枕土块的人,哀亲之在土。清·张春帆《宦海》:"下了艰,却不肯守着居丧的礼节,在那寝苫枕块的时候,还要寻那阳台巫峡的风流。"

青蓝冰水 qīng lán bīng shuǐ"青出于蓝,冰寒于水"的省略语。比喻学生超过老师或后人胜过前人。清·陈康祺《燕下乡脞录》:"惜抱出于刘门,世几有青蓝冰水之喻。"

青螺 qīng luó 比喻青山。唐·刘禹锡《望洞庭》:"遥望洞庭山水翠,白银盘里一青螺。"

青梅煮酒 qīng méi zhǔ jiǔ 煮酒:暖酒。以青梅为佐酒之物的例行节令性饮宴活动。《三国演义》:"表曰:'吾闻贤弟在许昌,与曹操青梅煮酒,共论英雄;贤弟尽举当世名士,操皆不许,而独曰:天下英雄,唯使君与操耳。以曹操之权力,犹不敢居吾弟之先,何虑功业不建乎?'"

青裙缟袂 qīng qún gǎo mèi 青裙:青布裙子。缟袂:素色衣。指贫穷妇女的服饰。借指农妇,贫妇。宋·苏轼《次韵田国博部夫南京见寄二绝》之二:"火冷饧稀杏粥稠,青裙缟袂饷田头。"

倾盖如故 qīng gài rú gù 语出汉·邹阳《狱中上书自明》:"语曰:'白头如新,倾盖如故。'何则?知与不知也。"形容偶然结识的新朋友却像友谊深厚的旧故交一样。

倾筐倒庋 qīng kuāng dào guǐ 庋:放东西的架子。把大小箱子里的东西全部倾倒出来。比喻全部拿出来或彻底翻检。南朝·宋·刘义庆《世说新语·贤媛》:"王家见二谢,倾筐倒庋;见汝辈来,平平尔;汝可无烦复往。"

清新俊逸 qīng xīn jùn yì 指清新俊美,不落俗套。唐·杜甫《春日忆李白》:"清新庾开府,俊逸鲍参军。"郭沫若《南冠草》:"一来我没有屈原、杜甫那样磅礴岳岳的气概,二来我又没有曹植、庾信那样清新俊逸的才思。"

晴霁 qíng jì 霁:雨雪停止。指天气晴朗。宋·李昉《太平广记》:"如是十许日,天色晴霁,香风瑞云,弥布山谷。"

晴岚 qíng lán 岚:山间的雾气。晴日山中的雾气。宋·周邦彦《渡江云》(晴岚低楚甸):"晴岚低楚甸,暖回雁翼,阵势起平沙。"

晴曦 qíng xī 曦:早晨的阳光。指日光,太阳。《林则徐日记·道光十五年正月十五日》:"浓云欲雨……午间风转西南,遂见晴曦。"

擎跽曲拳 qíng jì qǔ quán 擎跽：拱手跪拜。曲拳：鞠躬行礼。指行跪拜之礼。《庄子·人间世》："擎跽曲拳，人臣之礼也。人皆为之，吾敢不为邪！"

擎天架海 qíng tiān jià hǎi 擎天：支撑着天。架海：航海。比喻大才干、大本领。《三国演义》："贤弟有擎天架海之才，而四海孰不惧怕！"

穹隆 qióng lóng 形容天的形状。郭沫若《女神·胜利的死》："汪洋的大海正在唱着他悲壮的哀歌，穹隆无际的青天已经哭红了他的脸面，远远的西方，太阳沉没了！"

穹庐 qióng lú 古代游牧民族居住的毡帐。元·马致远《汉宫秋》："毡帐秋风迷宿草，穹庐夜月听悲笳。"

琼糜 qióng mí 玉屑，传说食用后可以延年益寿。宋·陆游《寓叹》："自断归休君勿怪，一杯荠糁敌琼糜。"

秋浦 qiū pǔ 浦：靠近水的场所、岸边。秋季的水滨。唐·李贺《蜀国弦》："凉月生秋浦，玉沙粼粼光。"

球琳 qiú lín 比喻贤才。唐·李白《送杨少府赴选》："夫子有盛才，主司得球琳。"

区区冗冗 qū qū rǒng rǒng 指平庸无能。唐·卢照邻《对蜀父老问》："吾闻'克为卿，失则烹'，何故区区冗冗，无所成名？"

岖嵚 qū qīn 道路险阻不平。唐·孟郊《赠竟陵卢使君虔别》："归人忆平坦，别路多岖嵚。"

屈尊 qū zūn 敬辞，表示委屈对方做某事。清·吴敬梓《儒林外史》："又想道：'一个堂堂县令，屈尊去拜一个乡民，惹得衙役们笑话。'"

躯骸 qū hái 躯壳，身体。清·李渔《凤求凰·画策》："神虽王，躯骸无病心多恙。"

趋跄 qū qiàng 趋：快走。跄：行走合乎礼节。唐·元稹《王悦等可昭武校尉行左千牛备身制》："庄宪皇后侄王悦等，或勋戚荫余，或公卿贵允。佩觿有趋跄之美，释褐参侍从之荣。"

渠魁 qú kuí 渠：大。魁：为首的，居第一位的。大头目，首领。《三国演义》："孟获乃南蛮渠魁，今幸得擒了，南方便定。丞相何故放之？"

曲突徙薪 qū tū xǐ xīn 搬开灶旁柴火，将直的烟囱改成弯的。本谓预防火灾，后亦比喻事先采取措施，防患于未然。《汉书·霍光传》："人为徐生上书曰：'臣闻客有过主人者，见其灶直突，傍有积薪，客谓主人，更为曲突，远徙其薪，不者且有火患，主人嘿然不应。俄而家果失火，邻里共救之，幸而得息。'"

拳拳服膺 quán quán fú yīng 拳拳：紧握不舍，引申为恳切。服膺：铭记心中。形容态度诚恳，牢记不忘。《礼记·中庸》："回之为人也，择乎中庸，得一善则拳拳服膺，而弗失之矣。"

痊瘳 quán chōu 病愈。清·蒲松龄《聊斋志异·婴宁》："但得痊瘳，成事在我。"

痊痾 quán kē 痊愈。元·无名氏《符金锭》："众兄弟每，俺且回去，等二哥病体痊痾时，再来探望。"

芍陂 què bēi 古代水利工程，在今天的安徽寿县。《三国志》："礼躬勒卫兵御之，战于芍陂，自旦及暮，将士死伤过半。"

雀喧鸠聚 què xuān jiū jù 形容纷乱吵闹。唐·罗隐《题润州妙善前石羊》："还有市鄽沽酒客，雀喧鸠聚话蹄涔。"清·钱谦益《依韵答江上李贯之》："雀喧鸠聚亦汹汹，寂寞秋江愧卧龙。"

鹊鉴 què jiàn 鹊：喜鹊。鉴：镜子。指鹊镜，也比喻满月。唐·李峤《月》："清辉飞鹊鉴，新影学蛾眉。"

R

燃糠自照 rán kāng zì zhào 燃糠代替蜡烛用来照明，比喻勤勉好学。

宋·李昉《太平御览》:“乡中有学舍,欢贫无以受业,于舍壁后倚听,无遗忘者。夕则燃松节读书,或燃糠自照。”

瓤腴 ráng yú 瓤:皮或壳里包着的比较松软的部分。腴:土地肥沃。比喻土质松软、肥沃。清·恽敬《游罗浮山记》:“大率前后不出五十里外,为是山瓤腴之地。”

攘袂引领 rǎng mèi yǐn lǐng 攘袂:捋起衣袖。引领:伸长脖子。形容人激动、振奋,热切盼望的样子。宋·曾巩《上欧阳学士第一书》:“天下学士有志于圣人者,莫不攘袂引领,愿受指教,听教诲。”

纫兰 rèn lán 语出《楚辞·离骚》:“扈江离与辟芷兮,纫秋兰以为佩。”纫:缝缀。兰:兰草。指将兰草缝缀起来作为装饰,后用以比喻人的品德高尚纯洁。宋·辛弃疾《西江月·和赵晋臣敷文赋秋水瀑泉》:“纫兰结佩有同心,唤取诗翁来饮。”

日居月诸 rì jū yuè zhū 指光阴流逝。《诗·邶风·柏舟》:“日居月诸,胡迭而微?心之忧矣,如匪浣衣。静言思之,不能奋飞。”

戎装 róng zhuāng 军装及战场上所用的披挂。《三国演义》:“布曰:‘言极是。’遂归府收拾戎装。”

熔古铸今 róng gǔ zhù jīn 对古今知识融会贯通,得到全面透彻的理解。清·王士禛《池北偶谈·谈艺二·沧溟蔡姬》:“葆真履素,取则先民,熔古铸今,蔚为代宝。”

融融泄泄 róng róng yì yì 据《左传·隐公元年》记载,郑庄公姑息养奸,纵容其弟共叔段,段骄纵欲夺王位,最终被庄公使计打败。庄公怨其母,发誓“不及黄泉,无相见也”,随即后悔。颍考叔想出“阙地及泉,隧而相见”的计策,既顾及了庄公的面子,又解决了问题。庄公同意。“公入而赋:‘大隧之中,其乐也融融。’姜出而赋:‘大隧之外,其乐也泄泄。’”融融:和睦欢畅的样子。泄泄:和乐的样子。形容和睦快乐,心情舒畅。郑振铎《海燕》:“他们宾主间是如何的融融泄泄呀!”

蹂践 róu jiàn 踩踏。《史记·项羽本纪》:“王翳取其头,余骑相蹂践争项王,相杀者数理十人。”

蹂躏 róu lìn 欺凌,欺辱。曹禺《日出》:“翠喜大约有三十岁,一个已经受尽欺凌和蹂躏的女人。”

如坐针毡 rú zuò zhēn zhān 心神不宁,不舒坦。《三国演义》:“王子服等四人面面相觑,如坐针毡。”

襦裙 rú qún 始见于战国,兴起于魏晋。上衣叫“襦”,长度较短,一般长不过膝;下衣叫“裙”。“襦裙”即上下衣的合称。也泛指衣服。宋·苏辙《蚕麦》:“不忧无饼饵,已幸有襦裙。”

入赘 rù zhuì 男子到女方家落户当女婿。清·吴敬梓《儒林外史》:“吉时已到,叫两乘轿子,两人坐了。轿前一对灯笼,竟来入赘。”

阮囊羞涩 ruǎn náng xiū sè 阮囊:晋代阮孚的钱袋。羞涩:难为情。东晋时期,“竹林七贤”之一的阮咸的儿子阮孚与他的父亲一样高傲放荡,不与权贵同流合污。他整日衣冠不整,饮酒游玩,生活十分贫困。他穷极时口袋里只保留一枚小钱。此是宋人根据杜甫《空囊》中“囊空恐羞涩,留得一钱看”而虚构的故事。比喻手头拮据,经济窘迫。

瑞霭 ruì ǎi 瑞:瑞气,吉祥的好预兆。霭:云气。指吉祥的云气。也可用于烟雾的美称。唐·杨巨源《春日奉酬圣寿无疆词》:“瑞霭方呈赏,暄风本配仁。”

叡略 ruì lüè 睿智的谋略。《晋书·文帝纪论》:“世宗以叡略创基,太祖以雄才成务。”

弱水之隔 ruò shuǐ zhī gé 由于水道水浅而不通舟楫,只用皮筏渡过水面。古人认为水弱不能载舟,所以称弱水。比喻距离非常遥远,无法到达。清·李调元《童山集·重刻太白全集序》:“其视蓬岛十二楼,何啻三千弱水之隔乎。”

S

飒沓 sà tà 迅速，迅疾。唐・李白《侠客行》：“银鞍照白马，飒沓如流星。”

桑间濮上 sāng jiān pú shàng 语出《礼记・乐记》：“桑间濮上之音，亡国之音也。其政散，其民流，诬上行私而不可止也。”濮上：指濮水之滨。桑间在濮水之上，是古代卫国的地方。春秋时濮上以侈靡之乐闻名于世。后以“桑间濮上”指淫靡之音，形容文辞浮华艳丽。郭沫若《蔡文姬》第四幕第三场：“我弹的不是靡靡之音，我唱的也不是桑间濮上之辞。”

桑榆 sāng yú 夕阳的余晖照在桑榆树梢上，借指落日余光处。比喻晚年或将近晚年。宋・范成大《次韵郑校书参议留别》：“后会吾衰矣，桑榆一茧丝。”

搔首踟蹰 sāo shǒu chí chú 搔首：以手搔头。踟蹰：徘徊，来回走动。形容心情焦急、惶恐疑惑、犹豫不决。金庸《天龙八部》：“一时之间，大厅上怔住了两人，虚竹是满腹疑云，搔首踟蹰；段誉是怅惘别离，黯然魂销。”

瘙痒 sào yǎng 皮肤发痒。清・蒲松龄《聊斋志异・莲香》：“数日，遍体瘙痒，皮尽脱。”

臊秽 sào huì 指又腥又臭、肮脏污秽的气味。比喻丑陋邪恶的行为或低下卑贱的地位。明・张溥《汉魏六朝一百三家集・答伏义书》：“劳玉躬以役物，守臊秽以自毕。”

森郁 sēn yù 森：众多、繁盛。郁：树木丛生。形容浓郁、茂密、旺盛。叶圣陶《记金华的两个岩洞》：“在洞口抬头望，山相当高，突兀森郁，很有气势。”

僧寮 sēng liáo 寮：小屋。指僧舍。宋・陆游《剑南诗稿・贫居》：“囊空如客路，屋窄似僧寮。”

煞场 shā chǎng 一出戏的结束。《红楼梦》：“直等这出戏煞场后，更知蒋玉函极是情种，非寻常脚色可比。”

煞尾 shā wěi 文章的结束。清·吴趼人《二十年目睹之怪现状》：“是我说给金子安他们听的，直到此处一百一回的上半回，方才煞尾。且莫问有几句说话，就是数数字数，也一万五六千了。”

厦屋 shà wū 很大的屋子。唐·白居易《 有木诗八首》之八：“匠人爱芳直，裁截为厦屋。干细力未成，用之君自速。”

筛寒洒白 shāi hán sǎ bái 形容飘飞的雪花。唐·罗隐《甘露寺看雪上周相公》：“筛寒洒白乱溟濛，祷请功兼造化功。光薄乍迷京口月，影交初转海门风。”

筛滤 shāi lǜ 精挑细选。冰心《〈儿童文学选〉序》：“这是一道十分繁重的挑选筛滤的工作，我们在此表示深深的感谢！”

山肴野蔌 shān yáo yě sù 山中的野味和蔬菜。元·姚燧【中吕·满庭芳】《野趣》：“盘中物，山肴野蔌，且尽葫芦。”

杉槽漆斛 shān cáo qī hú 古代洗浴场所。宋·苏轼《宿海会寺》：“大钟横撞千指迎，高堂延客夜不扃。杉槽漆斛江河倾，本来无垢洗更轻。”

苫茨 shān cí 茅草屋顶。《新唐书·孝友传·李兴》：“坟左作小庐，蒙以苫茨，伏匿其中，扶服顿踊，昼夜哭诉。”

苫蓑 shān suō 用茅草编的遮雨物。《三国志·魏书·刘馥传》：“孙权率十万众攻围合肥城百余日，时天连雨，城欲崩，于是以苫蓑覆之。”

珊瑚在网 shān hú zài wǎng 比喻有才学的人都被聚集在一起。清·李汝珍《镜花缘》：“从此珊瑚在网，文博士本出宫中；玉尺量才，女相如岂遗苑外？”

摻袂 shǎn mèi 执袖告别。唐·李白《感时留别从兄徐王延年、从弟延陵》：“摻袂何所道，援毫投此辞。”

苫盖 shàn gài 遮盖。《西游记》：“那怪见他赶得至近，却又抠着胸膛，剥下皮来，苫盖在那卧虎石上，脱真身，化一阵狂风，径回路口。”

扇枕温衾 shàn zhěn wēn qīn 形容对父母孝顺。明·凌蒙初《初刻拍案惊奇·赵六老舐犊丧残生张知县诛枭成铁案》:“说到此处,就是卧冰哭竹,扇枕温衾,也难报答万一。”

擅便 shàn biàn 擅作主张。元·白朴《梧桐雨》楔子:“近日边臣张守珪解送失机番将安禄山,例该斩首,未敢擅便,押来请旨。”

擅宠 shàn chǒng 宠信。《荀子·仲尼》:“擅宠于万乘之国,必无后患之术,莫若好同之,援贤博施,除怨而无妨害人。”

擅国 shàn guó 指独揽国家大权。《韩非子·亡征第十五》:“大臣甚贵,偏党众强,壅塞主断而重擅国者,可亡也。”

赡恤 shàn xù 救济他人。《后汉书·顺帝纪》:“比蠲除实伤,赡恤穷匮,而百姓犹有弃业,流亡不绝。”

赡学 shàn xué 学识渊博。南朝·宋·鲍照《河清颂》(并序):“钜生大年,赡学渊闻,鞶绣成景,粉缋颢轩,徒玩井科,未睹天河。”

伤鳞入梦 shāng lín rù mèng 受恩不忘报。《宋史·外国传七·日本国》:“伤鳞入梦,不忘汉主之恩;枯骨合欢,犹亢魏氏之敌。”

商榷 shāng què 商量。徐志摩《“浓得化不开”之二(香港)》:“一层纱幕,适才睁眼纵览时顿然揭去的那一层纱幕,重复不容商榷地盖上了大地。”

商奄之变 shāng yǎn zhī biàn 指商纣之子武庚在周武王死后,联合奄、徐、薄姑等东方诸部落举行的大规模武装叛乱。章炳麟《秦政记》:“武王既殁,成王幼弱,犹有商奄之变。”

烧畲 shāo shē 为种田而烧荒。宋·陆游《村舍》(其十):“山高正对烧畲火,溪近时闻戽水声。破屋已斜犹可住,老牛虽瘠尚能耕。”

烧灼 shāo zhuó 烧伤或烫伤。方令孺《信》:“我叹息炎夏的消逝,夏,有时会烧灼我的心,忘掉生命的冷寂。”

稍逊一筹 shāo xùn yī chóu 比较起来,略微差一些。清·李渔《闲情偶寄》:“粲花五种之长,不仅在此,才锋笔藻可继还魂,其稍逊一筹者,则在气与力之间耳。”

少艾 shào ài 年轻漂亮的人。《孟子·万章上》:“知好色,则慕少艾。”

奢僭 shē jiàn 奢侈超过法度。《三国志·魏书·武帝纪》:“傅子曰:太祖愍嫁娶之奢僭,公女适人,皆以皂帐,从婢不过十人。”

奢靡 shē mí 生活奢侈浪费。吴伯箫《向海洋》:“那是喜欢冒险,喜欢到海外碰运气的。他们从你这里下关东,入日本海,去南洋群岛。甚至只凭买卖山东绸而能徘徊在奢靡的巴黎街头。”

奢遮 shē zhē 了不起。《水浒传》:“柴进笑道:‘大汉,你不认得这位奢遮的押司?’那汉道:‘奢遮,奢遮!他敢比不得郓城宋押司少些儿!’”

赊僻 shē pì 偏僻。《新唐书·姚崇传》:“崇第赊僻,因近舍客庐。会怀慎卒,崇病痁移告,凡大政事,帝必令源乾曜就咨焉。”

蛇虺 shé huǐ 比喻凶残之人。《抱朴子·释滞》:“嘘火,火为之灭;嘘虎狼,虎狼伏而不得动起;嘘蛇虺,蛇虺蟠而不能去。”

射御 shè yù 古代六艺中的射箭和御马之术。《淮南子·时则训》:“命将率讲武,肄射御,角力劲。乃命水虞渔师收水泉池泽之赋,毋或侵牟。”

涉笔成趣 shè bǐ chéng qù 涉笔:动笔。趣:风趣,意味。形容一动笔就能画出或写出很有意味和情趣的东西。鲁迅《南腔北调集·答杨邨人先生公开信的公开信》:“我确曾用这笔碰着了先生,不过也只如运用古典一样,信手拈来,涉笔成趣而已。”

涉险 shè xiǎn 进入险境。《抱朴子·仙药》:“俱以断谷不及术,术饵令人肥健,可以负重涉险,但不及黄精甘美易食,凶年可以与老小休粮,人不能别之,谓为‘米脯’也。”

赦赎 shè shú 用钱物赎罪。汉·王符《潜夫论·述赦》:“今日贼良民之甚者,莫大于数赦。赦赎数,则恶人昌而善人伤矣。”

赦宥 shè yòu 赦免。《左传·襄公十一年》:“凡我同盟,小国有罪,大国致讨,苟有以藉手,鲜不赦宥。寡君闻命矣。”

摄魂 shè hún 用法术招魂。清·李渔《闲情偶寄》:“终篇之际,当以媚语摄魂,使之执卷流连,若难遽别,此一法也。”

摄衽 shè rèn 整理衣服。《管子·弟子职》:“至于食时,先生将食,弟子馔馈。摄衽盥漱,跪坐而馈。置酱错食,陈膳毋悖。”

摄政 shè zhèng 代国君处理国家大事。《礼记·文王世子》:“昔者周公摄政,践阼而治,抗世子法于伯禽,所以善成王也。”

麝煤 shè méi 含有麝香的墨。泛指名贵的香墨。宋·杨万里《送罗永年西归》:“南溪鸥鹭如相问,为报春吟费麝煤。”

绅冕 shēn miǎn 腰带和帽子。《太平广记·再生三》:“惠连遂汤沐,具绅冕,卧于榻。”

沈腰潘鬓 shěn yāo pān bìn 南朝时的沈约晚年不得志,写信向朋友诉说自己愁苦多病,身体消瘦。西晋潘岳在《秋兴赋》里感慨人过三十,鬓发初白。后用“沈腰潘鬓”比喻憔悴衰老。南唐·李煜《破阵子》:“一旦归为臣虏,沈腰潘鬓消磨。”

哂笑 shěn xiào 嘲笑。巴金《寒夜》:“以前有人拿这个问题问过他,他还哂笑过那个人。”

甚嚣尘上 shèn xiāo chén shàng 语出《左传·成公十六年》。楚王登战车观察晋军,发现晋军极其忙乱、喧哗,于是说:“甚嚣,且尘上矣。”后以“甚嚣尘上”比喻对某人某事议论纷纷。现多指某种言论十分嚣张。毛泽东《新民主主义论》:“近来的妥协空气,反共声浪,忽又甚嚣尘上,又把全国人民打入闷葫芦里了。”

渗漉 shèn lù 液体滴流。《后汉书·恒谭冯衍列传》:“倍知厚德笃于慈父,寖淫肌肤,渗漉骨髓,德重山岳,泽深河海。”

慎独 shèn dú 谨慎对待独处。清·李伯元《官场现形记》:“我们讲理学的人，最讲究的是慎独工夫，总要能够衾影无愧，屋漏不惭。”

慎修 shèn xiū 谨慎对待修行。《荀子·王制》：“本政教，正法则，兼听而时稽之，度其功劳，论其庆赏，以时慎修，使百吏免尽而众庶不偷，冢宰之事也。”

生发未燥 shēng fà wèi zào 指胎发未干的孩童阶段。宋·陈亮《中兴论》：“昔宋文帝欲取河南故地，魏太武以为‘我自生发未燥即知河南是我境土，安得为南朝故地’。故文帝既得而复失之。”

声名鹊起 shēng míng què qǐ 声名：名声。鹊起：兴起，传扬。形容知名度快速提升。清·李斗《扬州画舫录·新城北录》（下）：“（朱文元）先在徐班，以年未五十，故无所表见，至洪班则声名鹊起，班中人称为戏忠臣。”

笙箫 shēng xiāo 管乐器中的笙和箫。徐志摩《天目山中的笔记》：“松有松声，竹有竹韵，鸣的禽，叫的虫子，阁上的大钟，殿上的木鱼，庙身的左边右边都安着接泉水的粗毛竹管，这就是天然的笙箫，时缓时急的掺和着天空地上种种的鸣籁。”

绳墨 shéng mò 规矩，法度。《吕氏春秋·分职》：“巧匠为宫室，为圆必以规，为方必以矩，为平直必以准绳。功已就，不知规矩绳墨，而赏匠巧匠之。”

绳愆 shéng qiān 纠错。南朝·梁·刘勰《文心雕龙·奏启》：“昔周之太仆，绳愆纠谬；秦有御史，职主文法；汉置中丞，总司按劾；故位在鸷击，砥砺其气，必使笔端振风，简上凝霜者也。”

绳枢 shéng shū 用绳子代替门轴。晋·陶渊明《集圣贤群辅录》（下）：“居环堵之室，荜门圭窦，瓮牖绳枢，并日而食，以道自居者，有道之儒，子思氏之所行也。”

盛筵 shèng yán 规模很大的宴会。清·蒲松龄《聊斋志异·局诈》：“家人归告侍御，侍御喜，即张盛筵，使家人往邀王。”

盛馔 shèng zhuàn 丰盛的饮食。《论语·乡党》：“有盛馔，必变色而作。”

施绯拖绿 shī fēi tuō lǜ 形容衣衫不整。清·曹寅《呼卢歌》:“袒呼不辨王与李,施绯拖绿须眉张。”

湿痹 shī bì 因湿气而导致关节疼痛之病。《抱朴子·喻蔽》:“若以所言不纯而弃其文,是治珠翳而剜眼,疗湿痹而刖足,患荑莠而刈谷,憎枯枝而伐树也。”

矢棋 shǐ qí 形容棋艺低劣。清·吴敬梓《儒林外史》:“王太大笑道:‘天下哪里还有个快活似杀矢棋的事! 我杀过矢棋,心里快活极了,那里还有得下酒!’”

矢誓 shǐ shì 宣誓。《三国志·蜀书·诸葛亮传》:“咎繇与舜、禹共谈,周公与群下矢誓故也。亮所与言,尽众人凡士,故其文指不得及远也。”

矢镞 shǐ zú 箭头。《三国志·蜀书·关羽传》:“矢镞有毒,毒入于骨。”

视如寇仇 shì rú kòu chóu 寇仇:仇人,仇敌。指像仇敌一样看待。《孟子·离娄下》:“君之视臣如土芥,则臣视君如寇雠。”

适值 shì zhí 正巧赶上。《西游记》:“适值陈光蕊在楼下经过,小姐一见光蕊人才出众,知是新科状元,心内十分欢喜,就将绣球抛下,恰打着光蕊的乌纱帽。”

恃息 shì xī 依赖气息。宋·苏轼《送蹇道士归庐山》:“物之有知盖恃息,孰居无事使出入。”

释梵 shì fàn 佛教用语,天的名称。宋·苏轼《观湖》:“须弥有顶低垂日,兜率无根下戴鳌。释梵茫然齐劫火,飞云不觉醉陶陶。”

嗜痂 shì jiā 喜爱食痂。后喻怪僻。《宋书·刘邕传》:“邕所至嗜食疮痂,以为味似鳆鱼。尝诣孟灵休,灵休先患灸疮,疮痂落床上,因取食之。灵休大惊。答曰:‘性之所嗜。’”

嗜欲 shì yù 感官欲望。《荀子·性恶》:“妻子具而孝衰于亲,嗜欲得而信衰于友,爵禄盈而忠衰于君。”

噬脐何及 shì qí hé jí 噬：咬。及：到。人的嘴巴无法咬到自己的肚脐。比喻想要补救，但为时已晚。明·许仲琳《封神演义》："如若拒抗，真火焰昆冈，俱为齑粉，噬脐何及？"

收锣罢鼓 shōu luó bà gǔ 比喻结束、结尾。清·李渔《闲情偶寄·词曲下·格局》："骨肉团聚，不过欢笑一场，以此收锣罢鼓，有何趣味。"

守拙 shǒu zhuō 处事低调，不愿多露锋芒。《红楼梦》："罕言寡语，人谓装愚；安分随时，自云守拙。"

授馆 shòu guǎn 安排住宿。《国语·周语》："膳宰不致饩，司里不授馆，国无寄寓，县无施舍，民将筑台于夏氏。"

授受不亲 shòu shòu bù qīn 旧时礼教要求男女之间不能亲手递受物品。俞平伯《风化的伤痕等于零》："原来敝国在向来的列祖列宗的统治之下，男皆正人，女皆洁妇，既言语之不通，又授受之不亲。"

兽穷则啮 shòu qióng zé niè 陷入困境中的反击。汉·韩婴《韩诗外传》："兽穷则啮，鸟穷则啄，人穷则诈。自古及今，穷其下能不危者，未之有也。"

瘦骨棱棱 shòu gǔ léng léng 瘦得连骨头都露出来。形容十分消瘦。周立波《暴风骤雨》："他屋里的，瘦骨棱棱的，一天愁到黑，愁米、愁柴，又愁盐。"

瘦骨伶仃 shòu gǔ líng dīng 形容很瘦的样子。叶圣陶《夜》："尤其是那些和善得很的，又加上瘦骨伶仃；吹口气就会跌倒似的，那简直干不了。"

抒愤 shū fèn 抒发怨愤。清·章学诚《文史通义》："《离骚》之抒愤也，则帝阙可上九天，鬼情可察九地。"

枢密使 shū mì shǐ 古代职官名。清·袁枚《随园诗话》："唐枢密使亦宦官也。五代郭崇韬、安重诲领之，遂改为宰相之要任。"

梳裹 shū guǒ 梳洗打扮。宋·柳永《定风波》(自春来)："日上花梢，莺穿柳带，犹压香衾卧。暖酥消，腻云亸，终日厌厌倦梳裹。"

梳翎 shū líng 鸟雀自己梳理羽毛。宋·陆游《溪园》:"跌宕欲忘形,溪园半醉醒。静看猿哺果,闲爱鹤梳翎。"

淑俪 shū lì 情投意合的配偶。晋·潘岳《悼亡诗》:"奈何悼淑俪,仪容永潜翳。"

淑懿 shū yì 美好的品德。《三国志·辛毗杨阜高堂隆传》:"然今宫室之所以充广者,实由宫人猥多之故。宜简择留其淑懿,如周之制,罢省其余。"

淑媛 shū yuàn 佳美的女子。《全梁文·辩命论并序》:"夷叔毙淑媛之言,子舆困臧仓之诉。圣贤且犹若此,而况庸庸者乎!"

舒泰 shū tài 舒服,舒畅。沙汀《烦恼》:"好几天来,他就看出她不舒泰,现在他更直觉到她刚才流过泪。"

舒啸 shū xiào 放声长啸。晋·陶渊明《归去来兮辞》:"登东皋以舒啸,临清流而赋诗。"

舒雁 shū yàn 鹅的别称。《仪礼·聘礼》:"众介北面,跄焉。私觌,愉愉焉。出,如舒雁。皇,且行,入门主敬,升堂主慎。"

疏慵 shū yōng 懒散。台静农《春夜的幽灵》:"我们的生活,表面虽近于一千六百年前魏晋人的麈尾清淡,其实我是疏慵,漱是悲观,而你却将跨进新的道路了。"

疏虞 shū yú 疏漏。《西游记》:"但又疏虞,尽是老孙管整。"

疏瀹 shū yuè 洗浴。《庄子·知北游》:"老聃曰:'汝齐戒,疏瀹而心,澡雪而精神,掊击而知。'"

输肝剖胆 shū gān pōu dǎn 比喻极力效忠。唐·李白《行路难》(其二):"剧辛乐毅感恩分,输肝剖胆效英才。昭王白骨萦蔓草,谁人更扫黄金台。"

蔬粝 shū lì 粗糙的饭食。清·顾炎武《寄弟纾及友人江南》(之一):"世故多迍邅,曰归未成计。疚如切中心,没齿安蔬粝。"

蔬蔌 shū sù 蔬菜的总称。宋·梅尧臣《依韵和许待制偶书》:“深屋燕巢将欲补,密房蚕蚁尚忧寒。为言楚客甘蔬蔌,白芷香牙长嫩珊。”

秫绌 shú chù 妇女女红粗劣。《史记·赵世家》:“黑齿雕题,却冠秫绌,大吴之国也。故礼服莫同,其便一也。”

秫秸 shú jiē 去穗的高粱秆。老舍《我这一辈子》:“及至扎好了秫秸,糊新纸的时候,新银花纸的面子是又臭又挂鼻子。”

赎缣 shú jiān 旧时用以赎罪的细绢。《后汉书·和帝纪》:“郡国中都官系囚死罪赎缣,至司寇及亡命,各有差。”

熟谙 shú ān 熟识。清·徐端《丙除夜泊舟东湖用白石归苕溪韵书怀》:“劳生可笑类原蚕,世路半肠更熟谙。自古诗人例如此,咸阳客舍老青衫。”

熟稔 shú rěn 非常熟悉。魏巍《东方》:“那几株永远留在记忆中的,像老朋友一样熟稔亲切的古松,也隐约可辨。”

暑溽 shǔ rù 夏天酷热潮湿。《红楼梦》:“黛玉不过前日中了些暑溽之气,本无甚大病,听见他不去,心里想:他是好吃酒听戏的,今日反不去,自然是因为昨儿气着了;再不然他见我不去,他也没心肠去。”

黍稷 shǔ jì 即农作物黍和稷。《墨子·兼爱中》:“不为大国侮小国,不为众庶侮鳏寡,不为暴势夺穑人黍稷狗彘。”

黍离之悲 shǔ lí zhī bēi 指对国家残破、今不如昔的哀叹。也指国破家亡之痛。语出《诗·王风·黍离》:“彼黍离离,彼稷之苗。行迈靡靡,中心摇摇。”宋·姜夔《扬州慢·序》:“千岩老人以为由黍离之悲也。”

署券 shǔ quàn 签约。《聊斋志异·局诈》:“某不过欲抽小数于内兄,于将军锱铢无所望。言定如干数,署券为信。”

鼠姑 shǔ gū 牡丹的别称。明·唐寅《牡丹图》:“谷雨花枝号鼠姑,戏拈彤管画成图。平康脂粉知多少,可有相同颜色无。”

曙鼓 shǔ gǔ 报晓的更鼓声。《太平广记·神仙五十五·轩辕弥明》:

"斯须，曙鼓冬冬。二子亦困，遂坐睡，及觉惊顾，已失弥明所在。"

束缊请火 shù yùn qǐng huǒ 束缊：束一扎大麻为火把。请火：借火。将麻搓成一束作为引火绳，向邻家讨火，比喻求助于人。唐·李德裕《积薪赋》："时束缊以请火，访蓬茨于善邻。"

树德务滋 shù dé wù zī 施行德政，务使其不断增长。《尚书·泰誓下》："树德务滋，除恶务本。"

恕矜 shù jīn 宽恕，原谅。明·杨柔胜《玉环记·逼女更夫》："我欲待打死你呵，只为无儿且恕矜。"

恕宥 shù yòu 宽恕。宋·王安石《化城阁》："惜哉不得往，侧坐渺难望。拥掩难恕宥，意欲铲叠嶂。登临独无语，一望一怊怅。"

庶绩 shù jì 事业，功业。《淮南子》："百工维时，庶绩咸熙，礼义修而任贤德也。故举天下之高，以为三公。"

庶士 shù shì 士兵。《荀子·正论》："庶士介而夹道。"

数典忘祖 shǔ diǎn wàng zǔ 比喻忘本。《左传·昭公十五年》："籍谈不能对。宾出，王曰：'籍父其无后乎！数典而忘其祖。'"

漱盥 shù guàn 漱口，洗脸。清·文康《儿女英雄传》："一时吃饭漱盥已毕，安老爷便命他隅坐侍谈，这才问了问京中家里一切情形。"

漱濯 shù zhuó 清洗。宋·陆游《自诘》："今晨默自语：世岂不汝容？漱濯临清流，啸歌荫长松。"

衰鬓 shuāi bìn 因年老而头发疏白。宋·陆游《感怀》："老抱遗书隐故山，镜中衰鬓似霜菅。规模肯堕管萧亚，梦想每驰河渭间。"

霜岚 shuāng lán 山中飘浮的白色云气。南朝·齐·谢朓《临楚江赋》："爰自山南，薄暮江潭。滔滔积水，袅袅霜岚。忧与江兮竟无际，客之行兮岁已严。尔乃云沉西岫，风荡中川。"

霜颅雪颔 shuāng lú xuě hàn 头发、胡须皆白。宋·陆游《悲歌行》：

"时时照水辄自笑,霜颅雪颔不可薅。"

霜霰 shuāng xiàn 霜和霰的合称。晋·陶渊明《归园田居》(其二):"桑麻日已长,我土日已广。常恐霜霰至,零落同草莽。"

爽霁 shuǎng jì 天气晴朗。唐·李华《含元殿赋》:"玉宇璇阶,云门露阙;天华爽霁,朗日朝彻。"

爽籁 shuǎng lài 箫管声;清风吹物发出的声音。宋·苏舜钦《依韵和伯镇中秋见月九日遇雨之作》:"最怜小雨洒疏竹,爽籁飒飒吹醉肥。君时传诗颇精丽,意苦泥淖不得来。"

水木清华 shuǐ mù qīng huá 水:池水、溪水。木:花木。清华:景物清秀美丽。指园林景色清朗秀丽。明·胡应麟《诗薮》:"景昃鸣禽集,水木湛清华。"

税敛 shuì liǎn 征税所得的收入。《孟子·梁惠王上》:"王如施仁政于民,省刑罚,薄税敛,深耕易耨;壮者以暇日修其孝悌忠信,入以事其父兄,出以事其长上,可使制梃以挞秦楚之坚甲利兵矣!"

睡寐 shuì mèi 打瞌睡。《庄子·知北游》:"言未卒,啮缺睡寐。被衣大说,行歌而去之,曰:形若槁骸,心若死灰,真其实知,不以故自持。"

吮嘬 shǔn zuō 合拢嘴唇吸。茅盾《青年苦闷的分析》:"你不愿意像别人那样过着猪狗一般的被践踏被损害的生活,你也不愿意像又一种别人那样过着损人肥己或是向吮嘬民众血液的魔鬼献殷勤乞怜而分得些馂余以骄妻子的生活。"

瞬睒 shùn shǎn 转瞬即逝。南朝·梁·萧衍《孝思赋》:"无一息而缓念,与四时而长切。年挥忽而莫反,时瞬睒其如电。"

瞬瞚 shùn shùn 指一眨眼的工夫。清·魏源《黄山诗》(之一):"瞬瞚失向背,尺寸分浓深。"

烁灼 shuò zhuó 光鲜的外貌。明·何景明《白菊赋》:"灿烁灼以映夕,纷委绥而明廊。"

硕儒 shuò rú 著名的学者。康有为《大同书》:"于万国之元老、硕儒、名士、美人,亦多执手、接茵、联袂、分羹而致其亲爱矣。"

硕勋 shuò xūn 功勋卓著。唐·韩云卿《唐丞相赠太子太师崔公庙碑铭》:"恢张硕勋,辉辉衡台。"

硕彦 shuò yàn 杰出的学者。清·吴敬梓《儒林外史》:"公子好客,结多少硕彦名儒;相府开筵,常聚些布衣韦带。"

斯螽 sī zhōng 蝈蝈的别称。《诗·豳风·七月》:"五月斯螽动股,六月莎鸡振羽。"

撕捋 sī lǚ 调解。老舍《四世同堂》:"凭她的口才,气派,精明和过去的劳绩,三言两语,她就会把事情撕捋清楚。"

嘶啭 sī zhuàn 声音凄清圆润。南朝·宋·颜延之《七绎》:"视华鼓之繁桴,听边笳之嘶啭,飞朱鹭以首引,逮玄云而终变。"

死生契阔,与子成说 sǐ shēng qì kuò,yǔ zǐ chéng shuō 无论生死,都要在一起,这是彼此当初的约定。《诗·邶风·击鼓》:"死生契阔,与子成说。执子之手,与子偕老。"

伺窥 sì kuī 窥探。唐·柳宗元《憎王孙文》:"蟉形决目,潜伺窥兮。膏血是利,私自肥兮。"

肆筵 sì yán 摆宴席。《诗·大雅·行苇》:"戚戚兄弟,莫远具尔,或肆之筵,或授之几,肆筵设席,授几有缉御。"

嗣爵 sì jué 承袭爵位。《后汉书·张奋传》:"光武诏奋嗣爵,奋称纯遗敕,固不肯受。"

耸壑 sǒng hè 比喻超出他人,出人头地。宋·陆游《陵霄花》:"古来豪杰人少知,昂霄耸壑宁自期?抱才委地固多矣,今我抚事心伤悲!"

讼牒 sòng dié 诉讼的书状。宋·韩琦《答孙植太博后园宴射》:"铃索声沉讼牒稀,优游大司养疏拙。斜蒿青青鲂鲙新,公醪香重醅才拨。"

颂偈 sòng jì 佛教经典中的唱颂词。《宋书·谢灵运传》："法鼓朗响，颂偈清发。"

搜辑 sōu jí 搜求、辑录材料。清·龚自珍《己亥杂诗》(五十四)："本朝七十九科矣，搜辑科名意在斯。"

搜剔 sōu tī 搜求。宋·韩维《同曼叔游高阳山》："喜我萧散人，幽奇共搜剔。息阴时一憩，贪胜还自力。"

酥醪 sū láo 用奶制成的酒。清·丘逢甲《秋怀五迭前韵》(三)："罗浮春酿慰南迁，小饮酥醪意兀然。"

夙夜匪懈 sù yè fěi xiè 亦作"夙夜匪解""夙夜不解"。形容日夜辛劳，勤奋不懈。语出《诗·大雅·烝民》："既明且哲，以保其身，夙夜匪解，以事一人。"晋·司马彪《续汉书》："嘉为卫尉，尽心事上，夙夜匪懈。"

宿儒 sù rú 年高而博学的读书人。鲁迅《朝花夕拾·从百草园到三味书屋》："因为他是渊博的宿儒，绝不至于不知道。"

粟栗 sù lì 惊恐时身上起疙瘩。清·蒲松龄《聊斋志异·聂小倩》："此剑仙将盛人头者也。敝败至此，不知杀人几何许！妾今日视之，肌犹粟栗。"

溯源 sù yuán 寻求本源。沈从文《我读一本小书同时又读一本大书》："这分性格的形成，便应当溯源于小时在私塾中逃学习惯。"

酸文假醋 suān wén jiǎ cù 假装斯文。《红楼梦》："宝玉道：'这个何妨？那一年冷天，也是你晴雯姐姐和麝月姐姐玩，我怕冻着他，还把他揽在一个被窝儿里呢。这有什么？大凡一个人，总别酸文假醋的才好。'"

蒜齑 suàn jī 大蒜的汁水。唐·张鷟《野朝佥载》："车行酒，马行炙，挫碓斩脍，硙轹蒜齑，唱夜叉歌，狮子舞。"

算缗 suàn mín 旧时赋税的一种。唐·杜甫《和严中丞西城晚眺》："帝念深分阃，军须远算缗。花罗封蛱蝶，瑞锦送麒麟。"

随物赋形 suí wù fù xíng 根据事物自身形态而描绘形象。宋·苏轼

《画水记》:“画奔湍巨浪,与山石曲折,随物赋形,尽水之变,号称神逸。”

髓骨 suǐ gǔ 喻事物的精华。元·方回《病后夏初杂书近况十首》(四):“余生自晓寸关尺,他日谁传髓骨皮。少许青梅倾斗酒,心醒貌醉尔焉知。”

岁时伏腊 suì shí fú là 岁时:一年四季。伏腊:伏日和腊日。指四季时节更换之时。《旧唐书·张九龄传》:“又以其弟九章、九皋为岭南道刺史,令岁时伏腊,皆得宁觐。”

遂迷不寤 suì mí bù wù 坚持错误而不醒悟。唐·元稹《招讨镇州制》:“如王廷凑遂迷不寤,诸道宜便进军,以时翦灭。”

笋箨 sǔn tuò 笋子的皮。宋·杨万里《风雨》:“自拾荷花揩面汗,新将笋箨制头巾。梅天笔墨都生醭,棐几文书懒拂尘。”

唆毒 suō dú 挑拨是非。《水浒传》:“只恨黄文炳那厮搜根剔齿,几番唆毒,要害我们。”

唆讼 suō sòng 唆使别人打官司。清·李汝珍《镜花缘》:“此固唆讼之人造孽无穷,亦由本人贪心自取。”

梭巡 suō xún 频繁巡逻。茅盾《子夜》:“李麻子带着他的手下人在这里一带梭巡。”

琐闼 suǒ tà 代指朝廷。唐·储光羲《奉和中书徐侍郎中书省玩白云寄颍阳赵大》:“泛滟鹓池曲,飘飖琐闼前。”

琐闱 suǒ wéi 代指宫廷。唐·王维《酬郭给事》:“晨摇玉佩趋金殿,夕奉天书拜琐闱。”

锁黛 suǒ dài 美女皱眉。明·徐霖《绣襦记·生拆鸳鸯》:“长相思愁闷怀,短相思眉锁黛。”

T

塌飒 tā sà 失意,失落。宋·范成大《阊门初泛二十四韵》:“生涯都塌飒，心曲漫峥嵘。猿鹤休多怨，菰蕈尚可羹。"

踏勘 tà kān 现场勘查。明·冯梦龙《警世通言·金令史美婢酬秀童》："乡间人纷纷地都来告荒。知县相公只得各处去踏勘，也没甚大意思。"

汰侈 tài chǐ 骄奢淫逸。明·冯梦龙《东周列国志》："景公曰：'岂非以汰侈故乎？'范鞅曰：'栾黡虽汰侈，犹可及身，其子盈必不免。'"

汰黜 tài chù 清除。宋·程大昌《演繁露续集·殿试不落人》："其时立制减去诸州解额之半，礼部以半额纽数而取，故奏名已少，及至廷试，不用汰黜也。"

汰虐 tài nüè 生活骄奢，性情残暴。《左传·襄公十四年》："栾黡汰虐已甚，犹可以免，其在盈乎。"

滩碛 tān qì 浅水下的沙石滩。宋·柳永《六幺令》（淡烟残照）："昨夜扁舟泊处，枕底当滩碛。波声渔笛。惊回好梦，梦里欲归归不得。"

谈霏玉屑 tán fēi yù xiè 言辞美妙而流畅。宋·欧阳澈《显道辞中以诗示教因和韵复之》："谈霏玉屑惊人听，歌和阳春满坐谣。"

谈谐 tán xié 谈笑。晋·陶渊明《乞食》："主人解余意，遗赠岂虚来。谈谐终日夕，觞至辄倾杯。"

弹黜 tán chù 弹劾黜免。《晋书·李重列传》："在职三年，弹黜四县。"

弹劾 tán hé 揭发违法失职的官员并追究责任。《旧唐书·李石列传》："从前宰相用人，有过，曲为蔽之，不欲人弹劾，此大谬也。"

袒裼 tǎn xī 裸露上肢。唐·刘禹锡《武夫词》："家产既不事，顾盼自生光。酣歌高楼上，袒裼大道傍。"

弹铗 tán jiá 战国时孟尝君门客冯谖为引起主人重视，多次弹剑柄而歌。后以"弹铗"指寄食于权门。唐·方干《滁上怀周贺》："侯门昔弹铗，曾共食江鱼。"

搪塞 táng sè 敷衍塞责，随便应付。张爱玲《洋人看京戏及其他》："自己对自己也爱用借口来搪塞，因此中国人是不大明了他自己的为人的。”

谭柄 tán bǐng 谈资。清·王韬《瓮牖馀谈·神怪》："天下神怪之事，皆作如是观耳，偶诘诘此以作谭柄。"

谭思 tán sī 深究。《晋书·隐逸传·龚壮》："惟研考经典，谭思文章。"

谭艺 tán yì 探讨文章。梁启超《〈曾刚父诗集〉序》："时或就其所居之潮州馆共住，每瀹茗谭艺，达夜分为常。"

潭壑 tán hè 幽深的山谷。南朝·宋·鲍照《登大雷岸与妹书》："创古迄今，舳舻相接。思尽波涛，悲满潭壑。"

潭隩 tán yù 水涯幽深、弯曲之处。晋·郭璞《江赋》："扬皓毦，擢紫茸。荫潭隩，被少江。"

檀郎谢女 tán láng xiè nǚ 喻指多才而钟情的青年男女。檀：潘岳。谢：谢道韫。唐·李贺《牡丹种曲》："檀郎谢女眠何处，楼台月明燕夜语。"

檀栾 tán luán 秀美的竹子。汉·枚乘《梁王菟园赋》："修竹檀栾，夹池水，旋菟园，并驰道，临广衍，长冗故。"

叨陪 tāo péi 谦辞。荣幸地陪伴侍奉或追随。聂绀弩《兔先生的发言》："叨陪末座的是我们的兔先生。"

傥莽 tǎng mǎng 隐晦不明。三国·魏·阮籍《清思赋》："时傥莽而阴曀兮，忽不识乎旧宇。"

叨陪鲤对 tāo péi lǐ duì 指接受父亲的教诲。唐·王勃《滕王阁序》："他日趋庭，叨陪鲤对；今兹捧袂，喜托龙门。"

趟马 tàng mǎ 戏曲中表演骑着马走或跑的一套程式动作。戴嘉枋《钱浩梁的人生浮沉》："直到钱浩梁上了场，走出趟马的那个大'跺泥'，稳稳当当地跺在台上，博得了满堂彩后，大家才长嘘了一口气！"

陶钧 táo jūn 制作陶器所用的转轮。比喻治国的大道。《史记·鲁仲连邹阳列传》："是以圣王制世御俗，独化于陶钧之上。"

腾挪 téng nuó 挪动(多指款项或地方)。老舍《方珍珠》:"万一李将军真跟你捣捣乱,有我替你负一部分责任,也许有个闪展腾挪,不至于教你一个人蛤蟆垫桌腿儿,死挨!"

誊写 téng xiě 照底稿抄写。曾卓《诗人的两翼》:"他在床边坐了许久,膝上摊开着一张誊写乐谱的稿纸。"

踢蹬 tī deng 脚乱蹬乱踢。老舍《生灭》:"纯的胖腿踢蹬起来。"

提要钩玄 tí yào gōu xuán 抓其要点,探其精微。语出唐·韩愈《进学解》:"记事者必提其要,纂言者必钩其玄。"清·陈澧《与王峻之书》:"读记事、纂言之书,博矣,详也。提要钩玄,则已约矣。"

题跋 tí bá 写在书籍、字画等前后的文字。老舍《恋》:"他给他们讲说那小名家的历史、作风和字或画上的图章与题跋。"

天理昭彰 tiān lǐ zhāo zhāng 天道公平,善恶无所掩藏。清·魏秀仁《花月痕》:"天理昭彰,他要害我们闹出一场故事,不想他自己倒闹出一场笑话了。"

天尊地卑 tiān zūn dì bēi 天处于高的位置,地处于低的位置。《周易·系辞上》:"天尊地卑,乾坤定矣。卑高以陈,贵贱位矣。动静有常,刚柔断矣。方以类聚,物以群分,吉凶生矣。在天成象,在地成形,变化见矣。"

田畴 tián chóu 田地。《国语·周语下》:"若夫山林匮竭,林麓散亡,薮泽肆既,民力雕尽,田畴荒芜,资用乏匮,君子将险哀之不暇,而何易乐之有焉?"

恬淡 tián dàn 不追求名利;淡泊。张爱玲《说胡萝卜》:"虽说不上恬淡隽永,至少放在报章杂志里也可以充充数。"

舔舐 tiǎn shì 用舌头舔东西。迟子建《额尔古纳河右岸》:"我还没有尝过被喜欢的人所舔舐的滋味,我不能离开这个世界,我一定要活下去!"

迢遥 tiáo yáo 遥远,久远。臧克家《老舍永在》:"生命的道路迢遥,伟大的文艺作家,是以八千岁为春、八千岁为秋的。"

调嘴 tiáo zuǐ 耍嘴皮子。《西游记》:“樵子道:‘和尚不要调嘴。那妖怪随身有五件宝贝,神通极大极广。就是擎天的玉柱,架海的金梁,若保得唐朝和尚去,也须要发发昏是。’”

廷杖 tíng zhàng 明代皇帝惩处官员的一种刑罚。杖责朝臣于殿阶下。《明史·刑法志》:“刑法有创之自明,不衷古制者,廷杖、东西厂、锦衣卫、镇抚司狱是已。是数者,杀人至惨,而不丽于法。踵而行之,至末造而极。举朝野命,一听之武夫、宦竖之手,良可叹也。”

庭燎 tíng liáo 宫廷中照亮的火炬。《诗·小雅·庭燎》:“夜如何其?夜未央,庭燎之光。”

彤云 tóng yún①红霞。鲁迅《湘灵歌》:“湘灵妆成照湘水,皎如皓月窥彤云。”②下雪前密布的阴云。茅盾《残冬》:“要是阴天,西北风吹那些树枝叉叉地响,彤云像快马似的跑过天空,稻场上就没有活东西的影踪了。”

童稚 tóng zhì 小孩子。唐·李白《下终南山过斛斯山人宿置酒》:“相携及田家,童稚开荆扉。”

曈昽 tóng lóng 月亮初出,天微微亮。唐·沈佺期《关山月》:“汉月生辽海,曈昽出半晖。”

曈朦 tóng méng 微明的样子。唐·陶翰《宿天竺寺》:“湖色浓荡漾,海光渐曈朦。”

瞳孔 tóng kǒng 虹膜中心的圆孔,光线通过瞳孔进入眼内。王朔《橡皮人》:“表情肌僵直,眼无瞳孔。”

捅楼子 tǒng lóu zi 引起纠纷;惹祸。曹禺《雷雨》(第四幕):“你又要给我捅楼子?”

恸哭 tòng kū 放声痛哭,号哭。宋·王安石《叹息行》:“官驱群囚入市门,妻子恸哭白日昏。”

投闲置散 tóu xián zhì sǎn 投、置:安放。闲、散:没有事干。指被安排到不重要的职位,不受重用。唐·韩愈《进学解》:“动而得谤,名亦随之。

投闲置散，乃分之宜。”

荼荠 tú qí 荼、荠都是菜的名称。荼味苦，荠味甘，比喻小人与君子。《楚辞·九章》：“故荼荠不同亩兮，兰茝幽而独芳。”

屠戮 tú lù 屠杀。鲁迅《花边文学》：“朝廷自古多屠戮，此理今凭实验传。”

兔葵燕麦 tù kuí yàn mài 形容蔓草丛生，景象荒凉。宋·周邦彦《夜飞鹊·河桥送人处》：“兔葵燕麦，向残阳，影与人齐。”

兔死狗烹 tù sǐ gǒu pēng 打猎时需要狗的帮助，但是当兔子死后，狗便失去了作用，猎狗就被烹食。比喻事成被弃，多用来指统治者功成之后杀戮有功之人。语出《史记·越王勾践世家》：“范蠡遂去，自齐遗大夫（文）种书曰：‘蜚鸟尽，良弓藏；狡兔死，走狗烹。越王为人长颈鸟喙，可与共患难，不可与共乐。子何不去？’”

抟鹏 tuán péng 盘旋、飞翔在万里高空的大鹏。比喻志向宏远者。唐·骆宾王《上李少常启》：“栖榆弱羽，徒仰抟鹏之高。”

抟沙嚼蜡 tuán shā jiáo là 抟沙不能成形，嚼蜡毫无滋味。比喻空虚无味。元·杨立斋《哨遍》：“世事抟沙嚼蜡，等闲荣辱休惊讶。”

推燥居湿 tuī zào jū shī 把床上干燥处让给幼儿，自己睡在幼儿便溺后的湿处。极言抚育幼儿的辛劳。《后汉书·独行传·李善》：“亲自哺养，乳为生湩，推燥居湿，备尝艰勤。”

颓龄 tuí líng 衰老之年。郭沫若《瓶》：“我昨天还好像是个少年，却怎么便到了这样的颓龄！”

颓靡 tuí mǐ 颓丧，不振作。王朔《你不是一个俗人》：“一天的工作结束，大家都像被扎了的轮胎瘪了下去，个个精神颓靡。”

橐侣 tuó lǚ 同伙。宋·岳珂《桯史·部胥增损文书》：“鞫其橐侣，凡十余辈，散迹所往，咸絷而来。”

拓本 tà běn 把碑刻、铜器等文物的形状和上面的文字、图像拓下来的纸本。鲁迅《朝花夕拾》:"但现在手头既没有拓本,也没有《金石萃编》,不能查考了。"

唾壶击缺 tuò hú jī quē 唾壶:旧时一种小口巨腹的吐痰器皿。击:敲打。缺:残破。形容心情忧郁愤恨或感情奋发昂扬。语出南朝·宋·刘义庆《世说新语·豪爽》:"王处仲(王敦)每酒后辄咏'老骥伏枥,志在千里。烈士暮年,壮心不已'。以如意打唾壶,壶口尽缺。"

W

纨扇 wán shàn 用细绢做成的团扇。宋·李清照《多丽》:"渐秋阑,雪清玉瘦,向人无限依依。似愁凝、汉皋解佩,似泪洒、纨扇题诗。"

万签插架 wàn qiān chā jià 形容藏书甚多。语出唐·韩愈《送诸葛觉往随州读书》:"邺侯家多书,插架三万轴。一一悬牙签,新若手未触。"宋·陆游《寄题徐载叔秀才东庄》:"万签插架号东庄,多稼连云亦何有。"

望风披靡 wàng fēng pī mǐ 比喻军队毫无斗志,远远看到对方没交锋就溃散了。汉·司马相如《上林赋》:"望风披靡,吐芳扬烈。"

韦裤布被 wéi kù bù bèi 熟皮叫韦,生皮称革。用熟皮做裤子,用粗布做被,形容生活很节俭。《后汉书·祭遵传》:"遵为人廉约小心,克己奉公,赏赐辄尽与士卒,家无私财,身衣韦裤布被,夫人裳不加缘,帝以是重焉。"

帏屏 wéi píng 帏:同"帷",围也,帐幕。指帷帐和屏风。借指歇息之所,即内室。晋·潘岳《悼亡诗》:"帏屏无仿佛,翰墨有余迹。"唐·白居易《昭君怨》:"只得当年备宫掖,何曾专夜奉帏屏。"

唯唯诺诺 wéi wéi nuò nuò 答应的声音。形容自己没有主意,一味附和,恭顺听从的样子。俞平伯《梦记》:"我唯唯诺诺,很懂得的神气。"

帷幔 wéi màn 帐幕。曹禺《雷雨》:"四凤拉开窗前的帷幔。"

萎谢 wěi xiè(花草)干枯凋谢。老舍《四世同堂》:"她明白,自己是一朵快要萎谢的花儿。"

味同嚼蜡 wèi tóng jiáo là 像吃蜡一样,没有一点味儿。形容语言或文章枯燥无味。清·吴敬梓《儒林外史》:"世人一见了功名,便舍着性命去求他,及至到手之后,味同嚼蜡。"

慰藉 wèi jiè 安慰。鲁迅《〈呐喊〉自序》:"有时候仍不免呐喊几声,聊以慰藉那在寂寞里奔驰的猛士,使他不惮于前驱。"

慰唁 wèi yàn 慰问(死者的家属)。钱钟书《围城》:"自己既享自由之乐,愿意旁人减去悲哀,于是向未过门丈人处去了一封慰唁的长信。"

魏颗结草 wèi kē jié cǎo 受恩深重,竭力报效之意。《左传·宣公十五年》载:春秋时期晋国大夫魏颗没有听从父亲以嬖妾殉葬的遗命而遣嫁之,后与秦将杜回战于辅氏。"颗见老人结草以亢杜回,杜回踬而颠,故获之。夜梦之曰:'余,而所嫁妇人之父也。尔用先人之治命,余是以报。'"

魏阙 wèi què 古代宫门外的建筑,是发布政令的地方,后为朝廷的代称。闻一多《关于儒·道·土匪》:"所谓'身在魏阙,心在江湖',和'大隐隐朝市'者,是儒、道合作中更高一层的境界。"

文韬武略 wén tāo wǔ lüè 文武两方面的谋略。《水浒传》:"你便有文韬武略,怎逃出地网天罗?"

文章憎命 wén zhāng zèng mìng 谓有文才的人总是命运不好。清·李宝嘉《官场现形记》:"等到出榜之后,杨仁领出落卷来一看,见是如此,不禁气愤填膺,不怪自己错了韵,反骂主司去取不公,叹自己文章憎命。"

文昭武穆 wén zhāo wǔ mù 原指文王的子孙众多。后泛称子孙繁衍。南朝·陈·徐陵《劝进梁元帝表》:"其文昭武穆,跗萼也如彼;天平地成,功业也如此。"

瓮声瓮气 wèng shēng wèng qì 形容声音粗大而低沉。老舍《春华秋实》:"外面管清波瓮声瓮气地叫。"

涡流 wō liú 流体形成旋涡的运动,也指旋涡。王朔《顽主》:"杨重拉起刘美萍，于观和马青各自拽起一个坐着观看的姑娘加入了人群的涡流。”

蜗角虚名 wō jiǎo xū míng 指微不足道的空名。宋·苏轼《满庭芳》：“蜗角虚名，蝇头微利，算来着甚干忙。”

蜗居 wō jū 比喻窄小的住所。许纪霖《朱自清与现代中国的民粹主义》：“在北平的时候，大学教授们蜗居在大学校园，对社会一般民众的生活有所耳闻，但毕竟感受不深。”

渥泽 wò zé 滋润。多用来比喻恩泽、恩惠。《后汉书·邓骘传》：“过以外戚，遭值明诗，托日月之末光，被云雨之渥泽，并统列位，光昭当世。”

瓁洛 wò luò 洼地积水。《管子·轻重丁》：“请以令决瓁洛之水通之杭庄之间。”

诬蔑 wū miè 捏造事实败坏别人的名誉。鲁迅《朝花夕拾》：“以不情为伦纪，诬蔑了古人，教坏了后人。”

芜秽 wú huì 形容乱草丛生。《楚辞·离骚》：“虽萎绝其亦何伤兮，哀众芳之芜秽，众皆竞进以贪婪兮，凭不厌乎求索。”

吴市吹箫 wú shì chuī xiāo 亦作“吴市之箫”。春秋时伍子胥为报父兄之仇，自楚逃至吴，曾吹箫乞食于吴市。后称街头乞食为“吴市吹箫”。亦比喻过艰苦的流亡生活。马君武《去国辞》：“行矣高丘更无女，频年吴市倦吹箫。”

五经魁首 wǔ jīng kuí shǒu 明清时期，科举分“五经”（《诗经》、《尚书》、《礼记》、《周易》、《春秋》）取士，每经第一名称魁首，同时取得各经第一名的人被称为五魁首。巴金《秋》：“她看见两人面前的酒杯都斟满了，便望着琴做了手势，然后把手放出去，一面叫道：‘五经魁首’。”

五陵年少 wǔ líng nián shào 京都富豪子弟。唐·白居易《琵琶行》：“五陵年少争缠头，一曲红绡不知数。”

侮谩 wǔ màn 对人态度傲慢无礼。郭沫若《蔡文姬》：“你想，我们的祖先冒顿单于，他是打败过汉高祖，侮谩过吕太后的人。”

舞弊 wǔ bì 用欺骗的方式做违法乱纪的事情。钱钟书《灵感》:"'公'字呢,那无非表示本机关办事的公平、公正,绝不纳贿舞弊,冤屈好人错投了胎。"

恶紫夺朱 wù zǐ duó zhū 比喻邪压过了正。《论语·阳货》:子曰:"恶紫之夺朱也,恶郑声之乱雅乐也,恶利口之覆邦家者。"

晤面 wù miàn 见面。沈从文《水云》:"依然那么脆弱而羞怯,用少量言语、多量微笑或沉默来装饰我们的晤面。"

雾霭 wù ǎi 雾气。徐志摩《印度洋上的秋思》:"轻漾着一种悲喟的声调,轻染着几痕泪化的雾霭。"

雾霾 wù mái 雾和霾的合称。指空气中悬浮着大量水气和有害颗粒而形成的能见度较低的天气现象。有时也单指浓雾。王尔德《夜莺与蔷薇》:"起初,花儿是乳白色的,就像悬在河上的雾霾——白得就如同早晨的足履,白得就像黎明的翅膀。"

X

犀利 xī lì 锋利,锐利,指刀、剑之类。茅盾《沙滩上的脚迹》:"他还写了一些犀利的杂文,发表在《华商报》副刊和秦似主编的《野草》上。"

犀燃烛照 xī rán zhú zhào 犀:犀牛。烛照:照耀,照亮。传说燃犀牛角可以使水中通明,真相毕现。比喻洞察事理,明察幽微。清·王韬《使才》:"使臣行辕宜设译官数员,汇观各处日报而撷取要略,译以华文,寄呈总理衙门,则泰西迩日之情形,正如犀燃烛照,无所遁形。"

锡箔 xī bó 上面涂着一层薄锡的纸。鲁迅《朝花夕拾》:"他的父亲是开锡箔店的;听说现在自己已经做了店主,而且快要升到绅士的地位了。"

锡杖 xī zhàng 佛教的杖形法器,头部装有锡环。余秋雨《莫高窟》:"他叫乐樽,戒行清虚,执心恬静,手持一支锡杖,云游四野。"

熙熙 xī xī 温和欢乐的样子。唐·柳宗元《捕蛇者说》:“盖一岁之犯死者二焉,其余则熙熙而乐。”

席珍待聘 xí zhēn dài pìn 席珍:座席上珍贵的宝物。待聘:待用。喻指儒家名流,或者指其美善广博的才学以待用。《礼记·儒行》:“儒有席上之珍以待聘。”

徙木立信 xǐ mù lì xìn 通过使人搬动木头而树立威信。《史记·商君列传》:“孝公既用卫鞅,鞅欲变法,恐天下议己。令既具,未布,恐民之不信,已乃立三丈之木于国都市南门,募民有能徙置北门者予十金。民怪之,莫敢徙。复曰:‘能徙者予五十金。’有一人徙之,辄予五十金,以明不欺。卒下令。”

屣履 xǐ lǚ 形容急忙的样子。唐·韩愈《后汉三贤赞》:“衣不及带,屣履出迎。”

遐篇 xiá piān 以前的文献记载,过去的经典典籍。南朝·梁·简文帝《和籍田》:“《礼》、《经》闻往说,观宝著遐篇。”

瑕不掩瑜 xiá bù yǎn yú 比喻缺点掩盖不了优点,优点是主要的。《晋书·周顗传论》:“顗招时论,尤其酒德,《礼经》曰‘瑕不掩瑜’,未足韬其美也。”宋·邵博《闻见后录》卷四:“惜哉仲淹,寿不永乎!非不废是,瑕不掩瑜。虽不至于圣,其圣人之徒与!”

暇豫 xiá yù 悠闲逸乐。冰心《寄小读者》:“我扶轮屏息,偶然侧首看见阑旁士女,容色暇豫,言笑晏晏,始恍然知自己一身责任之重大。”

霞帔 xiá pèi 中国古代妇女礼服的一部分,类似披肩。《红楼梦》:“大嫂子还要戴凤冠穿霞帔呢。”

霞绡雾縠 xiá xiāo wù hú 华美轻软的丝织品。借指用这种丝绸制成的衣服。明·王錂《春芜记·瞥见》:“看他霞绡雾縠胜飞仙,步翩跹,新妆娇艳。”

罅漏 xià lòu 揭露。宋·苏轼《飓风赋》:“补茅屋之罅漏,塞墙垣之隤缺。”

挦绵扯絮 xián mián chě xù 雪花纷飞的样子。形容雪下得大。元·无名氏《渔樵记》:“恰便似粉妆成殿阁楼台,有如那挦绵扯絮随风洒。”

涎脸饧眼 xián liǎn táng yǎn 嬉皮笑脸,挤眉弄眼。形容轻佻相。茅盾《虹》:“像卫队似的,梅女士前后左右总有四五个涎脸饧眼的恶少。”

涎皮赖脸 xián pí lài liǎn 厚着脸皮纠缠,惹人厌烦。《红楼梦》:“黛玉将手一摔道:‘谁和你拉拉扯扯的!一天大似一天,还这么涎皮赖脸的,连个理也不知道。’”

涎玉沫珠 xián yù mò zhū 流出美玉,吐出珍珠。比喻水花四溅的美丽景象。唐·樊宗师《绛守居园池记》:“木腔瀑三丈余,涎玉沫珠。”

衔酷 xián kù 心怀惨痛之情。鲁迅《中国小说史略》:“孝子衔酷,用此复仇。”

衔枚疾走 xián méi jí zǒu 枚:像筷子一样的东西,两头有带,可系于颈上。疾走:快走。形容夜晚秘密急行军。宋·欧阳修《秋声赋》:“又如赴敌之兵,衔枚疾走,不闻号令,但闻人马之行声。”

献酬 xiàn chóu 谓饮酒时主客互相敬酒。泛指斟饮。《史记·孔子世家》:“献酬之礼毕,齐有司趋而进曰:‘请奏四方之乐。’”

献馘 xiàn guó 古时出战杀敌,割取左耳,以献上论功。馘:被杀者之左耳。亦泛指奏凯报捷。《三国演义》:“献馘或功勋重,开疆展帝畿。”

湘累 xiāng lèi 指屈原投湘水而死。《汉书·扬雄传》:“钦吊楚之湘累。”

湘灵鼓瑟 xiāng líng gǔ sè 语出《楚辞·远游》:“使湘灵鼓瑟兮,令海若舞冯夷。”湘灵:古代传说中的湘水女神。鼓瑟:弹瑟。指湘水女神弹奏古瑟。

享祈 xiǎng qí 享:通“飨”,指祭祀。祈:祈祷,向神求福。享祈乃祭神求福之意。汉·崔骃《北巡颂》:“禋洁享祈,歆尝百神。”

向隅 xiàng yú 面对着屋子的角落。比喻因孤独而伤心。清·蒲松龄《聊斋志异·促织》:“夫妻向隅,茅舍无烟,相对默然。”

橡饭菁羹 xiàng fàn jīng gēng 以橡实作饭,芜菁为羹。泛指饮食粗劣。唐·陆龟蒙《幽居赋》:“橡饭菁羹,笑谋生之太简。”

骁骑 xiāo qí 勇猛的骑兵。三国·魏·曹丕《浮淮赋》:“武将奋发,骁骑赫怒。”

宵衣旰食 xiāo yī gàn shí 天不亮就穿衣起身,天黑了才吃饭。形容非常勤劳。多用以称颂帝王勤于政事。茅盾《关于长篇历史小说〈李自成〉》:“崇祯的宵衣旰食,励精图治,反而加速了明王朝覆灭的进度。”

宵鱼垂化 xiāo yú chuí huà 用来颂扬地方官善于教化。《吕氏春秋·具备》载,春秋时孔子弟子宓子贱治亶父(今山东省单县),体圣人之化,三年,夜间捕鱼的人能将所得小鱼重归水中。

萧规曹随 xiāo guī cáo suí 萧:萧何。曹:曹参。汉初萧何为丞相,制定律令制度,后曹参继萧何为相,完全根据萧何的成规办事。比喻按照前人的成规办事。汉·扬雄《解嘲》:“夫萧规曹随,留侯画策,陈平出奇,功若泰山,响若阺隤,唯其人之赡知哉,亦会其时之可为也。”

萧郎陌路 xiāo láng mò lù 萧郎:旧时泛指女子所爱恋的男子。陌路:过路人。比喻女子对原来爱恋的男子视若路人,不愿或不能接近。唐·崔郊《赠婢诗》:“侯门一入深如海,从此萧郎是路人。”

萧瑟 xiāo sè 语出《楚辞·九辩》:“悲哉!秋之为气也。萧瑟兮,草木摇落而变衰。”凋零,冷落,凄凉。南朝·宋·沈约《宋书·乐三》:“秋风萧瑟天气凉,草木摇落露为霜。”

萧森 xiāo sēn 萧:冷落,没有生气。草木凋零谢落、衰弱败坏的样子。宋·陆游《剑南诗稿》:“一片云生更作阴,东轩草树共萧森。”

销声匿迹 xiāo shēng nì jì 隐藏声音和踪迹,不公开露面。鲁迅《书信集·致时玳》:“假使中途来了压迫,那么,指导的英雄一定首先销声匿迹,或者声明脱离,和小会员更不相干了。”

箫韶九成 xiāo sháo jiǔ chéng 箫韶:虞舜时的乐章。九成:九章。指箫韶音乐奏了九章。《尚书·益稷》:“箫韶九成,凤凰来仪。”

晓风残月 xiǎo fēng cán yuè 谓晨风轻拂,残月在天,情景冷清。常借以抒写离情。唐·韩琮《露》:“几处花枝抱离恨,晓风残月正潸然。”宋·柳永《雨霖铃》:“多情自古伤离别,更那堪、冷落清秋节。今宵酒醒何处?杨柳岸、晓风残月。”

啸聚山林 xiào jù shān lín 啸聚:互相招呼着聚合起来。指反抗反动统治而聚众起事。《水浒传》:“我这伙好汉,非比啸聚山林之辈。”

楔子 xiē zi ①一端平厚、一端扁锐的竹木片。多用于插入榫缝或空隙中,起固定或堵塞作用。《水浒传》:“水底下早钻起三四百水军,尽把船尾楔子拔了,水都滚入船里来。”②比喻插进去的人或事物。唐·平铸《转战江淮河汉》:“(我军)把第一个楔子塞进了敌人防守的南岸。”③戏曲、小说的引子。一般在篇首,用以点明、补充正文。元杂剧也有在本与本或折与折间使用。清·李渔《闲情偶寄·词曲上·格局》:“元词开场,止有冒头数语,谓之‘正名’,又曰‘楔子’。”清·吴敬梓《儒林外史》:“究竟王冕何曾做过一日官?所以表白一番。这不过是个楔子,下面还有正文。”

蝎谮 xiē zèn 指从内部传来的谗言。《国语·晋语一》:“虽蝎谮,焉避之?”韦昭注:“蝎,木虫也。谮从中起,如蝎食木,木不能避也。”

邪僻 xié pì 又作“邪辟”。乖谬不正的性格,言语、行为别扭乖张,不合情理。《荀子·劝学》:“故君子居心择乡,游必就士,所以防邪僻而近中正也。”

挟山超海 xié shān chāo hǎi 比喻难以做到的事。梁启超《少年中国说》:“于此人也,而欲望以拿云之手段,回天之事功,挟山超海之意气,能乎不能?”

泻卤 xiè lǔ 含有过多盐碱成分不适于耕种的土地。《史记·货殖列传》："故太公望封于营丘，地泻卤。"

谢家咏雪 xiè jiā yǒng xuě 东晋太傅谢安，尝于雪天与子侄集会论文赋诗。俄而雪骤，安欣然曰："白雪纷纷何所似？"侄儿谢朗曰："撒盐空中差可拟。"侄女谢道韫曰："未若柳絮因风起。"安大笑乐。后遂以"谢家咏雪"作为咏雪的典故。

心广体胖 xīn guǎng tǐ pán 语出《礼记·大学》："富润屋，德润身，心广体胖。"原指人心胸开阔，外貌就安详。后用来指心情畅快，生活安逸，因而身体发胖。钱钟书《猫》："结婚十年来，李先生心广体胖，太太叫他好丈夫，太太的朋友说他够朋友。"

心痒难挝 xīn yǎng nán zhuā 心里有某种想法或者情绪起伏不定，无法克制。《西游记》："忽抬头，见他的那金箍棒靠在东壁，喜得他心痒难挝。"

薪尽火传 xīn jìn huǒ chuán 柴虽燃尽，火种仍能留传。比喻思想体系、学问或技艺代代相传。清·吴敬梓《儒林外史》："风流云散，贤豪才色总成空；薪尽火传，工匠市廛都有韵。"

衅面吞炭 xìn miàn tūn tàn 谓毁容变声。表示蓄志报仇。《汉书·贾谊传》："赵灭智伯，豫让衅面吞炭，必报襄子，五起而不中。"颜师古注："郑氏曰：'衅，漆面以易貌；吞炭，以变声也。'衅，熏也，以毒药熏之。"

衅钟 xìn zhōng 古代杀畜以血涂钟行祭。《孟子·梁惠王上》："王坐于堂上，有牵牛而过堂下者，王见之，曰：'牛何之？'对曰：'将以衅钟。'"

星离雨散 xīng lí yǔ sàn 比喻在一起的人纷纷别离了。唐·李白《忆旧游寄谯郡元参军》："当筵意气凌九霄，星离雨散不终朝。"

腥臊膻香 xīng sāo shān xiāng 指鸡、犬、羊、牛的各种气味。《周礼·天官·内饔》："辨腥臊膻香之不可食者。"郑玄注："腥臊膻香可食者，是别其不可食者。"

行眠立盹 xíng mián lì dǔn 形容极度疲倦，无精神。元·马致远《陈抟高卧》："若做官后，每日价行眠立盹，休，休，枉笑杀凌烟阁上人。"

杏脸桃腮 xìng liǎn táo sāi 脸似杏花白，腮如桃花红。形容女子的容貌白皙而红润，非常美丽。《水浒传》："杏脸桃腮，酝酿出十分春色；柳眉星眼，妆点就一段精神。"

兄弟阋墙 xiōng dì xì qiáng 语见《诗·小雅·常棣》："兄弟阋于墙，外御其务。"阋：争斗。墙：这里指家墙之内。表示同胞内斗，常喻指内部之争。郭沫若《棠棣之花》："侠累那家伙，偏偏要兄弟阋墙，引狼入室！"

胸中丘壑 xiōng zhōng qiū hè 丘：山丘。壑：山沟。指绘画、作文时，心中已有了深远的意境。也比喻对事物的判断处置自有高下。明·王袆《题高房山画》："风流一代房山老，胸中丘壑蕴天巧。"

修龄 xiū líng 长寿。清·蒲松龄《聊斋志异·荷花三娘子》："以蜡火爇其蒂，当得美妇，兼致修龄。"

修聘 xiū pìn 中国古代时期各个诸侯之间指派使者官员进行友好的参观走访。明·冯梦龙《警世通言·俞伯牙摔琴谢知音》："下官俞瑞，仕于晋朝，因修聘上国而来。"

馐肴 xiū yáo 菜肴。清·黄六鸿《福惠全书·刑名·设便民房》："见县前酒肆饭馆甚多，馐肴丰列，樽榼横陈，意斯地之人侈于饮食也。"

袖里乾坤 xiù lǐ qián kūn 乾坤：指天地。形容狭小的袖中能收纳天地之阴阳万物。比喻离奇的幻术。清·蒲松龄《聊斋志异·巩仙》："尚曰：'袖里乾坤真个大。'惠曰：'离人思妇尽包容。'"

袖里乾坤 xiù lǐ qián kūn 乾坤：天地。意思是袖中藏天地，比喻变幻无穷的法术。清·蒲松龄《聊斋志异·巩仙》："尚方独坐凝想时，忽有美人自檐间堕，视之，惠哥也。……尚曰：'袖里乾坤真个大。'惠曰：'离人思妇尽包容。'"

袖犬枕钟 xiù quǎn zhěn zhōng 袖中玩弄的犬，枕边报时的钟。泛指精巧的玩物。清·曹寅《玻璃杯赋》："方搜求之相尚，古每胜今；知嗜好之不恒，新还间旧。而况梯山航海，明珠翠羽之奇；袖犬枕钟，弱水流沙之远。"

虚与委蛇 xū yǔ wēi yí 谓假意殷勤、敷衍应酬。语出《庄子·应帝王》："壶子曰：'乡吾示之以未始出吾宗，吾与之虚而委蛇。'" 姚雪垠《李自成》第二卷第二章："老子不得已同你们这班流贼虚与委蛇，其实有狗屁交情！"

蓄怨 xù yuàn 积聚怨气。《国语·楚语下》："积货滋多，蓄怨滋厚，不亡何待？"

轩渠 xuān qú 非常欢畅的样子。宋·苏轼《跋山谷草书》："他日黔安当捧腹轩渠也。"

轩辕 xuān yuán ①传说中的古代帝王——黄帝的名字。传说黄帝姓公孙，居于轩辕之丘，故名曰"轩辕"。曾战胜炎帝于阪泉，战胜蚩尤于涿鹿，诸侯尊为天子。后人以之为中华民族的始祖。《楚辞·远游》："轩辕不可攀援兮，吾将从王乔而娱戏！"②借指中华民族。鲁迅《集外集拾遗·〈自题小像〉诗》："寄意寒星荃不察，我以我血荐轩辕。"③指车辆。《史记·苏秦列传》："前有楼阙轩辕，后有长姣美人。"④星座名。因在五帝座之旁，故为女主象。后多借指皇后。清·钱谦益《皇后册文》："上应张星，主太庙明堂之位；下临角亢，叶后宫轩辕之占。"⑤运行。清·龚自珍《尊隐》："夫日胎于溟涬，浴于东海，徘徊于华林，轩辕于高闳，照耀人之新沐濯。"⑥传说中的国名。东汉·张衡《思玄赋》："超轩辕于西海兮，跨汪氏之龙鱼，此国之千岁兮，曾焉足以娱余。"

儇媚 xuān mèi 奸诈机巧、阿谀奉承的行为。《楚辞·九章·惜诵》："忘儇媚以背众兮，待明君其知之。"

玄蚪 xuán dǒu 用黑墨写的蝌蚪文，指先秦古文字。金·元好问《梁氏先人手书》："玄蚪飞跳九天门，秦火惊看片纸存。"

玄圃积玉 xuán pǔ jī yù 传说玄圃多美玉。故以"玄圃积玉"比喻精华荟萃。《晋书·陆机传》："葛洪著书，称机文犹如玄圃之积玉，无非夜光焉。"南朝·梁·庾肩吾《〈书品论〉后序》："今以九例该此众贤，犹如玄圃积玉，炎洲聚桂。"

悬车致仕 xuán chē zhì shì 指告老引退，辞官家居。汉·班固《白虎通·致仕》："臣七十悬车致仕者，臣以执事趋走为职，七十阳道极，耳目不聪明，跛踦之属，是以退去避贤者，所以长廉耻也。悬车，示不用也。"

悬梁刺股 xuán liáng cì gǔ 形容刻苦学习。"悬梁"语出汉·班固《汉书》："孙敬字文宝，好学，晨夕不休。及至眠睡疲寝，以绳系头、悬屋梁。""刺股"语出《战国策·秦策一》："（苏秦）读书欲睡，引锥自刺其股，血流至足。"清·李渔《比目鱼·赠行》："我悬梁刺股年复年，把铜雀磨穿。"

悬领 xuán lǐng 抽象地领会。南朝·梁·刘勰《文心雕龙·指瑕》："《雅》、《颂》未闻，汉魏莫用，悬领似如可辩，课文了不成义，斯实情讹之所变，文浇之致弊。"

癣疥之疾 xuǎn jiè zhī jí 癣疥：两种皮肤病。比喻无关紧要的小问题和小毛病。明·许仲琳《封神演义》："东伯侯姜文焕、南伯侯鄂顺、北伯侯崇黑虎，此三路不过癣疥之疾。"

炫昼缟夜 xuàn zhòu gǎo yè 谓李花色白，其光彩或照耀于白天，或显现于夜晚。宋·杨万里《读退之李花诗·序》："桃李岁岁同时并开，而退之有'花不见桃惟见李'之句，殊不可解；因晚登碧落堂，望隔江桃皆暗，而李独明，乃悟其妙。盖炫昼缟夜云。"

靴刀誓死 xuē dāo shì sǐ 谓战死沙场的决心。语出《旧唐书·李光弼传》："初，光弼将战，谓左右曰：'战，危事，胜负系之。光弼位为三公，不可死于贼手，苟事之不捷，继之以死。'及是击贼，常纳短刀于靴中，有决死之志，城上面西拜舞，三军感动。"清·夏燮《中西纪事·海疆殉难记上》："当盾墨磨成之日，是靴刀誓死之秋。"

雪夜访普 xuě yè fǎng pǔ 据《宋史·赵普传》记载，宋太祖赵匡胤曾经深夜冒雪走访大臣赵普商谈国事。后来意指领导者访问贤才。清·吴敬梓《儒林外史》："到他家，就如'雪夜访普'的一般。"

寻瘢索绽 xún bān suǒ zhàn 瘢：皮肤斑痕。从表面现象追查人家的过失。清·洪昇《长生殿·幸恩》："娇憨使惯，寻瘢索绽，一谜儿自逞心胸。"

寻绎 xún yì 探索，推求。茅盾《蚀》："静的眼光追随着抱素的视线，似乎在寻绎他的思路。"

寻章摘句 xún zhāng zhāi jù 写文章只注意文字的推求。唐·李贺《南园》之六："寻章摘句老雕虫，晓月当帘挂玉弓。"

逊志时敏 xùn zhì shí mǐn 谦虚好学，时刻策励自己。《尚书·说命下》："惟学逊志，务时敏，厥修乃来。"

Y

压轴戏 yā zhòu xì 一场演出中的最后一个节目，也是最精彩的节目。徐迟《牡丹》："这个节目立刻被选拔出来，第二场在怀仁堂上演，作为那一晚的压轴戏。"

雅谜 yǎ mí 诗谜。《红楼梦》："今日原听见老太太这里大设春灯雅谜，故也备了彩礼酒席，特来入会。"

讶服 yà fú 惊叹倾服。南朝·宋·刘义庆《世说新语·赏誉》："既至，天锡见其风神清令，言语如流，陈说古今，无不贯悉。又谙人物氏族中来，皆有证据。天锡讶服。"

胭脂 yān zhi 涂在脸上的红色化妆品，一般由红色花瓣淘制而成。《红楼梦》："金钏一把拉住宝玉，悄悄地笑道：'我这嘴上是才擦的香浸胭脂，你这会子可吃不吃了？'"

烟视媚行 yān shì mèi xíng 微视徐行。形容安详的神态、举止。《吕氏春秋·不屈》："人有新取妇者，妇至，宜安矜，烟视媚行。"高诱注："媚行，徐行。"

淹会贯通 yān huì guàn tōng 犹融会贯通。明·高启《〈史要类钞〉序》："遂使义理之微不备，事变之实不详，无以淹会贯通，明其同异而辨其得失矣。”

淹旬旷月 yān xún kuàng yuè 淹：滞留。旷：荒废。拖延时日，荒废岁月。宋·苏舜钦《涟水军新闻记》：“至者必淹旬旷月，不得遽去。”

湮缅 yān miǎn 湮没殆尽。《宋书·礼志三》：“至于室宇堂个，户牖达向，世代湮缅，难得该详。”

嫣然一笑 yān rán yī xiào 形容娇媚的微笑。清·刘鹗《老残游记》：“那女子嫣然一笑，秋波流媚，向子平睇了一眼。”

燕歌 yān gē 战国时，燕太子丹命荆轲入秦刺秦王，至易水上，高渐离击筑，荆轲慷慨悲歌，后以“燕歌”泛指慷慨悲壮之歌。唐·李益《塞下曲》：“燕歌未断塞鸿飞，牧马群嘶边草绿。”

燕金募秀 yān jīn mù xiù 战国时燕昭王筑黄金台以招揽天下贤士。后以“燕金募秀”比喻重金招贤。宋·范仲淹《上张侍郎启》：“伏遇留守侍郎燕金募秀，蔡屣延才，铎宣百世之文，旌集四方之善。”

言简意赅 yán jiǎn yì gāi 言辞简练，意思完备。形容说话或者写文章简明扼要。《清史稿·陈奂传》：“奂尝言大毛公诂训传言简意赅，遂殚精竭虑，专攻毛传。”

言之谆谆，听之藐藐 yán zhī zhūn zhūn，tīng zhī miǎo miǎo 说者耐心恳切，而听者则不以为意。形容徒费唇舌。明·无名氏《三化邯郸》：“言之谆谆，听之藐藐，良药苦口，信有之矣。”

衍涝 yǎn lào 指雨水满溢。北魏·郦道元《水经注·沁水》：“若天霖雨，陂泽充溢，则闭防断水，空渠衍涝，足以成河。”

掩口胡卢 yǎn kǒu hú lú 胡卢：笑貌。捂嘴而笑。多指暗笑，窃笑。《后汉书·应劭传》：“昔郑人以乾鼠为璞，鬻之于周；……夫睹之者掩口卢胡而笑，斯文之族，无乃类旃。”清·蒲松龄《聊斋志异·促织》：“村中少年好事者，驯养一虫，自名‘蟹壳青’……径造庐访成。视成所蓄，掩口胡卢而笑。”

偃旗息鼓 yǎn qí xī gǔ 偃：放倒。息：停息。放倒旗子，停止击鼓，意指停止行动。鲁迅《两地书》:“但先前利用过我的人,现在见我偃旗息鼓,遁迹海滨,无从再来利用,就开始攻击了。”

巘崎 yǎn qí 巘:大山上的小山。意指险峻的山峰。南朝·梁·江淹《学梁王兔园赋》:“碧山倚巘崎兮,象海水碣石。”

晏眠 yàn mián 安然熟睡。唐·杜甫《遣兴》:“安得廉颇将,三军同晏眠。”

宴安鸩毒 yàn'ān zhèn dú 鸩:传说中的毒鸟,用其羽毛泡酒,有剧毒。谓贪图享乐等于喝毒酒自杀。《左传·闵公元年》:“宴安鸩毒,不可怀也。”唐·陈子昂《祃牙文》:“乃蜂屯丸山,豕食寮野,宴安鸩毒,作为欃枪。”

雁默先烹 yàn mò xiān pēng 比喻没有才能者先被淘汰遗弃。《庄子·山木》:“夫子出于山,舍于故人之家。故人喜,命竖子杀雁而烹之。竖子请曰:‘其一能鸣,其一不能鸣,请奚杀?’主人曰:‘杀不能鸣者。’”唐·白居易《岁暮》:“膏明自爇缘多事,雁默先烹为不才。”

雁塔题名 yàn tǎ tí míng 亦作“雁塔新题”。唐代,新科进士在曲江会宴后,常题名于雁塔。指进士及第。清·文康《儿女英雄传》:“第一件事是劝你女婿读书上进,早早地雁塔题名。”宋·林光朝《次韵奉酬赵校书子直》:“雁塔新题墨未干,去年灯火向秋阑。”

焰硝 yàn xiāo 硝石,用来引火的材料。《水浒传》:“先把些硫黄焰硝去烧那边草堆,又来点着这边柴堆。”

燕巢于幕 yàn cháo yú mù《孔子家语·正论》载:卫国孙文子得罪了献公,避居于戚城。献公死了还未葬,文子就击钟相庆。吴国的季札路过戚城,听到钟声说:“很奇怪啊!先生您在戚城,就像燕子在帷幕上筑巢,恐惧担忧还来不及呢,您又有什么好乐的呢?”后以“燕巢于幕”比喻处境非常危险。清·蒲松龄《聊斋志异·邵女》:“君之计,所谓燕巢于幕,不谋朝夕者也。”

燕颔 yàn hàn《后汉书·班超传》载:班超相貌威武,相士说他“燕颔虎颈”,有封“万里侯”之相。后来班超奉命出使西域三十一年,果然官至西域都护,封定远侯。后遂以“燕颔”为封侯之相。唐·岑参《送张都尉东归》:“封侯应不远,燕颔岂徒然。”

燕兰 yàn lán 春秋时,郑文公的妾燕姞梦见神人送她一支兰花作儿子,不久果然有了身孕,生穆公,取名为兰。后用“燕兰”代指儿子。清·龚自珍《己亥杂诗》:“燕兰识字尚聪明,难遣当筵迟暮情。”

鷃鹏 yàn péng 鷃:鹑类小鸟,弱小,不能远飞。鹏:体积大而且能展翅翱翔于天地。用以比喻人们志趣理想、见识眼界的不同。《庄子·逍遥游》:“有鸟焉,其名为鹏,背若太山,翼若垂天之云;抟扶摇羊角而上者九万里,绝云气,负青天,然后图南,且适南冥也。斥鷃笑之曰:‘彼且奚适也?我腾跃而上,不过数仞而下,翱翔蓬蒿之间,此亦飞之至也。而彼且奚适也?’此小大之辩也。”元·钱选《山居图卷》:“鷃鹏俱有意,兰艾不同根。”

鞅掌 yāng zhǎng 事务繁忙。鲁迅《致许寿裳》:“大约国事鞅掌,外出之时居多,所以一时恐不易见。”

羊续悬鱼 yáng xù xuán yú 指居官清廉,拒绝受贿。语出《后汉书·羊续传》:“续为南阳太守……时权豪之家多尚奢丽,续深疾之,常敝衣薄食,车马羸败。府丞尝献其生鱼,续受而悬于庭;丞后又进之,续乃出所悬者,以杜其意。”清·蒲松龄《官吏听许财物》:“不见裴宽瘗鹿,且看羊续悬鱼。”

阳春白雪 yáng chūn bái xuě 战国时楚国的高雅歌曲名。战国·宋玉《对楚王问》:“其为《阳阿》、《薤露》,国中属而和者数百人,其为《阳春》、《白雪》,国中属而和者不过数十人而已。”李周翰注:“《阳春》、《白雪》,高曲名也。”后用以泛指高雅的曲子或高深典雅、不够通俗易懂的文艺作品。毛泽东《在延安文艺座谈会上的讲话》:“现在是‘阳春白雪’和‘下里巴人’统一的问题,是提高和普及统一的问题。”

仰之弥高,钻之弥坚 yǎng zhī mí gāo, zuān zhī mí jiān 原本形容颜渊对孔子之道的赞叹,引申为努力攻读,深入研究,力求达到极高水平。《论语·子罕》:“颜渊喟然叹曰:‘仰之弥高,钻之弥坚,瞻之在前,忽焉在后!

夫子循循然善诱人，博我以文，约我以礼，欲罢不能。既竭吾才，如有所立卓尔。虽欲从之，未由也已！’”

坱莽 yǎng mǎng 弥漫。唐・杜甫《故著作郎贬台州司户荥阳郑公虔》："晚就芸香阁，胡尘昏坱莽。"

养精蓄锐 yǎng jīng xù ruì 保养精神，积蓄力量。《三国演义》："不如以现在之兵，分命大将据守险要，养精蓄锐。"

养寇自重 yǎng kòu zì zhòng 指故意不打敌人，留着敌对势力或对立面，用以牵扯另一方来使自己的地位变得重要，从而借机勒索对方。茅盾《子夜》："什么匪祸，都是带兵的人玩忽，说不定还有‘养寇自重’的心理。"

夭阏 yāo è 夭亡，夭折。唐・白居易《夏日作》："庶几无夭阏，得以终天年。"

夭殇 yāo shāng 未成年而死亡。唐・韩愈《此日足可惜赠张籍》："谁云经艰难，百口无夭殇。"

夭桃秾李 yāo táo nóng lǐ《诗经》有"桃之夭夭，灼灼其华"和"何彼襛矣，华如桃李"的诗句，后用来比喻人年少貌美。唐・张说《安乐郡主花烛行》："星昴殷冬献吉日，夭桃秾李遥相匹。"

邀遏 yāo è 阻拦。《新唐书・崔彦曾传》："所过，先遣俳儿弄木偶，伺人情，以防邀遏。"

邀勒 yāo lè 强迫，逼迫。宋・黄庭坚《采桑子・赠黄中行》："西邻三弄争秋月，邀勒春回，个里声催，铁树枝头花也开。"

邀迓 yāo yà 邀请，迎请。唐・韩愈《县斋有怀》："官租日输纳，村酒时邀迓。"

邀遮 yāo zhē 阻止，遮拦。唐・李白《秦女休行》："直上西山去，关吏相邀遮。"

侥薄 yáo báo 指社会风气不淳朴敦厚。宋・苏轼《上神宗皇帝书》："及卢杞为相，讽上以刑名整齐天下，驯致侥薄，以及播迁。"

肴核 yáo hé 指菜肴和果品。宋·苏轼《前赤壁赋》:“肴核既尽,杯盘狼藉。”

肴膳 yáo shàn 指饭菜。唐·杜甫《病后遇王倚饮赠歌》:“惟生哀我未平复,为我力致美肴膳。”

肴馔 yáo zhuàn 丰盛的食物。清·蒲松龄《聊斋志异·阎罗宴》:“值母初度,备牲酒祀于庭,拜已而起,则案上肴馔皆空。”

姚黄魏紫 yáo huáng wèi zǐ 泛指牡丹花中的名贵品种。宋·欧阳修《绿竹堂独饮》:“姚黄魏紫开次第,不觉成恨俱零凋。”

谣诼 yáo zhuó 指造谣诽谤。《红楼梦》:“也怨不得那起同窗人起了疑,背地里你言我语,诟谇谣诼,布满书房内外。”

摇兀 yáo wù 摇晃,摇荡。宋·黄机《江城子次洪如晦韵》:“乌帽低昂,摇兀似乘船。傍路谁家妆束巧,斜映日,半窥帘。”

摇漾 yáo yàng 飞扬,荡漾。明·汤显祖《牡丹亭·惊梦》:“袅晴丝,吹来闲庭院,摇漾春如线。”

摇曳 yáo yè 轻轻摇摆,飘荡。朱自清《桨声灯影里的秦淮河》:“岸上原有三株两株的垂杨树,淡淡的影子,在水里摇曳着。”

遥岑 yáo cén 远处的小山崖。宋·辛弃疾《水龙吟·登建康赏心亭》:“遥岑远目,献愁供恨,玉簪螺髻。落日楼头,断鸿声里,江南游子。”

遥缄 yáo jiān 远方寄来的书信。明·柳如是《东山酬和赋》:“寄愁心以遥缄,托芳词而先赴。暮雨不来,行云何处?”

遥瞻 yáo zhān 遥望。宋·刘克庄《宫词》之四:“先帝宫人总道妆,遥瞻陵柏泪成行。”

耀焜 yào kūn 显耀,光耀。《后汉书·马融传》:“神泉侧出,丹水涅池,怪石浮磬,耀焜于其陂。”

耀颖 yào yǐng 显露才华。《晋书·陆云传》:“庆云兴以招龙,和风起而仪凤，诚岩穴耀颖之秋，河津托乘之日也。”

掖垣 yè yuán 皇宫边侧的矮墙，代指中书、门下两省。唐·王维《同卢拾遗过韦给事东山别业二十韵》：“盛德启前烈，大贤钟后昆。侍郎文昌宫，给事东掖垣。”

野霭 yě ǎi 山野中的云气。唐·岑参《巩北秋兴寄崔明允》：“野霭晴拂枕，客帆遥入轩。”

野褐 yě hè 古时贫贱人穿的粗布衣服，借指平民。宋·陆游《感事》：“衲衣先世曾调鼎，野褐家声本珥貂。”

野鹤步罡 yě hè bù gāng 比喻步履蹒跚。《二刻拍案惊奇·沈将仕三千买笑钱》：“但见：仪度端庄，容颜羸瘦。一前一却，浑如野鹤步罡；半喘半吁，大似吴牛见月。”

野人奏曝 yě rén zòu pù《列子·杨朱》记载：宋国有个农夫，晒太阳后感觉很舒服，他认为别人都不知道这个奥秘，所以就想把这个发现献给君王。后用“野人奏曝”比喻微薄的贡献，多用作送人礼物或提建议时的谦辞。章炳麟《记政闻社员大会破坏状》：“人情葆爱其所躬行，而欲施之邻里，野人奏曝，自古而有之。”

野觞 yě shāng 村野农夫所酿的酒。唐·王绩《尝春酒》：“野觞浮郑酌，山酒漉陶巾。但令千日醉，何惜两三春？”

野无遗贤 yě wú yí xián 民间没有被遗漏而不得任用的贤人。比喻人尽其才。《初刻拍案惊奇·通闺闼坚心灯火》：“其高尚不出，又有不求闻达之科。所以野无遗贤，人无匿才，天下尽得其用。”

业障 yè zhàng 恶果、祸患的根源。清·吴敬梓《儒林外史》：“自心里想：‘这业障虽然去了，必定是还要回来吃我，如何了得？’”

曳尾涂中 yè wěi tú zhōng《庄子·秋水》载：楚威王派两个使者请庄子到朝廷辅政，庄子说：“我听说楚国有一只三千岁的神龟，死后国王把它包好珍藏在宗庙的堂上。这只神龟，它是宁愿死去留下骨头让人们珍藏呢，还是情愿活着在烂泥里摇尾巴呢?”两个大臣说:“情愿活着在烂泥里摇尾巴。”庄子表示宁愿像神龟曳尾于烂泥中。后以“曳尾涂中”表示与其毁身扬名,不如贫贱逍遥。杨绛《隐形衣》:“有人是别有怀抱,旁人强不过他。譬如他宁愿曳尾涂中,也只好由他。”

谒归 yè guī 请假回归故里。《史记·高祖本纪》:“三年,魏王豹谒归视亲疾,至即绝河津,反为楚。”

谒浆 yè jiāng 乞求茶水。元·郑光祖【南吕·梧桐树南】《题情》:“我做了谒浆崔护违前约,采药刘郎没下梢,心懊恼。”

谒款 yè kuǎn 虔诚拜见地位尊贵者。《史记·司马相如列传》:“故圣王弗替,而修礼地祇,谒款天神,勒功中岳,以彰至尊。”

谒陵 yè líng 拜谒、瞻仰陵墓。郭沫若《南京印象》:“衬衫已经湿透了,谒陵既毕,我想是可以解衣的时候了。”

谒选 yè xuǎn 官员到吏部等候选取。明·冯梦龙《喻世明言·木绵庵郑虎臣报冤》:“约有半年,谒选得九江万年县丞。迎接了孺人唐氏,一同到任。”

一筹莫展 yī chóu mò zhǎn 没有一点儿办法。清·孔尚任《桃花扇·阻奸》:“今由淮安漕抚,陞补南京兵部尚书。哪知到任一月,遭此大变,万死无裨,一筹莫展。”

一掷乾坤 yī zhì qián kūn 以天下为孤注之一掷。唐·韩愈《过鸿沟》:“谁劝君王回马首,真成一掷赌乾坤。”

一柱擎天 yī zhù qíng tiān 一柱:一根柱子,也指像柱子的东西。擎天:托起。仅凭一根柱子就把天给撑起来。比喻能够担当重任。宋·宋敏求《唐大诏令集·中和三年赐陈敬瑄铁券文》:“卿五山镇地,一柱擎天,气压乾坤,量含宇宙。”

伊皋 yī gāo 上古名臣伊尹和皋陶的合称,泛指贤臣名相。汉·刘向《九叹·愍命》:“三苗之徒以放逐兮,伊皋之伦以充庐。”

伊于胡底 yī yú hú dǐ 要到什么样的地步？指不堪设想的局面。清·纪昀《阅微草堂笔记·槐西杂志四》："机械相乘，得失倚伏，胶胶扰扰，将伊于胡底乎？"

衣绣夜行 yī xiù yè xíng 穿了锦绣衣裳在夜间出行。比喻人富贵以后却没有让人看到自己的荣耀显贵。《史记·项羽本纪》："项王见秦宫室皆以烧残破，又心怀思欲东归，曰：'富贵不归故乡，如衣绣夜行，谁知之者！'"

揖盗开门 yī dào kāi mén 比喻接纳坏人，自取其祸。清·吴伟业《鹿樵纪闻》："蒙君窃柄难薰灌，揖盗开门孰谯诃？"

揖逊 yī xùn 指礼貌谦让；禅让。宋·朱熹《朱子语类》："且如事君事亲之礼，钟鼓铿锵之节，进退揖逊之仪，皆目熟其事，躬亲其礼。"

夷狄 yí dí 泛称华夏以外的边远各族。鲁迅《看镜有感》："这么做即违了祖宗，那么做又象了夷狄，终生惴惴如在薄冰上。"

夷然自若 yí rán zì ruò 形容神态镇定，与平常一样。清·况周颐《眉庐丛话》第二卷："唯文襄夷然自若，若充耳不闻者，亦未尝旁瞬也。"

夷则 yí zé 古代乐律名，十二律之一，与七月相配，表示万物开始被阴气侵犯。宋·欧阳修《秋声赋》："故其在乐也，商声主西方之意，夷则为七月之律。"

贻笑大方 yí xiào dà fāng 被有学问或内行的人所笑。语出《庄子·秋水》："吾长见笑于大方之家。"鲁迅《三闲集·无声的中国》："他们说年轻人作品幼稚，贻笑大方。"

移宫换羽 yí gōng huàn yǔ 指乐曲换调。后也比喻事情的内容有所变更。清·王夫之《读通鉴论·汉灵帝》："六代之衰，操觚者始取青妃白，移宫换羽，而为不实之华。"

移晷 yí guǐ 日影移动。指时间流逝。唐·孟简《惜分阴》："对景嗟移晷，窥园讵改阴。三冬劳聚学，驷景重兼金。"

移檄 yí xí 发布文告晓示。《后汉书·冯异列传》："移檄上状，诸将皆人贺，并劝光武即帝位。”

遗骸 yí hái 弃置的尸体。唐·常建《古兴》：“汉上逢老翁，江口为僵尸。白发沾黄泥，遗骸集乌鸱。”

遗缅 yí miǎn 忘却其远。唐·韦应物《自蒲塘驿回驾经历山水》：“性惬形岂劳，境殊路遗缅。”

遗绪 yí xù 先辈遗留下来的功业。《红楼梦》：“老爷太太原为是要你成人，接续祖宗遗绪，你只是执迷不悟，如何是好？”

遗韵 yí yùn 指前人留下的诗赋或诗风。唐·杜牧《郑瓘协律》：“广文遗韵留樗散，鸡犬图书共一船。”

遗簪坠屦 yí zān zhuì jù 《韩诗外传》载：孔子出游少源之野，听到有妇人哀哭，派弟子前去询问。妇人回答说因为丢失了蓍草做的簪子，舍不得故旧之物，所以伤心。汉代贾谊《新书》记载：楚昭王与吴国作战失败，逃跑的时候鞋子掉了，因为眷恋旧物，又回头去把鞋子捡回来。后来就用“遗簪坠屦”比喻旧物或故情。宋·曾肇《陈州谢上表》：“笃遗簪坠屦之仁，推藏疾纳污之谊。”

疑贰 yí èr 疑惑不定。宋·黎靖德《朱子语类》：“人固有好谋者，然疑贰不决，往往无成者多矣。”

彝伦 yí lún 常理，常道。清·顾炎武《日知录·彝伦》：“彝伦者，天地人之常道……不止孟子之言人伦而已。能尽其性，以致能尽人之性，尽物之性，则可以赞天地之化育，而彝伦叙矣。”

以胶投漆 yǐ jiāo tóu qī 比喻关系密切，不可分离。《古诗十九首·客从远方来》：“以胶投漆中，谁能别离此。”

以儆效尤 yǐ jǐng xiào yóu 用处理一个坏人或一件坏事的方法，以警告学做坏事的人。鲁迅《准风月谈·文床秋梦》引林丁给《涛声》编者的信：“我以为各人均应先打屁股百下，以儆效尤，余事可一概不提。”

倚畀 yǐ bì 倚靠信任。《清史稿·何桂清传》：“桂清意气发舒，倚畀益重,甚负时望。”

倚娇作媚 yǐ jiāo zuò mèi 倚仗姿色,撒泼取闹。《红楼梦》:“先时不过挟制薛蟠,后来倚娇作媚,将及薛姨妈,又将至薛宝钗。”

倚马可待 yǐ mǎ kě dài 形容才思敏捷,写文章顷刻可成。唐·李白《与韩荆州朝宗书》:“必若接之以高宴,纵之以清谈,请日试万言,倚马可待。”

倚门倚闾 yǐ mén yǐ lǘ 形容父母盼望儿女归来的迫切心情。清·钮琇《觚剩·秦觚》:“臣若贪承恩诏,背母远行,必至倚门倚闾,夙病增剧。”

倚徙 yǐ xǐ 流连徘徊。明·张岱《陶庵梦忆·二十四桥风月》:“每日傍晚,膏沐熏烧,出巷口,倚徙盘礴于茶馆酒肆之前,谓之‘站关’。”

椅杌 yǐ wù 椅子和凳子。清·沈复《浮生六记》:“登其艇,即躬身笑迎,搴帏入舱。旁列椅杌,中设大炕,一门通艄后。”

弋猎 yì liè 打猎。宋·王安石《阴山画虎图》:“契丹弋猎汉耕作,飞将自老南山边。”

艾命 yì mìng 舍生、捐躯。《吴越春秋·勾践阴谋外传》:“操锋履刃,艾命投死者,士之所重也。”

屹峙 yì zhì 高耸。清·王夫之《宋论·太宗》:“至若蔡京、秦桧、贾似道之误国以沦亡,则又一受其蛊,惑以终身,屹峙若山,莫能摇其一指。”

抑遏 yì è 抑制,阻止。郁达夫《薄奠》:“我被众人的目光鞭挞不过,心里起了一种不可抑遏的反抗和诅咒的毒念。”

抑扬顿挫 yì yáng dùn cuò 形容声音高低起伏,有节奏。老舍《西望长安》第一幕:“皮鞋的响声也因此一轻一重,有些抑扬顿挫。”

邑聚 yì jù 指村落。《史记·西南夷列传》:“自滇以北君长以什数,邛都最大,此皆魋结,耕田,有邑聚。”

邑庠 yì xiáng 明清时称县学为邑庠。清·蒲松龄《聊斋志异·金和尚》:“儿聪慧能文,因令入邑庠;旋援例作太学生;未几赴北闱,领乡荐。”

绎如 yì rú 持续不断的样子。清·纳兰性德《渌水亭杂识》卷二:“然管多而一人吹之,何以高下曲折绎如。”

驿站 yì zhàn 古时专供传递文书者或来往官吏中途住宿、补给、换马的处所。朱自清《〈忆〉跋》:“曲曲折折的路旁,隐现着几多的驿站,是行客们休止的地方。”

奕赫 yì hè 光鲜,显耀。唐·独孤及《酬梁二十宋中所赠兼留别梁少府》:“奕赫连丝衣,荣养能锡类。”

奕世 yì shì 累世,世代。《史记·周本纪》:“奕世载德,不忝前人。至于文王、武王,昭前之光明而加之以慈和,事神保民,无不欣喜。”

益稷 yì jì 夏禹的大臣伯益与后稷的并称。唐·元稹《和乐天赠樊著作》:“皋夔益稷禹,粗得无间然。缅然千载后,后圣曰孔宣。”

益谦亏盈 yì qiān kuī yíng 谦受益,满招损。《清史稿·柴潮生传》:“君咨臣儆,治世之休风,益谦亏盈,检身之至理。”

逸翰 yì hàn 强健的鸟翅,也指代鸟。唐·李白《鲁中送二从弟赴举之西京》:“复羡二龙去,才华冠世雄。平衢骋高足,逸翰凌长风。”

逸骥 yì jì 善于奔跑的马。唐·杜牧《走笔送杜十三归京》:“烟鸿上汉声声远,逸骥寻云步步高。”

逸群 yì qún 非常出众,超出常人。唐·杜甫《沙苑行》:“逸群绝足信殊杰,倜傥权奇难具论。”

逸兴遄飞 yì xìng chuán fēi 超逸之情、豪放之兴勃发飞扬。鲁迅《热风·随感录四十九》:“直到弯腰曲背时期,才更加‘逸兴遄飞’,似乎从此以后,才上了做人的路。”

逸豫 yì yù 闲适安乐。周作人《山中杂信》:“但是我在这里不能一样的长闲逸豫,在一日里总有一个阴郁的时候,这便是下午清华园的邮差送报来后的半点钟。”

肄旧 yì jiù 沿袭旧有的。《史记·乐书》:“孝惠、孝文、孝景无所增更,于乐府习常肄旧而已。”

肄习 yì xí 学习,练习。清·蒲松龄《聊斋志异·嘉平公子》:“因劝肄习,公子诺之。往来既频,仆辈皆知。”

肄业 yì yè 指在学校学习;也指学业尚未完成或不合格,没有毕业。沈从文《七色魇》:“有钱人子弟想入这个学校肄业,恐考试不中,且乐意出几万元代价找替考人。”

意蕊 yì ruǐ 意:心思。蕊:花蕊。指心情,心意。形容心情像花蕊一样丰富、复杂,难以言表。南朝·梁·萧衍《与广信侯书书》:“岂止心灯夜炳,亦乃意蕊晨飞。”

溢誉 yì yù 言过其实,过分地赞誉。宋·周密《齐东野语》:“群臣附下罔上,虚美溢誉,人怨天怒,不至于彗星不止也。”

毅魄 yì pò 英灵。《楚辞·九歌·国殇》:“身既死兮神以灵,魂魄毅兮为鬼雄!”郭沫若《由葛录亚想到夏完淳》:“束发从军,死为毅魄。”

翼蔽 yì bì 遮蔽,掩护。《史记·项羽本纪》:“项庄拔剑起舞,项伯亦拔剑起舞,常以身翼蔽沛公,庄不得击。”

翼戴 yì dài 辅佐,拥戴。唐·刘长卿《秋日夏口涉汉阳献李相公》:“间气生灵秀,先朝翼戴勋。藏弓身已退,焚稿事难闻。”

翼轸 yì zhěn 中国古代二十八宿中的翼宿和轸宿。也是楚地的分野。唐·王勃《滕王阁序》:“星分翼轸,地接衡庐。”

茵褥 yīn rù 床上的褥垫。俞平伯《梦记》:“觉得地下奇软俨如茵褥。”

殷富 yīn fù 富足,丰裕。《史记·孝文本纪》:“专务以德化民,是以海内殷富,兴于礼义。”

殷鉴 yīn jiàn 本指殷人子孙应以夏的灭亡为鉴戒,后泛指所有值得借鉴的往事。茅盾《蚀》:“可是现在看见了史循的殷鉴,她又怕待到吃尽了享乐的果子时，她的生命力也就消失了。”

殷雷 yǐn léi 轰鸣的雷声。唐·高适《和贺兰判官望北海作》：“远色带孤屿，虚声涵殷雷。风行越裳贡，水遏天吴灾。”

殷墟 yīn xū 指殷商都城遗址。清·顾炎武《日知录》卷十：“纣之所有，不过河内殷墟，其从之者，亦但东方诸国而已。”

殷忧 yīn yōu 深切的忧虑。唐·李白《冬夜醉宿龙门觉起言志》：“富贵未可期，殷忧向谁写。去去泪满襟，举声梁甫吟。”

吟蛩 yín qióng 蟋蟀。唐·李峤《九月奉教作》：“曲池朝下雁，幽砌夕吟蛩。叶径兰芳尽，花潭菊气浓。”

吟啸 yín xiào 高声吟唱与长啸。宋·苏轼《定风波》：“莫听穿林打叶声，何妨吟啸且徐行。”

银釭 yín gāng 银白色的灯盏或者烛台。宋·周密《鹧鸪天》：“金鸭冷，锦鹓闲。银釭空照小屏山。”

银篦 yín bì 古代妇女插在头上的银饰，可以用来梳理头发。唐·白居易《同诸客嘲雪中马上妓》：“银篦稳篸乌罗帽，花襜宜乘叱拨驹。”

银阙 yín quē 指明月。唐·李白《登巴陵开元寺西阁赠衡岳僧方外》：“洒以甘露言，清凉润肌发。明湖落天镜，香阁凌银阙。”

银印青绶 yín yìn qīng shòu 白银印章和青色绶带，官爵较高的官员的印绶。《三国志·吴志·孙皓传》：“遂以耆为侍芝郎，平为平虑郎，皆银印青绶。”

淫靡 yín mǐ 奢侈，颓废。《清史稿·刑法志》：“必教育普及，家庭严正，舆论之力盛，廉耻之心生，然后淫靡之风可少衰。”

淫泆 yín yì 淫荡，淫乱。清·顾炎武《日知录·秦纪会稽山刻石》：“《吴越春秋》至谓勾践以寡妇淫泆过犯，皆输山上。”

引吭高歌 yǐn háng gāo gē 放开嗓子大声歌唱。沈从文《怯步者笔记》:“为什么别的地方的鸡就有兴致引吭高歌呢?”

饮腥苴熟 yǐn xīng jū shú 古代丧礼风俗。人刚死,使其口含珠贝或生稻之米。死人安葬前,在苞苴上放置熟物以祭奠死者。《孔子家语·问礼》:“及其死也,升屋而号,告曰:‘高,某复。’然后饮腥苴熟。”

饮鸩止渴 yǐn zhèn zhǐ kě 鸩:传说中的毒鸟,用它的羽毛浸的酒喝了能毒死人。喝毒酒解渴,比喻用错误的办法来解决眼前的困难而不顾严重后果。《后汉书·霍谞传》:“譬犹疗饥于附子,止渴于鸩毒,未入肠胃,已绝咽喉。”

隐晦 yǐn huì 含糊不清,不明朗。鲁迅《略论中国人的脸》:“尤其不好的是红鼻子,有时简直像是将要熔化的蜡烛油,仿佛就要滴下来,使人看得栗栗危惧,也不及黄色人种的较为隐晦,也见得较为安全。”

隐沦 yǐn lún 隐居。郁达夫《秋夜怀人》:“晚年好静南乡住,仙寿溶溶乐隐沦。”

隐匿 yǐn nì 隐藏。钱钟书《围城》:“鸿渐瞧她脸颊微红,嘴边强笑,自幸见机得早,隐匿了一大部分的情节。”

英姿飒爽 yīng zī sà shuǎng 英姿:英俊威武的神态。飒爽:矫健挺拔的样子。形容姿态英武,神采飞扬。唐·杜甫《丹青引赠曹将军霸》:“褒公鄂公毛发动,英姿飒爽来酣战。”

莺俦燕侣 yīng chóu yàn lǚ 比喻情侣或者夫妇。清·蒲松龄《聊斋志异·绛妃》:“且看莺俦燕侣,公覆夺爱之仇;请与蝶友蜂媒,共发同心之誓。”

莺啭 yīng zhuàn 指黄莺婉转的啼鸣。明·汤显祖《牡丹亭·惊梦》:“梦回莺啭,乱煞年光遍。人立小庭深院。”

婴孺 yīng rú 幼儿。清·赵翼《廿二史劄记》:“亲军攻牙兵,尽杀之,死者七千余人,婴孺亦不留,此魏兵第一次诛戮也。”

缨绂 yīng fú 官员的冠带与印绶。借指官位。唐·孟浩然《宿天台桐柏观》："愿言解缨绂，从登去烦恼。"

鹰鼻鹞眼 yīng bí yào yǎn 指长相奸诈凶恶。清·张杰鑫《三剑侠》："咱们大家凑一百银子，我先与鹰鼻鹞眼那小子赌输赢。"

鹰击毛挚 yīng jī máo zhì 比喻凶悍酷烈。《史记·酷吏列传》："是时赵禹、张汤以深刻为九卿矣，然其治尚宽，辅法而行，而纵以鹰击毛挚为治。"

鹰瞵鹗视 yīng lín è shì 形容目光锐利、凶狠。郭沫若《创造十年续篇》之四："其中最活跃的是有几位没有穿制服的外国巡捕，两手都握着手枪，鹰瞵鹗视地东奔西突。"

鹰觑鹘望 yīng qù hú wàng 形容目光敏锐。明·冯梦龙《警世通言·金明池吴清逢爱爱》："忽听得门内笑声，崔生鹰觑鹘望，去门缝里一瞧，那笑的却是一个女孩儿，约有十六岁。"

鹰隼 yīng sǔn 猛禽鹰和雕的合称。多用来比喻天性凶狠、令人畏惧的人或勇猛的人。梁启超《少年中国说》："乳虎啸谷，百兽震惶。鹰隼试翼，风尘吸张。"

荧煌 yíng huáng 辉煌。唐·白居易《和微之诗二十三首·和望晓》："朝车雷四合，骑火星一贯。赫奕冠盖盛，荧煌朱紫烂。"

荧惑 yíng huò 眩惑，使人迷惑。唐·元稹《和李校书新题乐府十二首·胡旋女》："佞臣闻此心计回，荧惑君心君眼眩。"

莹澈 yíng chè 晶莹透彻。俞平伯《西湖的六月十八夜》："孤月中天，上下莹澈，四顾空灵的湖上，这样的穿梭走动，也觉别具丰致。"

莹润 yíng rùn 晶莹润泽。老舍《鼓书艺人》："汗水把她脸上的脂粉冲了个干净，露出了莹润的象牙皮色。"

萤窗雪案 yíng chuāng xuě àn 用萤火虫的光和白雪反射的光照明读书。形容勤学苦读。元·王实甫《崔莺莺待月西厢记》："暗想小生萤窗雪案，刮垢磨光，学成满腹文章，尚在湖海飘零，何日得遂大志也呵！"

萤爝 yíng jué 萤火虫的光和烛光。常用作能力薄弱的谦辞。宋·岳珂

《程史》："大哉圣言，其视骑省之辩，正犹萤爝之拟羲舒也。"

萤烛 yíng zhú 萤火和烛光，比喻力量微弱。清·章学诚《文史通义》："仆于此事，无能为役，辱存商榷，陈其固陋之衷，以庶几萤烛增辉之义，兄其有以进我乎？"

蝇拂 yíng fú 即拂尘，驱蝇除尘的用具。多以马尾制成。清·蒲松龄《聊斋志异·画皮》："（道士）乃以蝇拂授生，令挂寝门。临别，约会于青帝庙。"

蝇蚋 yíng ruì 苍蝇和蚊子的合称。《淮南子·诠言训》："夫函牛之鼎沸，而蝇蚋弗敢入；昆山之玉瑱，而尘垢弗能污也。"

蝇随骥尾 yíng suí jì wěi 苍蝇附在骐骥的尾巴上腾飞千里。比喻普通人得到有名望或有能力的人的提携。明·邵璨《香囊记·设祭》："得遇使君，今带汝同归乡郡。蝇随骥尾，岂须愁路贫。"

蝇头蜗角 yíng tóu wō jiǎo 苍蝇头，蜗牛角。比喻微小的名利。元·柯丹邱《荆钗记·忆母》："人不见，气长吁，只为蝇头蜗角微名利，致使地北天南怨别离。"

蝇营狗苟 yíng yíng gǒu gǒu 像苍蝇一样到处钻营，像狗一样苟且求活。比喻为追求名利，不顾廉耻，不择手段。明·瞿佑《剪灯新话·牡丹灯记》："啸于梁而有声，窥其室而无睹，蝇营狗苟，牛狠狼贪，疾如飘风，烈若猛火。"

赢羡 yíng xiàn 多余，剩余。《宋史·食货志》："以是推之，监司、州郡苟能节用爱民，即有赢羡。"

颖慧 yǐng huì 聪明，有智慧。清·况周颐《续眉庐丛话》："红闺吟咏，大都颖慧绝伦，故凡杂体之作，尤为可喜。"

颖迈 yǐng mài 才能卓越，出类拔萃。《宋史·詹体仁传》："体仁颖迈特立，博极群书。少从朱熹学，以存诚慎独为主。"

颖悟 yǐng wù 聪明而有悟性。《警世通言·旌阳宫铁树镇妖》："所生即真君也，形端骨秀，颖悟过人，年甫三岁，即知礼让。”

颖异 yǐng yì 极其聪慧，异于常人。《醒世恒言·独孤生归途闹梦》：“自幼颖异，十岁便能作文。到十五岁上，经史精通，下笔数千言，不待思索。”

影影绰绰 yǐng yǐng chuò chuò 隐隐约约，不清晰。张爱玲《倾城之恋》：“里屋没点灯，影影绰绰的只看见珠罗纱帐子里，她母亲躺在红木大床上，缓缓挥动白团扇。”

庸鄙 yōng bǐ 平庸，鄙陋。鲁迅《书信集·致章廷谦》：“据我所见，则昔之称为战士者，今已蓄意险仄，或则气息奄奄；甚至举止言语，皆非常庸鄙可笑。”

庸讵 yōng jù 何以，怎么。梁启超《论毅力》：“庸讵知所谓蹇焉、幸焉者，皆彼与我之相同。”

庸懦 yōng nuò 平庸，怯懦。鲁迅《坟·摩罗诗力说》：“如勇猛者，所遇无不庸懦，则生激怒。”

甬路 yǒng lù 院落中用砖石砌成的路。《红楼梦》：“进入院中，白石甬路，两边皆是苍松翠柏。”

涌湍 yǒng tuān 激流。《旧唐书·高崇文传》：“崇文遣高霞寓、郦定进倍道追之，至羊灌田及焉。辟自投岷江，擒于涌湍之中。”

踊擗 yǒng pǐ 顿足捶胸。形容极其哀痛。《旧唐书·张柬之传》：“故练而慨然者，盖悲慕之怀未尽，而踊擗之情已歇。”

幽篁 yōu huáng 幽深的竹林。唐·王维《竹里馆》：“独坐幽篁里，弹琴复长啸。”

幽冥 yōu míng 指人死后的阴间。唐·顾况《经徐侍郎墓作》：“夜泉无晓日，枯树足悲风。更想幽冥事，唯应有梦同。”

幽囚 yōu qiú 幽：隐藏，不公开的。囚禁，软禁。《战国策·秦策三》：“使臣得进谋如伍子胥，加之以幽囚，终生不复见，是臣说之行也，臣何忧乎?”

幽邃 yōu suì 幽远深邃。唐·卢照邻《狱中学骚体》:“圜户杳其幽邃兮,愁人披此严霜。见河汉之西落,闻鸿雁之南翔。”

悠游 yōu yóu 安闲自在。清·王夫之《读通鉴论》:“苟知此矣,在贫如富,在贱如贵,悠游卒岁,俟命而无求,岂不成乎大丈夫哉!”

游宦 yóu huàn 远离家乡外出做官。唐·王维《送崔九兴宗游蜀》:“已恨亲皆远,谁怜友复稀。君王未西顾,游宦尽东归。”

游屐 yóu jī 出游时穿的木屐,代指游玩的行踪。宋·张炎《满江红·己酉春日》:“任醉筇、游屐过平生,千年客。”

游目骋怀 yóu mù chěng huái 放眼远望,舒展胸怀。明·蒋一葵《尧山堂外纪》:“尽可傍花随柳,庶几游目骋怀。”

游憩 yóu qì 游玩和休息。唐·李白《赠嵩山焦炼师》:“八极恣游憩,九垓长周旋。”

游冶 yóu yě 指放浪声色,出游寻乐。宋·欧阳修《蝶恋花·庭院深深深几许》:“玉勒雕鞍游冶处,楼高不见章台路。”

游弋 yóu yì 来回走动,巡行。清·曾国藩《曾国藩家书》:“洋人在江苏滋扰,于六月十一日攻陷镇江,有大船几十只,在大江游弋。”

有条不紊 yǒu tiáo bù wěn 形容有条有理,一点不乱。沈从文《一点回忆一点感想》:“也只有在中国共产党领导下的新中国,才做得到这样步调整齐严肃,有条不紊。”

牖中窥日 yǒu zhōng kuī rì 牖:窗户。从窗户缝中看太阳。比喻见识不广。南朝·宋·刘义庆《世说新语·文学》:“北人看书,如显处视月;南人学问,如牖中窥日。”

佑庇 yòu bì 庇护,保护。清·蒲松龄《聊斋志异·李伯言》:“次日,如王所,王犹惫卧。见李,肃然起敬,申谢佑庇。”

宥罪 yòu zuì 宽恕罪行。《红楼梦》:“那些人说道:‘那世职的荣耀比任什么还难得，你们大老爷闹掉了，想要这个再不能的了。如今的圣人在位，赦过宥罪，还赏给二老爷袭了，这是千载难逢的，怎么不给喜钱？’”

迂诞 yū dàn 言行迂腐荒诞，不合情理。《史记·孝武本纪》：“言神事，事如迂诞，积以岁乃可致。”

迂谬 yū miù 言行迂腐荒谬。俞平伯《人生不过如此·癸酉年南归日记》：“以小人待天下，固不可为训，径以圣贤待之，亦迂谬甚矣。”

迂讷 yū nè 为人拘谨，不善言辞。清·蒲松龄《聊斋志异·促织》：“邑有成名者，操童子业，久不售。为人迂讷，遂为猾胥报充里正役。”

迂谈阔论 yū tán kuò lùn 高谈阔论，多带贬义，指不切实际地大发议论。明·冯梦龙《东周列国志》：“且王驩等阿谀取容，蔽贤窃位，驺衍等迂谈阔论，虚而无实，大王信用此辈，妾恐其有误社稷。”

淤塞 yū sè 指水道淤积堵塞，不畅通。老舍《老张的哲学》：“好像久被淤塞的河水找着一个出口，心中的一切和河水的泛溢一般无法停止。”

渔樵 yú qiáo 打渔和砍柴。喻指隐居生活。丰子恺《忆儿时》：“但在书中常常读到赞咏钓鱼的文句，例如什么‘独钓寒江雪’，什么‘渔樵度此身’，才知道钓鱼原来是很风雅的事。”

渔阳鼙鼓 yǔ yáng pí gǔ 本指安禄山渔阳兵变叛唐之事。后用作外族入侵的典故。宋·辛弃疾《杏花天·嘲牡丹》：“渔阳鼙鼓边风急，人在沉香亭北。”

逾恒 yú héng 超越寻常。《后汉书·郡国志五》：“每十户过八十余口，逾恒率矣，疑口数有斗。”

逾矩 yú jǔ 超越法度。《魏书·释老志》：“城内唯拟一永宁寺地，郭内唯拟尼寺一所，余悉城郭之外。欲令永遵此制，无敢逾矩。”

逾邈 yú miǎo 相差遥远。《宋史·吕好问传》：“逮今半载，治效逾邈，良田左右前后，不能推广德意，而陛下过于容养。”

逾垣 yú yuán 翻墙。鲁迅《阿Q正传》：“(团丁)逾垣进去，里应外合，一拥而入,将阿Q抓出来。”

逾约 yú yuē 超过约定的期限。唐·韩愈《送东阳马生序》:“录毕,走送之,不敢稍逾约。”

榆次之辱 yú cì zhī rǔ 荆轲在榆次无故受到盖聂的怒视。后用作无故受辱的典故。《后汉书·孔融传》:“性既迟缓,与人无伤,虽出胯下之负,榆次之辱,不知贬毁之于己,犹蚊虻之一过也。”

榆枋 yú fāng 榆树与枋树。比喻狭小的天地。唐·权德舆《酬穆七侍郎早登使院西楼感怀》:“诗轻沉隐侯,赋拟王仲宣。小鸟抢榆枋,大鹏激三千。”

榆枌 yú fén 榆树。借指故乡。宋·范成大《判命坡》:“早晚北窗寻噩梦,故应含笑老榆枌。”

榆景 yú jǐng 喻指晚年光景。清·陆心源《唐文拾遗》:“年将耳顺,榆景日侵,不惧船海之危,远涉阳侯之险。”

愚騃 yú ái 愚笨,痴傻。宋·沈括《梦溪笔谈·人事一》:“曼卿言:‘豪者之状,懵然愚騃,殆不分菽麦;而奉养如此,极可怪也。’”

愚瞽 yú gǔ 愚钝不明之人。多用作谦辞。《旧唐书·马周传》:“是以徒步二千里而自归于陛下,陛下不以臣愚瞽,过垂齿录。”

愚氓 yú méng 愚民。清·王夫之《宋论》:“小利易以生愚氓之喜,隐忧实以怵君子之心。”

舆榇 yú chèn 载着棺材。表示以必死之心相对。《明史·罗侨传》:“时朝士久以言为讳。侨疏上,自揣必死,舆榇待命。”

舆金辇璧 yú jīn niǎn bì 用车载运金银珠宝。多指行贿。汉·陈琳《为袁绍檄豫州文》:“父嵩,乞匄携养,因赃假位,舆金辇璧,输货权门,窃盗鼎司,倾覆重器。”

舆辇 yú niǎn 帝王所乘车驾。唐·刘宪《奉和人日清晖阁宴群臣遇雪应制》:“舆辇乘人日,登临上凤京。风寻歌曲扬,雪向舞行萦。”

羽扇纶巾 yǔ shàn guān jīn 形容将领从容淡定的神情。宋·苏轼《念奴娇·赤壁怀古》:“遥想公瑾当年,小乔初嫁了,雄姿英发。羽扇纶巾,谈笑间,樯橹灰飞烟灭。”

玉石相揉 yù shí xiāng róu 玉石:好与坏、贤与愚。比喻好坏混乱、掺杂。《孔丛子·对魏王》:“驽骥同辕,伯乐为之咨嗟;玉石相揉,和氏为之叹息。”

芋魁豆饭 yù kuí dòu fàn 芋根和豆类食品。喻指粗劣的食物。清·唐孙华《夏日园居杂咏》:“苦草王瓜随地满,芋魁豆饭一生过。”

郁馥 yù fù 香气浓烈。南朝·梁·王僧孺《初夜文》:“拂高轩而徐薄,名香郁馥;出重檐而轻转,金表含映。”

郁垒神荼 yù lǜ shēn shū 门神的名字。借指桃符、春联。宋·姜夔《鹧鸪天·丁巳元日》:“娇儿学作人间字,郁垒神荼写未真。”

郁轮袍 yù lún páo 相传是王维所作的乐曲。宋·张孝祥《鹧鸪天·忆昔彤庭望日华》:“《郁轮袍》曲惭新奏,风送银弯犯斗槎。”

郁悒 yù yì 忧郁,苦闷。清·纪昀《阅微草堂笔记·滦阳续录五》:“无事之时,望影藏匿。跋前踬后,日不聊生。渐郁悒成疾,不半载内,先后死。”

郁郁葱葱 yù yù cōng cōng 草木茂盛的样子。沈从文《湘西杂记》:“但见河身平远静穆,嘉树四合,绿竹成林,郁郁葱葱,别有一种境界。”

浴沂 yù yí 在沂水中洗澡。孔子曾赞成曾参说的浴沂咏归之乐。后用“浴沂”指怡然处世的人生态度。宋·王奕《沁园春·过彭泽发明靖节归来之本心》:“人表何时,谁生过鲁,愿企高风慕浴沂。”

预筹 yù chóu 预先筹谋。《清史稿·穆宗本纪》:“甲子,总理各国事务衙门言预筹修约事。”

欲盖弥彰 yù gài mí zhāng 想掩盖过失或真相,结果却暴露得更加明显。王安忆《长恨歌》:“胭脂粉都是白搭,描画的恰是沧桑,是风尘中的美,每一笔都是欲盖弥彰。”

欲壑难填 yù hè nán tián 欲望像深沟一样难以填平。形容欲望太大，无法满足。鲁迅《南腔北调集·谈金圣叹》："他们虽然至今不知道'欲壑难填'的古训，却很明白'成则为王，败则为贼'的成语。"

欲取姑予 yù qǔ gū yǔ 指先以诱惑使对方放松警惕，然后再找机会夺取。张爱玲《小团圆》："她恨他中了人家'欲取姑予'之计，又要这样怕。他进来了也不理他。"

遇水叠桥 yù shuǐ dié qiáo 遇水阻拦，就架桥通过。形容不怕阻力，奋勇前进。《三国演义》："必须一大将为先锋，逢山开路，遇水叠桥。谁敢当之？"

御辇 yù niǎn 皇帝乘坐的车子。唐·杨巨源《春日奉献圣寿无疆词十首》："赏叶元和德，文垂雅颂音。景云随御辇，颢气在宸襟。"

御前画地 yù qián huà dì 《晋书·张华传》记载：汉武帝向张华询问汉宫室制度和建章宫规模，张华应对如流，边回答边在地上画，画地成图，听者忘倦。后用"御前画地"形容一个人博学多才，善于筹划。清·张问陶《送家鹤坪太守之任河南》："御前画地谈河北，剑外题诗接瀼东。"

御膳 yù shàn 帝王的饮食。唐·孙元晏《齐·明帝裹蒸》："至尊尊贵异人间，御膳天厨岂等闲。"

御侮 yù wǔ 抵抗外来侵略。鲁迅《朝花夕拾·狗·猫·鼠》："是凡遇猫们捣乱，至于有人讨厌时，我便站出去，在门口大声叱曰：'嘘！滚！'小小平静，即回书房，这样，就长保着御侮保家的资格。"

寓邸 yù dǐ 居住的府第。清·王夫之《永历实录》："迎王于寓邸，颁思文皇帝败问，践阼于肇庆。"

裕后光前 yù hòu guāng qián 形容人功劳卓越，造福后辈，荣耀先辈。清·吴广成《西夏书事》："怀携柔远，王者之洪规；裕后光前，子臣之私愿。"

豫章 yù zhāng 章：同"樟"，枕木与樟木的并称，比喻栋梁之材。唐·孟郊《子庆诗》："凤兮且莫叹，鲤也会闻诗。小小豫章甲，纤纤玉树姿。"

鸳盟 yuān méng 男女恋人的爱情誓言。清·李宝嘉《官场现形记》:“认娘舅当场露马脚,饰娇女背地结鸳盟。”

鸳衾 yuān qīn 绣有鸳鸯的被子。多指夫妻共寝的被子。唐·钱起《长信怨》:“鸳衾久别难为梦,凤管遥闻更起愁。”

冤孽 yuān niè 佛教语。指因做坏事、造恶业而招致的冤家或冤报。《红楼梦》:“这也是前生冤孽:可巧遇见这丫头,他便一眼看上了,立意买来作妾。”

冤愆 yuān qiān 冤仇,罪过。鲁迅《朝花夕拾·父亲的病》:“不肯用灵丹点在舌头上,又想不出‘冤愆’来,自然,单吃了一百多天的‘败鼓皮丸’有什么用呢?”

渊默 yuān mò 深沉静默。《淮南子·泰族训》:“齐明盛服,渊默而不言,神之所依者,尸也。”

渊薮 yuān sǒu 渊:深水,多鱼。薮:水边的草地,多兽。比喻人或事物集中的地方。《三国志·魏志·高柔传》:“臣以为博士者,道之渊薮,六艺所宗,宜随学行优劣,待以不次之位。”

渊懿 yuān yì 深厚,美好。梁启超《饮冰室诗话》:“严又陵哲学大家,人多知之;至其诗才之渊懿,或罕知者。”

鹓侣 yuān lǚ 朝中同僚。唐·元稹《酬翰林白学士代书一百韵》:“鹓侣从兹洽,鸥情转自縻。”

袁安高卧 yuán ān gāo wò《后汉书·袁安传》记载:洛阳大雪,时人多除雪出来乞讨食物。洛阳令巡行到袁安家,见袁安僵卧不起,袁安解释说:“大雪人皆饿,不宜干人。”洛阳令认为袁安是个贤人,推举他为孝廉。后以“袁安高卧”形容身处困境但能坚守节操的行为。元·关汉卿《裴度还带》:“看路径行人绝迹,我可便听园林冻鸟时啼,这其间袁安高卧将门闭。”

圆蟾 yuán chán 神话传说月中有蟾蜍,指圆月。宋·蔡伸《十六字令》:“天。休使圆蟾照客眠。人何在? 桂影自婵娟。”

圆寂 yuán jì 涅槃。佛教中称僧尼死亡。《水浒传》:“你是出家人,还不省得佛门中圆寂便是死?”

圆颅方趾 yuán lú fāng zhǐ 圆头方脚,指人的模样。张爱玲《小团圆》:“不是说‘圆颅方趾’吗,她想。还有不圆的?”

圆凿方枘 yuán záo fāng ruì 圆孔与方榫头不能相合。比喻彼此格格不入。清·陆心源《唐文拾遗》:“某徒圆凿方枘,避柱触楹,累陈高凤之词,莫解子都之怒。”

援笔洪都 yuán bǐ hóng dū《新唐书·王勃传》记载:王勃经过洪都(今南昌)去探父,适逢当地都督在滕王阁开宴,王勃当场作序,一挥而就,写下传诵千古的《滕王阁序》。后以“援笔洪都”称赞人才气横溢,文思敏捷。宋·刘一止《念奴娇·和曾宏父九日见贻》:“援笔洪都,如君英妙,满座方倾属。”

援毫 yuán háo 提笔,执笔。唐·李白《感时留别从兄徐王延年从弟延陵》:“掺袂何所道,援毫投此辞。”

缘木求鱼 yuán mù qiú yú 爬上树去找鱼。比喻方法不对,劳而无功。清·李汝珍《镜花缘》:“今以阴地,意欲挽回造化,别有希冀,岂非‘缘木求鱼’?”

猿鹤沙虫 yuán hè shā chóng 相传周穆王南征时,军人战死,君子化为猿与鹤,小人化为虫与沙。后以“猿鹤沙虫”指阵亡的将士和死于战乱的百姓。清·黄遵宪《述闻》:“螟蛉果蠃终谁抚,猿鹤沙虫总可哀。”

猿猱 yuán náo 泛指猿猴。唐·李白《蜀道难》:“黄鹤之飞尚不得过,猿猱欲度愁攀援。”

猿啼鹤怨 yuán tí hè yuàn 猿鹤的叫声悲哀,喻指哀怨声,哀叹声。唐·李商隐《和友人戏赠二首》之二:“新正未破剪刀闲,猿啼鹤怨终年事。”

辕下驹 yuán xià jū 车辕下不惯驾车的幼马。比喻少见世面、器局狭小的人。唐·杜甫《别苏徯》:“赠尔秦人策,莫鞭辕下驹。”

怨诅 yuàn zǔ 怨恨，诅咒。汉·刘向《新序》："夫舟车饰则赋敛厚，赋敛厚则民怨诅矣。"

掾吏 yuàn lì 官府中佐助官吏的通称。唐·杜甫《览物》："曾为掾吏趋三辅，忆在潼关诗兴多。"

岳降 yuè jiàng《诗经》有"维岳降神，生甫及申"的诗句，后用"岳降"称人诞生或诞辰。宋·马伯升《水调歌头》："瑞应杉溪县，光动极星宫。人间盛事此日，岳降自高嵩。"

岳牧 yuè mù 尧舜时四岳十二牧的省称。后泛称封疆大吏。唐·杜甫《送陵州路使君赴任》："高官皆武臣，幽燕通使者。岳牧用词人，国待贤良急。"

岳祇 yuè qí 山神。宋·朱熹《十六日下山各赋一篇仍迭和韵》："岳祇珍重意，只此是将迎。"

岳峙渊渟 yuè zhì yuān tíng 如山岳屹立，如渊水停滞。形容人坚定、沉着。南朝·梁·萧纶《隐居贞白先生陶君碑》："行仁蹈义，岳峙渊渟。"

阅川 yuè chuān 晋·陆机《叹逝赋》里有"川阅水以成川"之句。后以"阅川"比喻年华。唐·李百药《王师渡汉水经襄阳》："阅川已多叹，遐睇几增伤。临溪犹驻马，望岘欲沾裳。"

阅市 yuè shì 汉代的王充家境贫寒，买不起书，就常常到洛阳卖书的地方去看书。后以"阅市"称赞人勤奋好学。元·辛文房《唐才子传·汪遵》："家贫借书，以夜继日，古人阅市偷光，殆不过此。"

悦近来远 yuè jìn lái yuǎn《论语·子路》有"近者悦，远者来"之语。形容政治清明，远近的人都来归附。《南史·梁本纪》："布德施惠，悦近来远。开荡荡之王道，革靡靡之商俗。"

悦慕 yuè mù 爱慕，敬慕。唐·孙棨《北里志》："邻有庞佛奴，与之同岁，亦聪警，甚相悦慕。"

跃鳞 yuè lín 游动的鱼。唐·喻坦之《春游曲江》："曲岸藏翘鹭，垂杨拂跃鳞。”

越凫楚乙 yuè fú chǔ yǐ 鸿雁飞于天上，越国的人认为是野鸭，楚国的人以为是燕子。比喻对事物认识不清，因判断错误而各执己见。柴萼《李纫兰》：“越凫楚乙休题品，识字何曾为近名。”

越蠡 yuè lí 古代越国名臣范蠡。清·陆心源《唐文拾遗》：“但以汉良前箸，犹劳战伐之谋；越蠡扁舟，未遂优闲之望。”

越鸟南栖 yuè niǎo nán qī 南方飞来的鸟，筑巢时一定会筑在南边的树枝上。比喻眷恋故乡。明·冯梦龙《醒世恒言·白玉娘忍苦成夫》：“但闻越鸟南栖，狐死首丘，万里亲戚坟墓，俱在南朝，早暮思想，食不甘味。”

越瘦秦肥 yuè shòu qín féi 语出唐·韩愈《争臣论》。越国的人看到秦国人的胖瘦，根本不会关心。比喻痛痒与己无关。元·施惠《幽闺记·罔害皤良》：“恰便是骄骢立仗，噤住口不容嘶，将焉用彼过谁欤，那知越瘦与秦肥？”

越俎代庖 yuè zǔ dài páo 出自《庄子》。厨师不尽职，主祭祀的人越过樽俎去代替他。比喻越权办事。宋·秦观《代谢中书舍人启》：“一时承乏，方惭越俎以代庖；数月为真，更愧操刀而制锦。”

粤犬吠雪 yuè quǎn fèi xuě 南方的狗没有见到过下雪，下雪时狂吠不止。比喻少见多怪。宋·杨万里《荔枝歌》：“粤犬吠雪非差事，粤人语冰夏虫似。”

云娇雨怯 yún jiāo yǔ qiè 比喻女子妩媚含羞的情态。清·洪昇《长生殿·春睡》：“昨宵侍寝西宫，未免云娇雨怯。”

耘锄 yún chú 整地锄草，泛指农业劳动。宋·王安石《道人北山来》：“告叟去复来，耘锄尚康强。”

耘耨 yún nòu 耕耘，泛指农业劳动。《魏书·索敞传》：“世隆子孟贵，性至孝，每向田耘耨，早朝拜父，来亦如之。”

陨雹飞霜 yǔn báo fēi shuāng 晋武帝时，王濬有大功却被构陷，导致五月天下冰雹，打坏禾苗、麦苗和房子。战国时，邹衍无罪被燕国关押，仰天悲叹，导致五月天降下了寒霜。后以“陨雹飞霜”指遭受诬陷和冤枉。明·屠隆《彩毫记·远谪夜郎》：“金门侍臣李白遭诬枉，下浔阳诏狱，钩治永王逆党。臣知冤状，义激冲冠，代为稽颡。念陨雹飞霜，孤忠可亮。”

陨箨 yǔn tuò 剥落笋壳，比喻衰颓之势发展得很快。《明史·熊明遇传》：“太阿之柄，渐入中涓。魁垒之人，渐如陨箨。制科之法，渐成奸薮。”

殒身不恤 yǔn shēn bù xù 殒：牺牲。恤：顾惜。宁可牺牲生命也不顾惜。鲁迅《记念刘和珍君》：“至于这一回……虽殒身不恤的事实，则更足为中国女子的勇毅没有消亡的明证。”

晕珥 yùn ěr 太阳和月亮旁的光晕。《元史·天文志》：“而凡日月薄食、五纬凌犯、彗孛飞流、晕珥虹霓、精昆云气等事，其系于天文占候者，具有简册存焉。”

韫椟而藏 yùn dú ér cáng 《论语·子罕》：“有美玉于斯，韫椟而藏诸，求善贾而沽诸？”后以“韫椟而藏”比喻怀才待用，或者怀才退隐。明·冯梦龙《东周列国志》：“晋楚相持，吾王正在用人之际，两位将军，有此神箭，当奏闻吾王，美玉不可韫椟而藏。”

韫玉 yùn yù 把美玉藏起来。比喻怀藏才德。清·石玉昆《三侠五义》：“难道《诗经》二句诗在手帕上写的，你还不明白吗？那明是韫玉待价之意。”

Z

拶榨 zā zhà 压榨。朱自清《温州的踪迹》：“她若卖到这种人手里，他们必拶榨她过量的劳力。”

载笔 zài bǐ 《礼记》中有“史载笔”之语，指携带文具来记录君王的言行。后用来借指史官。宋·苏轼《赐翰林学士中大夫兼侍读赵彦若辞免国史修撰不允诏》：“卿学世其家，宜居载笔之地；官宿其业，已奏杀青之书。”

载籍 zǎi jí 书籍；典籍。常用来形容人学识广博。元·揭傒斯《何先生墓志铭》："先生少颖拔，以古学自任，天下载籍，靡不贯穿。"

载酒问字 zài jiǔ wèn zì 《汉书》记载：扬雄家很清贫，但是学问很好，常有人登门求教。因扬雄喜欢喝酒，当时有人竟然载着酒肴来请教他。后来就用"载酒问字"形容勤奋好学，虚心求教。元·萨都剌《京城访揭曼硕秘书》："城中车马多如云，载酒问字无一人。"

载驱载驰 zài qū zài chí "载"，发语词，无实际意义。指车马疾行。晋·陆云《答兄平原》："矫矫乘马，载驱载驰。"

在陈之厄 zài chén zhī è 《论语》记载：孔子周游列国，宣传他的学说，在陈国时断了粮，跟随的人都饿得起不来。后以"在陈之厄"指饥饿贫困的境况。清·李汝珍《镜花缘》："幸亏女大王将衣箱送还；若不送还，只怕还有什么在陈之厄哩！"

簪珥 zān ěr 发簪和耳饰。多指身份高贵的妇女的首饰。清·蒲松龄《聊斋志异·甄后》："有美人入，簪珥光彩，从者皆宫妆。"

簪蒿席草 zān hāo xí cǎo 以蒿作簪，以草为席。形容生活艰苦。《东观汉记·杜林传》："（杜林）于河西得漆书古文《尚书经》一卷，每遭困厄，握抱此经。寄隗嚣地，终不降志辱身，至簪蒿席草，不食其粟。"

簪花格 zān huā gé 西晋书法家卫恒善写草书和隶书，字体秀丽如插花美女。后称书法娟秀工整者为簪花格。明·王彦泓《即事》："含毫爱学簪花格，展画惭看出浴图。"

簪屦 zān jù 头上的发簪和脚下的鞋子。比喻卑微的旧臣。宋·曾巩《贺韩相公启》："巩一去朝行，六更岁序。顾兹旧物，自惭簪屦之微；保是孤生，方赖陶钧之赐。"

簪星曳月 zān xīng yè yuè 头上缀着星星，身上佩着月亮。比喻穿戴装饰光彩耀眼。唐·褚载《赠道士》："簪星曳月下蓬壶，曾见东皋种白榆。"

簪缨 zān yīng 古代官吏的冠饰，簪为文饰，缨为武饰。借指显贵。茅盾《动摇》:"陆家可说是世代簪缨的旧族。"

赞襄 zàn xiāng 辅助,协助。明·凌蒙初《二刻拍案惊奇·硬勘案大儒争闲气》:"察其词意,似出至诚。还有守公赞襄,作个月老。"

赃墨 zāng mò 贪污受贿。宋·周密《齐东野语·林复》:"有告监文思院常良孙赃墨事,朝廷下之临安狱,久不得其情。"

赃污狼藉 zāng wū láng jí 贪污受贿,行为不检,名声败坏。唐·白居易《贬于尹躬洋州刺史制》:"中书舍人于尹躬,其弟皋谟,赃污狼藉。"

遭逢不偶 zāo féng bù ǒu 偶:投合。指人生际遇不合时机。清·蒲松龄《聊斋志异·叶生》:"嗟乎!遇合难期,遭逢不偶。"

遭家不造 zāo jiā bù zào 遭:遇到。造:成。出自《诗经》,是周成王居父丧时自哀之辞。后指遭遇家中不幸的事。《后汉书·孝桓帝纪》:"乙丑,诏曰:'曩者遭家不造,先帝早世。永惟大宗之重,深思嗣续之福,询谋台辅,稽之兆占。'"

遭罹 zāo lí 遭遇忧愁、困苦。宋·苏轼《徐州谢奖谕表》:"此盖伏遇皇帝陛下,天覆四海,子养万民,哀无辜之遭罹,特遣使以存问。"

遭戮 zāo lù 遭受杀戮。《旧唐书·僖宗纪》:"执李煴斩之,械裴彻、郑昌图于狱,文武官僚遭戮者殆半。"

遭孽 zāo niè 遭受苦难、罪孽。贾平凹《秦腔》:"夏天义在家里不吭声,等武林走了,就捶胸顿足,骂庆玉要遭孽。"

糟糠 zāo kāng 酒渣、米糠等粗劣食物。借指共过患难的妻子。唐·卢仝《感古四首》:"读书书史未润身,负薪辛苦胝生肘。谓言琴与瑟,糟糠结长久。"

糟糠之妻 zāo kāng zhī qī 糟糠:穷人用来充饥的酒渣、米糠等粗劣食物。借指共患难的妻子。钱钟书《围城》:"譬如他那位原配的糟糠之妻,凑趣地死了,让他娶美丽的续弦夫人。"

凿齿 záo chǐ 《山海经》和《淮南子》记载:凿齿是野人(也有说是野

兽),齿长三尺,其状如凿。尧派后羿消灭凿齿,后羿与凿齿战于寿华之野。凿齿持盾,被后羿射杀。后以“凿齿”比喻残暴作乱之徒。唐·李白《北上行》:“奔鲸夹黄河,凿齿屯洛阳。”

凿骨捣髓 záo gǔ dǎo suǐ 比喻非常刻毒。清·西周生《醒世姻缘传》:“惹的那个先生凿骨捣髓的臭骂一场,即刻收拾了书箱去了。”

凿龟数筴 záo guī shǔ jiā 钻灼龟甲,数蓍草茎。指卜筮。三国·魏·嵇康《难〈宅无吉凶摄生论〉》:“夫凿龟数筴,可以知吉凶,然不能为吉凶。”

凿坏以遁 záo pī yǐ dùn 隐居不仕。汉·扬雄《解嘲》:“故士或自盛以橐,或凿坏以遁。”

凿窍 záo qiào 开通七窍。语出《庄子·应帝王》。传说中央之帝为混沌。南海之帝倏与北海之帝忽受到了混沌很好的招待,想回报他。他们觉得人都有七窍,可以感知外部世界,混沌却没有,于是他们好心凿之。每天凿一窍,七天下来混沌就死了。后以“凿窍”喻指破坏天然的东西。唐·韩愈《嘲鼾睡二首》之二:“南帝初奋槌,凿窍泄混沌。迥然忽长引,万丈不可忖。”

凿险缒幽 záo xiǎn zhuì yōu 比喻追求峻险幽奇的艺术境界。清·袁枚《随园诗话》:“诗贵温柔,而公性情刻酷,故凿险缒幽,自堕魔障。”

凿性斧身 záo xìng fǔ shēn 戕害身体性命。清·李渔《闲情偶寄·颐养·行乐》:“备此五贵,始可与言饮酒之乐,不则曲蘖宾朋皆凿性斧身之具也。”

蚤寝晏起 zǎo qǐn yàn qǐ 蚤:通“早”。睡得早,起得迟。《礼记·内则》:“孺子蚤寝晏起,唯所欲,食无时。”

蚤虱 zǎo shī 跳蚤和虱子。比喻卑微而令人厌恶的人。鲁迅《书信集·致曹靖华》:“兄只要看我的后记,便知道上海文坛情形,多么讨厌,虽然只不过是些蚤虱之流,但给叮了总得搔搔,这就够费工夫了。”

澡垢索疵 zǎo gòu suǒ cī 比喻刻意寻找他人的过失。《新唐书·崔元综传》:“每受制鞫狱,必澡垢索疵,不入死不止,人畏鄙之。”

澡盥 zǎo guàn 洗涤。《东观汉记·傅俊传》:“汉兵反走,还汝水上,上以手饮水,澡盥须眉尘垢,谓俊曰:‘今日罢倦甚,诸卿宁惫邪?’”

藻翰 zǎo hàn 指文章。《新唐书·赵涓传》:“子博宣,亦擢进士第。藻翰豪迈,沈于酒,傲忽少检。”

藻鉴 zǎo jiàn 品评、鉴别人才。《旧唐书·韦挺传》:“待价素无藻鉴之才,自武职而起,居选部,既铨综无叙,甚为当时所嗤。”

造车合辙 zào chē hé zhé 造出来的车子,车轮与地上其他车辆轧出来的痕迹相吻合。比喻主观同客观相符合。蔡东藩《民国通俗演义》:“同人不敏,以为吾父老子弟之请愿者,无所团结,则有如散沙在盘,无所榷商,则未必造车合辙。”

造次颠沛 zào cì diān pèi 语出《论语·里仁》:“君子无终食之间违仁,造次必于是,颠沛必于是。”指流离失所,生活困顿。清·王韬《淞隐漫录》:“女见生于造次颠沛之间,犹能以礼自持,益为心许。”

造孽 zào niè 孽:恶因,罪恶。佛教认为有恶因则有恶果。“造孽”泛指干坏事。《红楼梦》:“若是为着一两个不好,个个都押着他们还俗,那又太造孽了。”

造微入妙 zào wēi rù miào 形容达到微妙的境界。宋·沈作喆《寓简》:“书固艺事,然不得心法,不能造微入妙也。”

造衅 zào xìn 制造事端。《红楼梦》:“漫言不肖皆荣出,造衅开端实在宁。”

造谒 zào yè 拜访进见。《喻世明言·陈希夷四辞朝命》:“梁唐士大夫慕陈先生之名,如活神仙,求一见而不可得。有造谒者,先生辄侧卧,不与交接。”

仄陋 zè lòu 有才德而地位卑微的人。三国·魏·曹操《求贤令》:“二三子其佐我明扬仄陋,唯才是举。”

扎寨 zhā zhài 扎营。《三国演义》:“街亭东北上有一城,名列柳城,乃山僻小路，此可以屯兵扎寨。”

渣滓 zhā zǐ 品质恶劣对社会有危害的人。瞿秋白《“子夜”和国货年》：“空谈的大学教授，吃利息的高尚诗人，这只是一些社会的渣滓。”

乍暖还寒 zhà nuǎn huán hán 形容冬末春初天气忽冷忽热，冷热不定。宋·李清照《声声慢》：“乍暖还寒时候，最难将息。”

斋醮 zhāi jiào 请僧道设斋坛祈祷。明·凌蒙初《初刻拍案惊奇》卷十七：“因念亡夫恩义，思量做些斋醮功果超度他。”

斋心涤虑 zhāi xīn dí lǜ 洁净身心，清除杂念。宋·叶适《辩兵部郎官朱元晦状》：“方斋心涤虑，以俟陛下反复诘难，庶几竭尽愚衷。”

窄韵 zhǎi yùn 诗韵中字数较少的韵部。宋·欧阳修《六一诗话》：“前史言退之为人木强。若宽韵可自足，而辄傍出；窄韵难独用，而反不出。岂非其拗强而然与？”

沾溉 zhān gài 浸润浇灌，比喻使人受益。鲁迅《汉文学史纲要》：“惟谊尤有文采，而沉实则稍逊，如其《治安策》、《过秦论》，与晁错之《贤良对策》、《言兵事疏》、《守边劝农疏》，皆为西汉鸿文，沾溉后人，其泽甚远。”

沾露 zhān lù 露水，露珠。晋·陆机《拟迢迢牵牛星》：“引领望大川，双涕如沾露。”

旃檀瑞像 zhān tán ruì xiàng 檀香木刻的释迦牟尼像。《梁书·诸夷传·扶南国》：“（天监）十八年，复遣使送天竺旃檀瑞像、婆罗树叶。”

瞻睹 zhān dǔ 观看，看见。《旧唐书·良吏传（上）·韦景骏》：“咸对曰：‘此间长宿传说，县中廨宇、学堂、馆舍、堤桥，并是明公遗迹。将谓古人，不意亲得瞻睹，不觉欣恋倍于常也。’”

瞻顾 zhān gù 回顾。明·归有光《项脊轩志》：“瞻顾遗迹，如在昨日，令人长号不自禁。”

展骥 zhǎn jì 喻施展才能。唐·陈子昂《为资州郑使君让官表》：“题舆佐岳，无展骥之庸；剖竹专城，阙悬鱼之化。”

崭露头角 zhǎn lù tóu jiǎo 显示出超群的才华。蔡东藩、许廑父《民国通俗演义》："此番吴氏北返，独倡保定会议，无非欲崭露头角，力与段派抗衡。"

栈道 zhàn dào 在险绝处傍山架木而成的一种道路。《史记·高祖本纪》："楚诸侯之慕从者数万人，从杜南入蚀中。去辄烧绝栈道，以备诸侯盗兵袭之，亦示项羽无东意。"

湛卢 zhàn lú 春秋时欧冶子所铸宝剑的名字，后来泛指宝剑。唐·杜甫《大历三年春白帝城放船四十韵》："朝士兼戎服，君王按湛卢。"

蘸钢 zhàn gāng 经过淬火工艺的钢。元·无名氏《碧桃花》第三折："这一个戗金铠身上穿，那一个蘸钢鞭腕上悬。"

蘸破 zhàn pò 吵醒。明·汤显祖《牡丹亭·闹殇》："月轮空，敢蘸破你一床幽梦。"

樟亭 zhāng tíng 古地名，观潮胜地。在今浙江省杭州市。唐·李白《送王屋山人魏万还王屋》："挥手杭越间，樟亭望潮还。"

招摇撞骗 zhāo yáo zhuàng piàn 借助别人声势骗取利益。《红楼梦》："贾政听了，便说道：'我是对得天的，从不敢起这要钱的念头。只是奴才在外招摇撞骗，闹出事来我就吃不住了。'"

招赘 zhāo zhuì 招女婿。《水浒传》："智深大笑道：'太公，你也是个痴汉，既然不两厢情愿，如何招赘做个女婿？'"

昭雪 zhāo xuě 洗清冤屈。清·吴敬梓《儒林外史》："陈木南道：'那也是他学里几个秀才诬赖他的。后来，这件官事也昭雪了。'"

昭著 zhāo zhù 明显。《三国志·蜀书·先主传》："考省《灵图》，启发谶、纬，神明之表，名讳昭著。"

朝菌 zhāo jūn 某些朝生暮死的菌类植物。比喻极短的生命。《庄子·逍遥游》："朝菌不知晦朔，蟪蛄不知春秋。"

朝乾夕惕 zhāo qián xī tì 形容一天到晚勤奋谨慎，没有一丝懈怠。

《周易·乾》："君子终日乾乾，夕惕若厉，无咎。"《红楼梦》："惟朝乾夕惕，忠于厥职外，愿我君万寿千秋，乃天下苍生之同幸也。"

辙乱旗靡 zhé luàn qí mǐ 错乱无章法。唐·虞世南《破邪论序》："引文证理，非道则儒，曲致深情，指的周密，莫不辙乱旗靡，瓦解冰消。"

朝秦暮楚 zhāo qín mù chǔ 战国时，秦、楚两个大诸侯国之间经常发生战争，小诸侯国为了自身利益，时而向秦，时而向楚，变幻无常，连游说之人也是这样。比喻人变化不定，反复无常。明·俞弁《逸老堂诗话》："余尝过访其居，修竹潇然，焚香独坐，左图右史，充栋汗牛。昔人之所慕者，今大中俱得之矣。与世之朝秦暮楚，驱驰势利之场者，大相辽绝哉。"

蔗境 zhè jìng 喻人的晚景美好。宋·赵必豫《水调歌头·寿梁多竹八十》："百岁人有几？七十世间稀。何况先生八十，蔗境美如饴。"

嘲哳 zhāo zhā 同"啁哳"，形容声音繁杂细碎。唐·白居易《琵琶行》："岂无山歌与村笛，呕哑嘲哳难为听。"

侦逻 zhēn luó 侦察巡逻。《晋书·艺术传·戴洋》："昨朝大雾晏风，当有怨贼报仇，攻围诸侯，诚宜远侦逻。"

辙迹 zhé jì 痕迹。《老子》："善行无辙迹，善言无瑕谪。"

祯祥 zhēn xiáng 吉祥的征兆。《西游记》："人间数次降祯祥，世上几番消厄愿。"

斟量 zhēn liàng 估量。宋·王安石《与沉道原书》之一："见黄吉父，说四姐甚瘦悴，恐久蔬食而然，切须斟量，勿使成疾。"

斟酌 zhēn zhuó 反复考虑，择善而定。曹禺《日出》（第四幕）："字眼上可以略微斟酌斟酌再用。"也作品评欣赏。宋·向子諲《清平乐·滁阳寄邵子非诸友》："今夜凄然对影，与谁斟酌姮娥。"

斟酌损益 zhēn zhuó sǔn yì 斟情酌理，掌握分寸。三国·蜀·诸葛亮《出师表》："至于斟酌损益，进尽忠言，则攸之、祎、允之任也。"

榛楛 zhēn kǔ 喻平庸之物。晋·陆机《文赋》："彼榛楛之勿剪，亦蒙荣于集翠。缀《下里》于《白雪》,吾亦济夫所伟。”

榛莽 zhēn mǎng 丛生的草木。鲁迅《一八艺社习作展览会小引》:“在榛莽中露出了日见生长的健壮的新芽。”

榛杞 zhēn qǐ 丛生的灌木。宋·司马光《资治通鉴·唐僖宗广明元年》:“战士死于瘴疠,百姓困为盗贼,致中原榛杞,皆蛮故也。”

枕石漱流 zhěn shí shù liú 比喻隐居山林的生活。三国·魏·曹操《秋胡行》:“遨游八极,枕石漱流饮泉。”

畛域 zhěn yù 区域,范围。唐·权德舆《小言》:“醯鸡伺晨驾蚊翼,毫端棘刺分畛域。”

震愕 zhèn è 震动惊愕。袁鹰《不灭的诗魂——怀邓拓同志和他的诗》:“我的心猛然一沉,好久好久,沉浸在震愕、悲愤与迷惘交织而成的万顷波涛中。”

震烁 zhèn shuò 光耀。聂绀弩《〈聂绀弩杂文集〉自序》:“于是就出了在形式上集本国杂文之大成,而在内容上也反叛了本国杂文中间的封建的东西,而且博览精通了世界文学,吸收了它们的精华来丰富了自己的文章,尤其是以新的杂文震烁一世的鲁迅。”

震悚 zhèn sǒng 震惊,惊惧。《后汉书·郅寿传》:“三辅素闻寿在冀州,皆怀震悚。”

镇唬 zhèn hǔ 威吓。《红楼梦》:“若拿出做上的规矩来镇唬,似乎无情太甚。”

镇纸 zhèn zhǐ 文具名。多用金属或石等制成,用来压纸、压书。茅盾《霜叶红似二月花》:“王伯申浓眉紧皱,坐在那里只顾摸弄一个玻璃的镇纸。”

征聘 zhēng pìn 征:征召。聘:聘请。旧谓朝廷以礼召集聘用有才能的人。现泛指聘请员工。《后汉书·陈忠传》:“忠以为临政之初宜征聘贤才以宣助风化。”

怔忡 zhēng chōng 惊恐不安。清·蒲松龄《聊斋志异·翩翩》:“突突怔忡间,衣已化叶。”

怔忪 zhēng zhōng 惊恐不安。汉·王符《潜夫论·救边》:“旬时之间,虏复为害,军书交驰,羽檄狎至,乃复怔忪如前。”

狰狞 zhēng níng 状貌十分可怕。老舍《四世同堂》:“还有许多西洋人在北平,东洋的武士须戴上一张面具,遮盖上狰狞的面孔。”

烝民 zhēng mín 民众,百姓。《诗·大雅·烝民》:“天生烝民,有物有则。”

蒸暑 zhēng shǔ 闷热的暑天。汉·王粲《公燕诗》:“凉风撤蒸暑,清云却炎晖。”

拯拔 zhěng bá 从困境中拯救或解脱。清·蒲松龄《聊斋志异·龙飞相公》:“戴大惧,酒亦醒,苦求拯拔。”

拯溺 zhěng nì 解救落水的人。《红楼梦》:“礼贤下士,拯溺救危,大有祖风。”

整饬 zhěng chì 整治,使之有条理。鲁迅《失掉的好地狱》:“当鬼魂们一齐欢呼时,人类的整饬地狱使者已临地狱,坐在中央,用了人类的威严,叱咤一切鬼众。”

整纷剔蠹 zhěng fēn tī dù 整治纷乱,清除弊害。《辽史·韩德枢传》:“德枢请往抚字之,授辽兴军节度使。下车整纷剔蠹,恩煦信孚,劝农桑,兴教化,期月民获苏息。”

整冠纳履 zhěng guàn nà lǚ 比喻易招惹嫌疑的行动。《续资治通鉴·宋仁宗嘉祐四年》:“此所谓蹊田夺牛,岂得谓无过！而整冠纳履,当避嫌疑者也。”

之死靡它 zhī sǐ mǐ tā 至死不变,忠贞不贰。马瑞芳《狐鬼与人间》:“百折千磨,之死靡它,此人类所难,而乃于狐得之乎?”

栀言蜡貌 zhī yán là mào 伪饰的面貌与言辞,也喻指伪饰欺世的言行。清·钱谦益《诚意录·序》:“不诚之人……玉表而珉中,枙言而蜡貌,此其情伪不可以掩一室,其声光不可以袭终朝,而况宇宙之大、终古之远乎?”

执鞭坠镫 zhí biān zhuì dèng 服侍别人乘骑,表示追随。《水浒传》:“晁盖见杀了王伦,各掣刀在手。林冲早把王伦首级割下来,提在手里。吓得那杜迁、宋万、朱贵都跪下说道:‘愿随哥哥执鞭坠镫!’”

执秩 zhí zhì 负责官员品阶的官名。《左传·僖公二十七年》:“于是乎大蒐以示之礼,作执秩以正其官。”

直谅多闻 zhí liàng duō wén 为人正直诚信,学识广博。《论语·季氏》:“益者三友,损者三友。友直,友谅,友多闻,益矣。友便辟,友善柔,友便佞,损也。”

抵掌 zhǐ zhǎng 击掌,人在谈话中露出的高兴的神情。《史记·滑稽列传》:“(优孟)即为孙叔敖衣冠,抵掌谈语。”

指囷相赠 zhǐ qūn xiāng zèng 指着谷仓里的粮食,表示要捐赠给他人。形容慷慨资助。《三国演义》:“瑜曰:‘子敬是我恩人,想昔日指囷相赠之情,如何不救你?你且宽心住数日,待江北探细的回,别有区处。’”

指摘 zhǐ zhāi 挑毛病。茅盾《手的故事》(六):“他们竟敢指摘我们贩运私货吗?”

咫尺天涯 zhǐ chǐ tiān yá 谓相距很近,却像远在天边。形容相见之难。老舍《赵子曰》第六:“可怜,咫尺天涯,只是看不见王女士的倩影。”

趾高气扬 zhǐ gāo qì yáng 得意忘形的样子。闻一多《复古的空气》:“但是那种趾高气扬的神情总嫌有些不够大方吧?”

挚热 zhì rè 非常热烈。丁玲《“牛棚”小品》:“你会露出纯静而挚热的、旁人谁也看不出来的微笑。”

掷地有声 zhì dì yǒu shēng 形容文章或话语坚定有力。清·李汝珍《镜花缘》:“不但独出心裁,脱了旧套,并且斩钉截铁,字字雪亮,此等灯谜,可谓掷地有声了。”

掷果潘安 zhì guǒ pān ān 晋朝潘岳容貌极佳，每次出门，女性都会因爱慕而将果投掷满车。旧时比喻美貌的男子为女子所爱慕。元·王实甫《西厢记》："我回头儿看，看你离魂倩女，怎发付掷果潘安？"

窒碍 zhì ài 阻碍。鲁迅《"推"的余谈》："假如你怕占不到铺位，一早带着行李下船去罢，统舱里全是空铺，只有三五个人。但要将行李搁下空铺去，可就窒碍难行了。"

滞塞 zhì sè 不通畅。清·袁枚《随园诗话》："余尝考古官制，检搜群书，不过两月之久，偶作一诗，觉神思滞塞，亦欲于故纸堆中求之。"

置若罔闻 zhì ruò wǎng wén 不予理睬，当作没听到。朱国祯《涌幢小品》："当中书言时，沈宜厉声力折，只因心中恼他，置若罔闻。"

稚拙 zhì zhuō 动作不熟练而导致笨拙。艾青《兵车》："他的手为了夹住香烟，把五个手指都稚拙地平撑着，香烟的白纸使得他的脸色更加褐暗。"

钟漏并歇 zhōng lòu bìng xiē 比喻年老衰残。清·蒲松龄《聊斋志异·辛十四娘》："老身钟漏并歇，残年向尽。"

螽斯衍庆 zhōng sī yǎn qìng 螽斯：昆虫名，产卵极多。衍：延续。庆：喜庆。旧时用于祝颂子孙众多。《诗·周南·螽斯》："螽斯羽，诜诜兮。"

踵事增华 zhǒng shì zēng huá 继续以前的事业并更加发展。朱自清《那里走·我们的路》："据我所知，革命似乎还不曾革掉了什么；只有踵事增华，较前更甚罢了。"

仲秋 zhòng qiū 秋季的第二个月，即农历八月。晋·陶渊明《归去来兮辞序》："仲秋至冬，在官八十余日。因事顺心，命篇曰《归去来兮》；乙巳岁十一月也。"

众目昭彰 zhòng mù zhāo zhāng 众人看得很清楚。朱自清《桨声灯影里的秦淮河》："我于是有所顾忌了，尤其是在众目昭彰的时候。"

众擎易举 zhòng qíng yì jǔ 擎：往上托。易：不费力。许多人一起用力，容易把东西举起来。比喻大家只要同心协力就容易把事情办成功。清·

张岱《募修岳鄂王祠墓疏》:"盖众擎易举,独力难支。"

众说纷揉 zhòng shuō fēn róu 众说:各种说法或议论。形容各种各样的议论纷乱、混杂。宋·司马光《进交趾献奇兽赋表》:"麟,瑞兽也,旷世而不可觌,其于经有名而无形,传记有形,而去圣久远。众说纷揉,自非圣人,莫能识其真。"

骤然 zhòu rán 突然。《三国演义》:"懿忽然想起:'曹爽全家虽诛,尚有夏侯玄守备雍州等处,系爽亲族,倘骤然作乱,如何提备?必当处置。'"

猪彘 zhū zhì 猪。《荀子·正论》:"今人或入其央渎,窃其猪彘,则援剑戟而逐之,不避死伤。是岂以丧猪为辱也哉!"

烛察 zhú chá 洞察。《韩非子·孤愤》:"重人不能忠主而进其仇,人主不能越四助而烛察其臣,故人主愈弊而大臣愈重。"

拄杖 zhǔ zhàng 拄着拐杖。宋·陆游《游山西村》:"从今若许闲乘月,拄杖无时夜叩门。"

煮豆燃萁 zhǔ dòu rán qí 燃,烧;萁,豆茎。比喻不顾兄弟亲情,骨肉相残。南朝·宋·刘义庆《世说新语·文学》:"文帝尝令东阿王七步中作诗,不成者行大法。应声便为诗曰:'煮豆持作羹,漉菽以为汁。萁在釜下燃,豆在釜中泣。本自同根生,相煎何太急。'帝深有惭色。"

嘱咐 zhǔ fù 叮嘱。元·王实甫《西厢记》:"今日见梅开,别离半载。琴童,我嘱咐你的言语记着!则说道特地寄书来。"

杼轴 zhù zhóu 织布机上的部件,代指织布机上的布匹。《诗·小雅·大东》:"小东大东,杼轴其空。"

铸鼎象物 zhù dǐng xiàng wù 本指大禹收九州之金铸九鼎而象百物。后用来称颂帝王功德。《左传·宣公三年》:"昔夏之方有德也,远方图物,贡金九牧,铸鼎象物,百物而为之备,使民知神、奸。"

铸就 zhù jiù 造成。把熔化的金属倒入特制的模子里,冷却凝固后制成器物。《西游记》:"恼得这行者跌脚捶胸,放声高叫道:'师父啊!你是个晦气转成的唐三藏，灾殃铸就的取经僧！噫！这条路且是走熟了，如何不在？却教老孙那里寻找也！’”

筑室道谋 zhù shì dào móu 比喻没有事前计划。《诗·小雅·小旻》：“如彼筑室于道谋，是用不溃于成。”

撰述 zhuàn shù 著述。清·吴敬梓《儒林外史》：“武书看完了，叹惜道：‘飞将军数奇，古今来大概如此。老先生这样功劳，至今还屈在卑位。这做诗的事，小弟自是领教。但老先生这一番汗马的功劳，限于资格，料是不能载入史册的了。须得几位大手笔撰述一番，各家文集里传留下去，也不埋没了这半生忠佃。’”

妆奁 zhuāng lián 女子梳妆用的镜匣或嫁妆。《西游记》：“有光禄寺三部各官回奏道：‘臣等自八日奉旨，驸马府已修完，专等妆奁铺设。合卺宴亦已完备，荤素共五百余席。’”

装殓 zhuāng liàn 给死者穿衣并将其放入棺材，又称入殓。清·吴敬梓《儒林外史》：“匡超人呼天抢地，一面安排装殓。因房屋褊窄，停放过了头七，将灵柩送在祖茔安葬。”

幢幡 zhuàng fān 指佛教仪轨中的旌旗。《西游记》：“二人正说间，只见那边有一对青衣童子，执幢幡宝盖，高叫道：‘阎王有请，有请。’”

幢麾 zhuàng huī 旌旗仪仗。《三国志·魏书·乌丸鲜卑东夷传》：“帝遣骁骑将军秦朗征之，归泥叛比能，将其部众降，拜归义王，赐幢麾、曲盖、鼓吹，居并州如故。”

缀旒 zhuì liú 比喻国君大权旁落。《后汉书·张衡传》：“夫战国交争，戎车竞驱，君若缀旒，人无所丽。”

缀文 zhuì wén 连缀词句以成文章。《汉书·楚元王传》：“自孔子后，缀文之士众矣，唯孟轲、孙况、董仲舒、司马迁、刘向、扬雄。此数公者，皆博物洽闻，通达古今，其言有补于世。”

赘述 zhuì shù 重复叙述。清·魏秀仁《花月痕》：“这夜四人喝酒行令，无庸赘述。”

谆谆 zhūn zhūn 耐心教诲的样子。《诗·大雅·抑》:“诲尔谆谆,听我藐藐。”

准绳 zhǔn shéng 测定物体平直的工具,引申为标准。《孟子·离娄上》:“圣人既竭目力焉,继之以规矩准绳,以为方圆平直,不可胜用也。”

拙荆 zhuō jīng 指自己的妻子,有自谦的意思。《水浒传》:“林冲答道:‘恰才与拙荆一同来间壁岳庙里还香愿。林冲听得使棒,看得入眼,着女使锦儿自和荆妇去庙里烧香,林冲就只此间相等,不想得遇师兄。’”

捉虎擒蛟 zhuō hǔ qín jiāo 蛟:蛟龙。能上山捉老虎,下海擒蛟龙。比喻本领大。明·无名氏《大劫牢》:“捉虎擒蛟真壮士,好汉声名播四方。”

捉襟见肘 zhuō jīn jiàn zhǒu 拉一拉衣襟,就露出臂肘。形容衣服破烂。比喻顾此失彼,穷于应付。《幼学琼林》:“范丹土灶生娃,破甑生尘;曾子捉襟见肘,纳履决踵,贫不胜言。”

卓尔不群 zhuó ěr bù qún 超出常人,不同凡响。《汉书·景十三王传》:“夫唯大雅,卓尔不群,河间献王近之矣。”

卓荦 zhuó luò 卓越,突出。唐·韩愈《荐士》:“建安能者七,卓荦变风操。”

卓然名家 zhuó rán míng jiā 专长突出,自成一家。《清史稿·列传·艺术》(三):“清画家闻人多在乾隆以前,自道光后,卓然名家者,惟汤贻汾、戴熙二人,并自有传。”

酌醴 zhuó lǐ 酌酒。《诗·小雅·吉日》:“发彼小豝,殪此大兕。以御宾客,且以酌醴。”

琢磨 zhuó mó 玉器加工的两道工序。《荀子·大略》:“人之于文学也,犹玉之于琢磨也。《诗》曰:‘如切如磋,如琢如磨。’谓学问也。”

咨嗟 zī jiē 叹息。清·吴敬梓《儒林外史》:“秦老献过了茶,领那官员走到王冕家,推开了门,见蟏蛸满室,蓬蒿满径,知是果然去得久了。那官咨嗟叹息了一回，仍旧捧诏回旨去了。”

资斧 zī fǔ 旅费，盘缠。《周易·旅》：“于旅于处，得其资斧，我心不快。”

缁磷 zī lín 比喻操守不坚贞。南朝·宋·谢灵运《过始宁墅》：“缁磷谢清旷，疲薾惭贞坚。”

子虚乌有 zǐ xū wū yǒu 指虚构的、不存在的事情。《汉书·叙传》：“文艳用寡，子虚乌有，寓言淫丽，托风终始，多识博物，有可观采，蔚为辞宗，赋颂之首。”茅盾《爱读的书》：“所以我们的‘兴趣’，有时会从现代转到古代，乃至子虚乌有的幻想的世界。”

訾訾嚣嚣 zǐ zǐ xiāo xiāo 犹言纷纷非议。唐·韦瓘《南陵县大农陂记》：“舆人飞语，他邑病能，訾訾嚣嚣，波翻风合。”

自愧弗如 zì kuì fú rú 自感不如别人而内心惭愧。清·蒲松龄《聊斋志异·邵九娘》：“妻亦心贤之，然自愧弗如，积惭成忌。”

自媒自炫 zì méi zì xuàn 自我介绍，自我夸耀。《梁书·萧昱传》：“夫自媒自炫，诚哉可鄙；自誉自伐，实在可羞。”

自诒伊戚 zì yí yī qī 自寻烦恼，自招灾殃。《诗·小雅·小明》：“心之忧矣，自诒伊戚。”

眦裂 zì liè 眼眶瞪裂。形容盛怒。语出《史记·项羽本纪》：“樊哙瞋目视项王，头发上指，目眦尽裂。”唐·柳宗元《韦道安》：“一闻激高义，眦裂肝胆横。”

综理 zōng lǐ 管理。明·冯梦龙《警世通言·桂员外途穷忏悔》：“施还道：‘我昔贫困时仗岳父周旋，毕姻后又赖吾妻综理家政，吾安能负之更娶他人乎？’”

棕缆 zōng lǎn 用棕树纤维做成的缆绳。《西游记》：“行者道：‘不是夸口说，那怕他三股的麻绳喷上了水，就是碗粗的棕缆，也只好当秋风！’”

邹鲁 zōu lǔ 邹国与鲁国的合称。北朝·北周·庾信《哀江南赋》：“里为冠盖，门成邹鲁。”

租赁 zū lìn 租住。《红楼梦》：“因和母亲商议道：‘咱们京中虽有几处房舍，只是这十来年没人进京居住，那看守的人未免偷着租赁与人，须得先着几个人去打扫收拾才好。’”

卒读 zú dú 读完，读尽。闻一多《记忆》：“啊！不堪卒读的文词哦！是记忆的亲手笔，悲哀的旧文章！”

诅祝 zǔ zhù 求鬼神惩罚敌对的人。《尚书·无逸》：“民否则厥心违怨，否则厥口诅祝。”

钻燧取火 zuàn suì qǔ huǒ 原始人类取火的方式，通过钻打火石来取火。《韩非子·五蠹》：“有圣人作，钻燧取火以化腥臊，而民悦之，使王天下，号之曰燧人氏。”

尊王攘夷 zūn wáng rǎng yí 夷狄：春秋时代中原华夏人对其他少数民族的称谓。尊崇王室，排斥夷狄。清·皮锡瑞《经学历史》：“但尊王攘夷，虽《春秋》大义，而王非唯诺趋伏之可尊，夷非一身两臂之可攘。”

遵道而行 zūn dào ér xíng 遵循事物的规律办事。《中庸》：“君子遵道而行，半途而废，吾弗能已矣。”

噂沓背憎 zǔn tà bèi zèng 当面谈笑，背后憎恨。《诗·小雅·十月之交》：“噂沓背憎，职竞由人。”